DESCARTES

DU MÊME AUTEUR
DANS LA MÊME COLLECTION

L'Idée de l'histoire. Les inédits de Yale et autres écrits d'exil, 1988.
Logique des sciences de la culture. Cinq études, 1991.
Écrits sur l'art, 1995.
Le Problème de la connaissance dans la philosophie et la science des temps modernes, IV. De la mort de Hegel aux temps présents, 1995.
Éloge de la métaphysique, Axel Hägerstrom : une étude sur la philosophie suédoise contemporaine, 1996.
Trois essais sur le symbolique, 1997.
Le Problème de la connaissance dans la philosophie et la science des temps modernes, III. Les systèmes postkantiens, 1999.
La Théorie de la relativité d'Einstein. Éléments pour une théorie de la relativité, 2000.
Liberté et forme. L'idée de la culture allemande, 2001.
Le Problème de la connaissance dans la philosophie et la science des temps modernes, I. De Nicolas de Cues à Bayle, 2004.
Le Problème de la connaissance dans la philosophie et la science des temps modernes, II. De Bacon à Kant, 2005.

ERNST CASSIRER

DESCARTES

Doctrine – Personnalité – Influence

Traduit de l'allemand par
PHILIPPE GUILBERT

*Cet ouvrage a été réalisé avec le concours
du Centre national du livre*

Passages

LES ÉDITIONS DU CERF
www.editionsducerf.fr
PARIS
2008

ŒUVRES DE CASSIRER
éditées en français, en collaboration avec la
INTERNATIONALE ERNST CASSIRER-GESELLSCHAFT
sous la direction de
FABIEN CAPEILLÈRES ET JOSELYN BENOIST

Imprimé en France

Titre original
Descartes. Lehre – Persönlichkeit – Wirkung

www.editionsducerf.fr
(29, boulevard La Tour-Maubourg
75340 Paris Cedex 07)

ISBN 978-2-204-08457-4
ISSN 0298-9972

Notes sur la traduction

La présente traduction est basée sur le texte établi par Rainer A. Bast dans : Ernst CASSIRER, *Descartes. Lehre –Persönlichkeit –Wirkung* , Felix Meiner Verlag, coll. « Philosophische Bibliothek », vol. 475, Hambourg, 1995.

Cette édition reprend celle de 1939, parue à Stockholm aux éditions Bermann-Fischer, qui rassemblait pour la première fois cinq articles de Cassirer sur la pensée et la personnalité de René Descartes. Si les chapitres « Descartes et Corneille » (chapitre III) et « Descartes et la reine Christine de Suède » (chapitre V) étaient encore inédits à cette époque, les trois autres parties reprenaient des publications datant de 1937 et 1938 :

– chapitre I : « Descartes' Wahrheitsbegriff. Betrachtungen zum 300-Jahresfeier des "Discours de la méthode" [1] », dans *Theoria. A Swedish Journal of Philosophy and Psychology*, éditié par Åke Petzäll, Gunnar Aspelin, Konrad Marc-Wogau, Torgny T. Segerstdet, vol. III, Göteborg-Copenhague, Wettergren & Kerber-Levin & Munksgaard, 1937, p. 161-187 ;

– chapitre II : « Descartes et l'unité de la science », traduit de l'allemand par Paul Schrecker, dans *Revue de synthèse. Organe du Centre international de synthèse*, sous la direction d'Henri Berr, Lucien Febvre, Paul Langevin, Abel Rey, t. XIV, « Sciences de la nature et synthèse générale », VII, n° 1, numéro spécial consacré à Descartes, Paris, Albin Michel, avril 1937, p. 7-28 ;

– chapitre IV : « Descartes' Dialog "Recherche de la vérité par la lumière naturelle" und seine Stellung im Ganzen der cartesischen Philosophie. Ein Interpretations-Versuch [2] », dans *Lychos. Lärdomshistorika samfundets arsbok. Annual of the Swedish History of Science Society. Annuaire de la Société suédoise d'histoire des sciences. Jahrbuch der Schwedischen Gesellschaft für Geschichte der Wissenschaften*, Uppsala-Stockholm, Almqvist & Wikselss boktryckeri-A.B., 1938, p. 139-179.

La traduction proposée ici est entièrement nouvelle et tente de rester au plus près du texte allemand original – au prix d'une certaine rugosité stylistique. Les redondances lexicales, les articulations syntaxiques et logiques complexes, les changements abrupts de temps verbaux ont été maintenus comme dans l'original. Le lexique philosophique spécifique, quant à lui, a souvent été précisé par le terme allemand original entre crochets, soit pour préciser une traduction française sémantiquement trop restrictive, soit pour garantir une certaine transparence à des concepts philosophiques majeurs qui relevaient déjà d'une longue tradition (comme le verbe *aufheben* chez

1. Traduction du titre original : « Le concept de vérité chez Descartes. Considérations pour le 300e anniversaire du *Discours de la méthode* ».

2. Traduction du titre original : « Le dialogue de Descartes *Recherche de la vérité par la lumière naturelle* et sa situation dans l'ensemble de la philosophie cartésienne. Un essai d'interprétation ».

Hegel) ou bien jouissaient d'une actualité philosophique nouvelle (comme le terme *Dasein* chez Heidegger). Par principe, les concepts issus de verbes substantivés allemands (comme *das Denken*) ont été maintenus sous la même forme en français (« le penser ») quand ils étaient pertinents dans le contexte d'une argumentation philosophique.

Première partie

Les problèmes fondamentaux du cartésianisme

LE CONCEPT DE VÉRITÉ CHEZ DESCARTES

Au mois de juin de l'année 1639, Mersenne fit parvenir à Descartes un exemplaire du *De veritate* de Cherbury qui venait de paraître en traduction française à Paris. On aurait pu s'attendre à ce que Descartes se sentît très attiré par l'étude de cette œuvre dont il avait déjà eu connaissance un an auparavant dans sa version latine originale [1]. Car si nous examinons aujourd'hui ce texte de Herbert de Cherbury, il nous semble en tous points rempli et animé d'un esprit véritablement cartésien. Il tente de réaliser pour la religion et pour l'éthique ce que le *Discours de la méthode* réalisera plus d'une décennie plus tard pour la mathématique et les sciences de la nature. Il part de l'idée que toute véritable connaissance religieuse et éthique, si elle veut prouver et affirmer sa valeur, doit être ramenée à des principes sûrs et universels. Or, ces principes ne peuvent en aucun cas nous être donnés de l'extérieur par une quelconque forme de révélation ou de « transmission » surnaturelle. Ils doivent être trouvés et fondés de l'intérieur. Notre raison ne peut pas reconnaître comme absolument valide et strictement obligatoire ce qu'elle n'a pas reconnu et compris comme nécessaire à partir d'elle-même et par elle-même. Ainsi, Herbert de Cherbury devient l'un des premiers fondateurs et défenseurs du principe de l'« autonomie de la raison » dans les domaines théorique, éthique *[sittlich]* et religieux ; il pose les fondements de ce « système naturel des sciences de l'esprit » qui naît au XVIIe siècle et dont les conséquences seront considérables [2].

Si nous gardons présent à l'esprit ce contexte d'histoire des idées,

1. Voir la lettre de Descartes à Mersenne datée du 19 juin 1639 (éd. Adam-Tannery, II, p. 566). – L'édition française de l'œuvre de Herbert de Cherbury s'intitule : *De la vérité, en tant qu'elle est distincte de la Révélation, du Vraysemblable, du Possible et du Faux*, parue en 1639 ; la première édition latine parut en 1624 à Paris, la seconde en 1633 à Londres.

2. Voir à ce sujet, en particulier, les articles de Dilthey sur « Le système naturel des sciences de l'esprit au XVIIe siècle » et sur « L'autonomie de la pensée et le rationalisme constructiviste » (*Gesammelte Schriften*, p. 90 s. ; p. 246 s.). Sur le rapport et l'opposition qui existent entre les doctrines de la « *lumen naturale* » de Herbert de Cherbury et de Descartes, voir Åke PETZÄLL, « Begreppet medfödda idéer i 1600 – talets filosofi », p. 50 s.

le jugement que Descartes porte sur l'œuvre de Herbert de Cherbury nous semble étonnamment froid et réservé. Il explique avoir trouvé dans cette œuvre « plusieurs choses fort bonnes » ; mais il souligne en même temps que le chemin qu'il suit s'écarte largement de celui de Herbert. En effet, selon Descartes, Herbert de Cherbury s'est fixé pour but d'examiner le concept de vérité ; une tâche à laquelle lui-même ne s'est jamais attelé. On dispose certes de différents moyens pour examiner une balance avant de s'en servir, mais il n'y a aucun moyen de déterminer ce qu'est la vérité si on ne la connaît pas naturellement. On peut certes donner une explication nominale de la vérité qui fixe l'usage linguistique du mot ; mais donner une définition logique de la vérité qui pourrait nous aider à connaître son essence réelle, sa nature, est impossible. Ceci vaut également pour plusieurs autres concepts fondamentaux comme figure et grandeur, espace, temps et mouvement. Si l'entendement humain ne possédait pas « naturellement » la connaissance des concepts simples, ils lui demeureraient à jamais inaccessibles : car toute tentative de rendre ces concepts compréhensibles de façon médiate, de les expliquer par quelque chose d'autre, ne peut qu'obscurcir leur sens au lieu de l'éclairer[1].

Si l'on compare le passage de cette lettre avec les représentations que nous nous sommes tous forgées du contenu et de l'essence de la philosophie cartésienne, si l'on mesure ce passage aux critères traditionnels de l'histoire de la philosophie, il ne peut manquer de nous paraître curieux, difficile et paradoxal. Car est-ce bien Descartes le « sceptique », est-ce bien Descartes le « critique » qui nous parle ici ? Est-ce bien le fondateur de la méthode du doute universel qui explique ici qu'on ne peut ni manquer ni méconnaître le concept de vérité et que lui-même, étant donné la clarté « transcendantale » de l'idée de vérité, ne s'est jamais donné pour tâche d'examiner ce qu'est et ce que signifie la vérité dans sa nature universelle[2] ? N'était-ce pas justement cet examen-là que Descartes considérait comme la condition préalable à toute connaissance philosophique ? Faut-il tout à coup oblitérer tout cela – faut-il, sans examen préalable, reconnaître le « sens commun » comme la seule instance à laquelle il incombe de juger du « vrai » et du « faux » ? Nous n'obtiendrons de réponse claire et satisfaisante à toutes ces questions que si nous gardons présent à l'esprit que, pour toute interprétation d'une notion cartésienne, il nous faut compter avec un double usage linguistique et philosophique des mots. Le premier usage s'appuie sur le passé ; le second pointe vers l'avenir. Le premier usage s'exprime et juge du point de vue de la logique traditionnelle,

1. Lettre à Mersenne du 16 octobre 1639 (II, p. 596 s.).

2. « Il tient un chemin fort différent de celui que j'ai suivi. Il examine ce que c'est que la vérité ; et pour moi, je n'en ai jamais douté, me semblant que c'est une notion si transcendentalement claire, qu'il est impossible de l'ignorer. »

de la logique aristotélo-scolastique ; le second cherche à surmonter cette logique et à lui substituer un nouvel instrument intellectuel *[gedanklich]* plus fécond, l'instrument de la méthode cartésienne. Dès les *Regulae ad directionem ingenii*, la différence fondamentale qui existe entre la démarche de Descartes et les règles « dialectiques » usuelles de l'École apparaît clairement[1]. Ces deux approches ne se distinguent pas tant dans la forme du penser et du déduire que dans le but qu'elles fixent au penser et au déduire. À l'idéal de connaissance formel et abstrait de la scolastique, Descartes oppose un autre idéal de connaissance productif et constructif. Pour l'École, il s'agissait de mettre en relation les uns avec les autres des contenus de savoir *donnés*, de les classer et de les subsumer ; pour Descartes, la tâche consiste à obtenir et à fonder un *nouveau* savoir. Dans sa critique de la logique traditionnelle, le *Discours de la méthode* insiste beaucoup sur ce point. Il ne concède aux règles de l'École qu'une signification didactique dans la mesure où elles servent à expliquer à d'autres un savoir que l'on possède déjà. Mais la méthode authentique doit aller plus loin : elle doit constituer le motif vivant de la pensée *progressive* qui, commençant par les éléments philosophiques les plus simples, accède à des constructions toujours plus complexes, à des synthèses toujours plus larges et toujours plus compréhensives.

Si l'on considère que le terme « logique » désigne chez Descartes dans un cas le fait de se tourner vers le passé, dans l'autre celui de se tourner vers l'avenir, et qu'il est utilisé pour ainsi dire dans deux *systèmes de références* tout à fait différents, on peut enfin répondre à la question de savoir ce que la « logique » pure est capable d'apporter à la détermination et à l'explication du concept de vérité. Elle demeure insuffisante et infructueuse tant qu'elle s'enferme dans le cercle de ses concepts traditionnels et de ses méthodes habituelles. En effet, elle se leurre elle-même si elle croit pouvoir accéder par de tels moyens à une véritable analyse du concept de vérité. Ce qu'elle nous présente comme une apparente solution au problème n'est qu'une répétition du problème. C'est en donner une définition circulaire que de vouloir expliquer la vérité comme « adéquation de la pensée et de l'être » *(adequatio intellectus et rei)*. Car tant qu'il n'est donné aucun critère de reconnaissance de l'adéquation ou de l'inadéquation d'une représentation, une telle explication reste vide. Tout comme ne nous est d'aucun secours cette règle scolastique qui nous enseigne que l'on définit un concept en cherchant son « genre immédiatement supérieur » et en lui ajoutant sa différence spécifique. Pour le concept de vérité, c'est en vain que nous chercherions un tel *« genus proximum »*. Descartes explique dans les *Règles* que sa méthode ne vise pas à établir un ordre ontologique, mais d'établir un ordre épistémologique. Il veut ranger tous les problèmes que peut

1. Voir *Regulae* IV (X, p. 371 s.) ; *Discours* I (VI, p. 17).

se poser l'entendement humain dans des classes déterminées, non pas en tant qu'elles se rapportent à ces genres de l'*être* que les philosophes ont distingués dans leur doctrine des catégories, mais en tant qu'elles sont dépendantes les unes des autres dans la *connaissance*, en tant qu'elles peuvent être *comprises* les unes à partir des autres [1]. Mais dans cet ordre de la connaissance, la vérité peut-elle être précédée de quelque chose d'autre qui en constituerait le « concept suprême » ? Il est clair qu'ici la méthode traditionnelle de la « subsomption » est inopérante. Car le concept de vérité ne signifie rien de particulier à quoi l'on pourrait assigner une place déterminée dans notre système de concepts et de connaissances ; c'est au contraire quelque chose de strictement universel qui, à la fois, domine et traverse uniformément *l'ensemble* de la connaissance. Il est donc impossible d'aller au-delà sans perdre pied. Faire un pas au-delà de la vérité serait faire un pas dans le vide. Par conséquent, la « vérité » n'est plus pour Descartes une condition préalable *isolée*, ce n'est plus une *« hypothesis »* particulière qui serait explicable et dérivable logiquement ; elle est cet ἀνυπόθετον, cette *« natura simplex et absoluta »* [2] qui est le fondement de tous les concepts et de tous les jugements.

Cela explique pourquoi il ne peut y avoir de définition ou d'« explication » logique de la vérité dans le système de Descartes. Une telle explication n'est jamais possible qu'en cours d'analyse. Mais la nature de la vérité est simple et n'autorise aucune décomposition en parties ou moments isolés. C'est la raison pour laquelle l'analyse doit être ici remplacée par l'*intuition* : car c'est le seul moyen approprié et adéquat pour connaître les « natures simples ». Dès lors, il n'est plus question de « dériver » ; il ne reste qu'à « voir » *[schauen]*, il n'y a qu'un savoir originel et strictement évident. Mais ce recours à l'expérience intérieure ne fait pas pour autant de Descartes un « empiriste ». Car même si le caractère de la vérité n'est pas définissable en tant que tel, mais seulement désignable et saisissable intuitivement, une méthode *[Methodik]* rigoureusement rationnelle est nécessaire pour connaître la manière dont ce caractère de vérité se transmet à l'ensemble du savoir et quels contenus particuliers, quels concepts et jugements y participent et peuvent s'en réclamer. Ce que la vérité « est », ce qu'elle *signifie* en son essentialité pure, cela n'est pas explicable à quiconque n'en posséderait pas déjà le savoir « de lui-même » ; le « voir » *[Sehen]* doit prendre la place du « dériver » syllogistique [3]. Mais s'il n'y a pas

1. *Regulae* VI (X, p. 381).

2. À propos de la doctrine cartésienne des natures « absolues », voir en particulier *Regulae* VI (X, p. 381 s.).

3. Voir en particulier *Recherche de la vérité* (X, p. 524) : « [...] *fieri non potest ut alia quis ratione, ac per se ipsum, ea addiscat (quid sit dubitatio et cogitatio) neque ut de iis alio modo persuasus sit, quam propria experientia eaque conscientia vel interno testimonio, quod in se ipso unusquisque, cum res perpendit, experitur* [...].

de définition logique formelle, de définition « dialectique » de la vérité, il en existe pourtant une *détermination* rigoureusement méthodique. Elle consiste à étendre de manière cohérente la lumière qui nous est donnée dans les certitudes premières et originelles à l'ensemble des problèmes et objets possibles du savoir. Dans cette démarche méthodique, dans ce mouvement incessant et ininterrompu de l'esprit [1], la source lumineuse première et immédiate ne perd rien de sa clarté originelle. La lumière en tant que telle ne devient pas diffuse et ne faiblit pas ; elle demeure la même, aussi bien en intensité qu'en luminosité. L'affaiblissement – qui semble inévitablement devoir se produire – est, selon Descartes, de type simplement subjectif, mais pas objectif. Bien sûr, au cours de la dérivation, nous pouvons retomber dans l'erreur lorsque nous passons directement d'un point à un autre en sautant une étape et en perdant ainsi de vue un des éléments intermédiaires qui étaient nécessaires. Dans ce cas, toute évidence s'évanouit soudainement ; car la connaissance de la vérité n'est possible que comme un tout. De ses prémisses jusqu'à ses résultats ultimes les plus complexes, la connaissance doit être construite pas à pas, et tous ces pas doivent à nouveau être inlassablement répétés et toujours mesurés, si nous voulons assurer à nos conclusions une véritable force de conviction. Le danger ne réside pas tant dans une erreur de jugement que dans une erreur de la mémoire qui ne peut pas saisir et embrasser les longues chaînes de la déduction. Mais la force intérieure, la valeur de vérité objective de la « chaîne » en tant que telle n'est pas affaiblie par le nombre de ses chaînons intermédiaires. Si nous réussissons à mener cette déduction de manière rigoureuse et sans omission, le résultat que nous aurons atteint grâce à elle sera aussi sûr que l'intuition originelle. Car tout dans la connaissance est comme tenu par des maillons d'acier. Rien n'est indépendant ; au contraire, chaque élément individuel est imbriqué dans l'ensemble ; chaque élément détermine cet ensemble et réciproquement est déterminé par lui [2].

Descartes affirme ainsi – au-delà de toutes les apparentes divisions opérées au sein du contenu objectif du savoir et au-delà de tous les partages conventionnels des domaines de la recherche – la nature strictement insécable, simple et « absolue » de la connaissance et de la vérité. Ainsi, au sein de l'évolution de l'idéalisme philosophique, une étape décisive et lourde de conséquences est franchie. Dans la philosophie de la Renaissance, le retour à l'idéalisme était synonyme

---

Hoc nos omne id, quod de eo scire possumus, docet ; imo plura, quam vel exactissimæ definitiones, explicat ».

1. *Discours* II (VI, p. 18 s.), *Regulae* V (X, p. 379 s.).

2. *Discours* II (VI, p. 19) : « […] toutes les choses, qui peuvent tomber sous la connaissance des hommes, s'entresuivent en même façon et, pourvu seulement qu'on s'abstienne d'en recevoir aucune pour vraie qui ne le soit et qu'on garde toujours l'ordre qu'il faut, pour les déduire les unes des autres, il n'y en peut avoir de si éloignées auxquelles enfin on ne parvienne, ni de si cachées qu'on ne découvre ».

d'un retour à Platon. Les penseurs spéculatifs les plus profonds de la Renaissance, tout comme les chercheurs empiristes de l'époque, se rattachent à Platon et s'efforcent d'extraire de sa doctrine tout l'appareil notionnel grâce auquel ils tenteront de construire une *nuova scienza*, une science exacte de la nature. Nicolas de Cuse, Kepler et Galilée suivent le même chemin [1]. Mais tant que l'orientation philosophique était axée sur Platon, et lui était d'une certaine manière redevable en tout, un obstacle sérieux s'opposait à l'accomplissement de cet idéal de la connaissance exacte de la nature. Le *Timée* platonicien avait bien sûr tenté de substituer à la philosophie présocratique de la nature, c'est-à-dire à une science qui ne traitait que des « matières » et des « qualités », une autre science, une science purement mathématique. La théorie platonicienne n'évoque plus ni les éléments de la physique, ni le feu, ni l'air, ni la terre, ni l'eau, ni leurs déterminations sensibles ; ils sont tous représentés et remplacés par des déterminations purement formelles, par les « figures » *[Gestalten]* du tétraèdre, du cube, de l'octaèdre, du dodécaèdre, de l'icosaèdre. Mais cette doctrine platonicienne des corps réguliers ne conduit pas à *réduire* la matière au pur espace ; la physique n'est pas transformée en géométrie. Car une telle réduction serait contraire au principe fondamental du platonisme. Le monde des phénomènes sensibles participe du monde des formes pures ; mais il n'en reste pas moins que ce dernier monde affirme vis-à-vis du premier un être propre, irréductible et, d'une certaine manière, impénétrable. Au premier abord, la physique de Platon semble être proche de celle de Descartes et même ne faire qu'une avec celle-ci du point de vue des notions méthodiques fondamentales ; car cette dernière ne possède pas non plus d'autres moyens pour *connaître* la matière que de la transformer en figures *[Gestalten]* spatiales. Mais le sens de cette « métamorphose » intellectuelle est tout à fait différent chez Platon et chez Descartes. Pour le premier, même le recours à l'espace ne pourra jamais effacer la frontière nette qui sépare le monde des phénomènes de celui des formes pures. L'espace lui-même n'opère pas comme un facteur purement idéel ; il est et demeure pour ainsi dire un hybride logique, un concept inférieur (λογισμός νόθος). La physique du *Timée* ne pourra jamais s'élever au-delà du degré de certitude de la « vraisemblance ». Elle est et demeure εἰκασία parce qu'elle ne traite que du monde des εἰκονες, du monde des simulacres et non des archétypes [2]. Le monde du devenir ne peut faire l'objet d'une certitude véritable : car comment l'indéterminé pourrait-il s'unir et se concilier avec le

---

1. Pour plus de précisions sur la renaissance spéculative et scientifique du platonisme, voir mon ouvrage : *Individuum und Kosmos in der Philosophie der Renaissance*, en particulier p. 16 s. et 177 s.

2. Pour plus de précisions, voir mon article « Eidos et Eidolon, Das Problem des Schönen und der Kunst in Platons Dialogen », p. 1 s.

déterminé, comment un concept stable, clair et distinct pourrait-il être tiré de quelque chose qui n'est pas un seul instant « égal à soi-même », qui, par sa nature, consiste en un phénomène instable et ne peut pas être libéré de cette instabilité sans perdre ni renier sa propre nature ?

C'est sur ce point qu'intervient l'apport décisif de Descartes. Il n'est pas le créateur de la science moderne de la nature : Kepler et Galilée l'avaient précédé sur ce terrain. Mais il en est son premier et véritable *libérateur* : il a répondu à la question de son fondement logique, de son *quid juris*. C'est avec lui que s'accomplit la véritable synthèse intellectuelle de la mathématique et de la nature ; ce qui n'était chez Platon qu'une simple « analogie » et, conformément à la notion fondamentale du système, devait rester une analogie, est devenu pour Descartes une identité. La matière *est* espace ; et la distinction que nous faisons entre les deux ne peut être rien d'autre qu'une simple *distinctio rationis*[1]. Lorsque Descartes résume son intuition fondamentale en déclarant *« apud me omnia fiunt mathematice in natura »*, il nous faut, pour comprendre pleinement le sens de cette explication, mettre l'accent sur le facteur de la *totalité*. Descartes ne se contente pas d'appliquer le calcul à différents problèmes de la nature ou à des groupes entiers de phénomènes ; il se fixe un but plus large et strictement universel. La nature est mathématique, non pas dans ses phénomènes particuliers, mais dans sa globalité, dans sa structure fondamentale. Entre elle et la mathématique n'existe plus aucun cloisonnement : l'ensemble de la nature est devenu d'une certaine manière « transparent » à la connaissance mathématique.

Afin de pouvoir procéder à cette déduction logique et lui ôter l'apparence du paradoxe, il fallut rien moins qu'une transformation du concept de mathématique lui-même. Si nous considérons la mathématique d'une manière traditionnelle comme une doctrine des nombres et des figures, on ne voit pas comment on pourrait établir une quelconque identité entre elle et la nature. La « matière » semble toujours signifier à la fois autre chose et bien plus que simplement figure et nombre ; elle semble posséder une propriété particulière, une qualité pour soi. Mais Descartes échappe à cette difficulté en déclarant insuffisante et arbitraire la conception traditionnelle de la mathématique. D'après lui, cette conception voile le sens universel, c'est-à-dire le sens véritablement philosophique de la mathématique. Si les Anciens considéraient la mathématique comme l'*organon* propre de la connaissance philosophique et si Platon pouvait déclarer que quiconque ne connaissait point la géométrie ne pouvait franchir le seuil de son Académie – alors la

1. Voir en particulier *Regulae* XIV (X, p. 444) ; *Principia philosophiae* II, 8 (VIII, p. 44) : *« [...] quantitas a substantia extensa in re non differt, sed tantum ex parte nostri conceptus »*.

mathématique ne peut être comprise comme une simple technique qui se rapporterait à une classe particulière d'ob-jets, à des opérations sur des nombres et des figures. Les penseurs de l'Antiquité prenaient ce concept en un sens plus élevé et plus général : c'est justement cette signification qu'il s'agit pour Descartes de rétablir, il faut redécouvrir cette « origine » de la mathématique. La mathématique ne se restreint pas à des groupes déterminés d'objets ; elle traite de tout ce qui se rapporte à l'ordre et à la mesure et de tout ce qui est soumis aux lois rigoureuses de l'ordre et de la mesure. Cela ne concerne pas seulement les nombres et les figures, mais également le monde des sons, le monde de la lumière, les corps célestes et leurs mouvements. L'astronomie, la musique, l'optique, la mécanique peuvent donc, dans le même sens et du même droit, être désignées comme des parties de la mathématique, au même titre que l'algèbre et la géométrie [1]. Par ce passage de la *mathesis vulgaris* à la *mathesis universalis* [2], et par cette grandiose *formalisation* dont elle est rendue capable, la mathématique peut désormais dominer et pénétrer uniformément tous les domaines de la connaissance. Elle ne traite plus d'aucun contenu particulier, mais de la science générale des relations, dans la mesure où celles-ci peuvent faire l'objet d'une expression exacte. La certitude de la bonne compréhension de ces relations ne dépend pas du *substrat* par lequel elles se présentent à nous. Il existe un savoir déterminé, clair et distinct des relations et des proportions, qui se révèle être indépendant des changements du substrat. Dès lors, le savoir de la physique n'a plus besoin d'être confiné dans le cercle de la simple « vraisemblance » (εἰκασία) ; il est mûr pour accéder à la pleine vérité. Alors que la représentation platonicienne du *Timée* maintenait la physique au niveau du *mythos*, elle se voit désormais élevée au niveau du *logos*. Si la physique se fondait sur la simple vraisemblance et s'y restreignait, il faudrait lui dénier le nom de science. C'est l'un des traits fondamentaux de la méthode cartésienne que d'exclure d'emblée toutes les vraisemblances et de se restreindre au domaine de la stricte certitude [3]. Même le fait que les jugements de la physique se rapportent à des objets de l'expérience et nécessitent leur confirmation par l'expérience ne

1. Voir *Regulae* IV (X, p. 374 s.).

2. « *Mathesis valde diversa a vulgari nostræ ætatis* » (X, p. 376).

3. « *Omnis scientia est cognitio certa & evidens [...] per hanc propositionem rejicimus illas omnes probabiles tantum cognitiones, nec nisi perfecte cognitis, [...] statuimus esse credendum* », *Regulae* II (X, 362). Descartes n'a pas encore envisagé la possibilité de soumettre également les jugements sur les probabilités à un « calcul ». Ce problème a trouvé sa première formulation *philosophique* avec Pascal, tandis que le calcul des probabilités fut fondé par Jakob Bernoulli dans son *Ars conjectandi*. (Pour plus de précisions voir M. CANTOR, *Vorlesungen über Geschichte der Mathematik*, vol. 3, p. 327 s.) L'exigence d'une discipline logique propre, qui s'occuperait de rechercher les « degrés de probabilité », fut d'abord formulée en toute rigueur et généralité par Leibniz ; voir par exemple *Nouveaux Essais sur l'entendement humain*, L. IV, chap. II, § 14 et chap. XV et XVI.

rend pas caduque, aux yeux de Descartes, la certitude de ces jugements. Car il n'oppose pas l'expérience à la déduction pure ; elle est plutôt le « complément » logique de la déduction. Elle fixe à la connaissance physique ses *tâches* concrètes ; mais la réponse aux problèmes qu'elle soulève ne peut être trouvée que par l'application de cette même méthode, de ces mêmes moyens conceptuels qui valaient pour la mathématique pure [1].

Il en résulte cette circonstance particulière que, pour la doctrine cartésienne de la méthode, ce fameux problème qui deviendra si important et si décisif dans l'évolution ultérieure de la « théorie de la connaissance » et entraînera de plus en plus la pensée philosophique dans son sillage, n'existe pas. La question de savoir comment une « application » de la mathématique à la nature est possible n'a pas été explicitement posée par Descartes. Il n'avait pas besoin de la poser : car il ne reconnaissait aucune ligne de séparation entre ces deux domaines, aucun τμῆμα platonicien. Le passage de l'une à l'autre s'opère d'après lui sans aucune difficulté ; car il exige seulement qu'une seule et même forme du penser et du déduire soit appliquée à des contenus différents. Lorsque Descartes déclare au sujet de la géométrie et de l'analyse algébrique qu'elles sont les « fruits spontanés » des principes innés de la méthode [2], il peut en dire autant de la mécanique, de l'optique et de toutes les autres sciences physiques spécifiques. Et lorsque, dans le *Discours*, il veut expliquer et démontrer sa démarche fondamentale par des schémas et des exemples déterminés, il aurait pu à cet effet choisir tout aussi bien sa découverte de la géométrie analytique que ses recherches sur les phénomènes optiques ou météorologiques. Dans le principe, tout se tient pour lui sur une même ligne. Même subjectivement, même dans son propre travail de recherche, il prenait à peine conscience d'une quelconque transition lorsqu'il passait des problèmes de la mathématique « pure » à ceux de la mathématique « appliquée », et il aurait encore moins ressenti cette transition comme une μετάβασις εἰς ἄλλο γένος. On en trouve un témoignage caractéristique dans la correspondance de Descartes. En 1638, peu après la parution de son *Discours*, Desargues avait expressément regretté que Descartes, comme il semble ressortir d'une lettre de Mersenne, eût abandonné ses études purement géométriques et se fût penché sur d'autres problèmes. Descartes répondit qu'il avait seulement quitté la « géométrie abstraite » afin de se consacrer avec plus de loisir et de soin à un autre genre de géométrie qui aurait pour dessein d'expliquer les phénomènes de la nature. « S'il plaît [à M. Desargues] de

1. Sur la relation entre les modes de connaissance « déductif » et « empirique », entre « *Intellectus* » et « *Imaginatio* », voir en particulier les exposés des *Regulae* XII (X, p. 410 s.).

2. « *Spontaneae fruges ex ingenitis hujus methodi principiis natæ* », *Regulae* IV (X, p. 373).

considérer ce que j'ai écrit du sel, de la neige, de l'arc-en-ciel, etc., il connaîtra bien que toute ma Physique n'est autre chose que Géométrie [1]. » Du point de vue des critères méthodologiques que Descartes avait établis et considérait comme seuls valables, la physique est devenue l'égale de la géométrie. L'idéal d'une science mathématique de la nature avait déjà été clairement saisi dans ses grandes lignes par Nicolas de Cuse et par Léonard de Vinci, puis s'était rempli d'un contenu empirique concret dans l'ouvrage intitulé *Astronomia nova* de Kepler et dans le fondement de la dynamique par Galilée – mais Descartes fut le premier à pouvoir assurer à cet idéal son accomplissement universel en lui donnant sa légitimation philosophique, sa stricte justification méthodologique.

Le résultat auquel nous sommes parvenus ici s'éclaire et trouve confirmation, d'autre part, si nous prenons en considération le rapport de Descartes avec la vision du monde en vigueur au Moyen Âge. Que la philosophie de Descartes entretienne d'étroites relations avec les systèmes de la scolastique, que la rupture entre les deux ne soit pas aussi brutale que cela apparaît souvent dans les exposés traditionnels de sa doctrine : cela ne peut être contesté après les recherches fondamentales de Gilson [2]. Mais, si nombreux soient les points de contact que l'on puisse trouver entre le penser médiéval et le penser cartésien, il n'en est pas moins que l'*accent* général de la connaissance se déplace dès lors que nous passons de l'un à l'autre. La scolastique et Descartes peuvent parfaitement être d'accord sur la supposition et la justification de « vérités » déterminées et particulières – comme, par exemple, pour la preuve ontologique de l'existence de Dieu – ; mais dans la conception de la vérité, dans l'explication de sa « nature » et de son sens véritable, une différence irréductible et radicale les sépare. Descartes était ici confronté à une tâche analogue à celle qu'il avait accomplie avec la pensée antique platonicienne. L'opposition platonicienne entre « monde des phénomènes » et « monde des idées » est présupposée et maintenue par la pensée médiévale. Mais elle subit en même temps un changement caractéristique de signification : elle est déplacée de la sphère logique et ontologique à la sphère religieuse. La coupure entre le κόσμος ὅρατος et le κόσμος νόητος correspond, dans la pensée médiévale, à la coupure entre le *regnum naturae* et le *regnum gratiae*. Et ce dernier n'est pas accessible au premier – les deux ne peuvent être mesurés à l'aune d'un seul et même critère. Le règne de la nature, comme chez Thomas d'Aquin, peut être perçu et interprété comme « préparation » au règne de la grâce. Mais, conformément à leur essence et à leur principe de connaissance, tous deux demeurent strictement séparés. La vérité du *regnum gratiae* ne peut être épuisée par la raison et ses

1. Lettre à Mersenne du 27 juillet 1638 (II, p. 268).

2. Voir É. GILSON, *Index scolastico-cartésien* et *Études sur le rôle de la pensée médiévale dans la formation du système cartésien.*

mesures relatives. La foi, sous la forme de la *fides implicita*, représente la seule manière de s'approprier cette vérité. La découverte et la justification de la vérité sont ainsi retirées à la pensée individuelle et confiées au lieu de cela à l'Église en tant qu'institution universelle. Depuis saint Augustin, cette conception représente le noyau dur de la dogmatique [1]. Descartes n'a nulle part combattu cette dogmatique ; il a au contraire toujours déclaré que, pour toutes les questions concernant la foi, il se soumettait de bon gré aux décisions de l'Église. Et il n'y a aucune raison de douter de l'honnêteté subjective de cette déclaration. Descartes était loin de penser à la notion de religion naturelle, d'une religion « dans les limites de la simple raison ». À cet égard, son état d'esprit et son mode de pensée étaient strictement opposés à ceux de Herbert de Cherbury [2]. Mais, malgré les efforts de Descartes pour s'adapter au système de l'Église, de manière purement objective, il n'y avait sur ce point aucun recul et aucun compromis possibles. Il ne pouvait admettre la doctrine de la *fides implicita* – lorsqu'elle se présentait avec les exigences d'une doctrine *philosophique* – sans briser la *forme* de son système. Car dès les premières propositions de sa méthode, Descartes avait rompu avec cette doctrine. Une vérité philosophique qui doit être admise et reçue sur l'autorité d'autrui est, conformément aux principes fondamentaux de la méthode, une quadrature du cercle, une *contradictio in adjecto*.

Descartes avait déjà inclus dans la définition de son concept de vérité un motif fondamental qui excluait pour lui tout retour à une conception *[Anschauung]* médiévale. D'après les *Regulae ad directionem ingenii*, il n'existe que deux sources de la certitude : l'intuition et la déduction. Ne peut se réclamer de la vérité que ce qui est immédiatement évident, ce qui est donné dans une « évidence présente » *(praesens evidentia)*, ou bien ce qui peut être déduit selon les règles strictes de la logique à partir de conditions évidentes. La valeur de la tradition du point de vue de la connaissance et de sa pertinence était balayée une fois pour toutes. Une tradition, si précisément documentée et ancestrale soit-elle, ne peut jamais aboutir à ce genre de conviction qui peut être une condition nécessaire et le critère de toute vérité. Le sujet pensant doit pouvoir acquérir par lui-même et s'approprier avec ses propres forces ce qui est censé avoir de l'importance et de la pertinence pour lui. Car c'est seulement dans cette voie qu'une proposition peut être saisie non seulement dans son

---

1. Pour plus de détails, voir le manuel de Harnack sur l'histoire des dogmes, vol. 3, p. 73 s.

2. Voir la lettre de Descartes à Mersenne du 27 août 1639 (II, p. 570) : « lorsque je l'ai lu [le livre *De veritate*] ci-devant en latin [...] j'y ai trouvé au commencement plusieurs choses qui m'ont semblé fort bonnes ; ... mais parce qu'il me semblait ensuite qu'il mêlait la religion avec la philosophie et que cela est entièrement contre mon sens, je ne le lus pas jusqu'à la fin ». Voir également le jugement porté sur Herbert de Cherbury dans une lettre d'août 1638 (II, p. 346 s. ; voir aussi II, p. 647-649).

ὅτι, mais aussi dans son διότι, non seulement dans son « que », mais aussi dans son « pourquoi » : et c'est seulement ce « pourquoi » qui lui imprime le caractère du savoir. L'argument du *consensus omnium* est ainsi balayé une fois pour toutes [1] : là où il s'agit d'obtenir la vérité, les voix doivent être pesées et non comptées. Dans cette déclaration d'émancipation par la « lumière naturelle », Descartes met un terme à une évolution qui est caractéristique de l'ensemble de la philosophie de la Renaissance. Entre le *De mente* [2] de Nicolas de Cuse et la *Recherche de la vérité par la lumière naturelle* de Descartes, on peut directement jeter un pont. Mais la sécularisation a fait un pas supplémentaire. Là où Nicolas de Cuse introduit l'*idiota*, l'« ignorant », Descartes donne la parole à *l'honnête homme* français du XVIIe siècle [3]. La « découverte de l'individu » à laquelle aspire la Renaissance à travers la poésie, les arts plastiques, la vie religieuse et politique, trouve ainsi son aboutissement et sa justification philosophiques. Le sujet individuel se voit indiquer le chemin par lequel, tout au long d'un travail personnel et autonome, il peut accéder aux vraies richesses de son esprit et de son âme et véritablement se les approprier [4]. Et cet individualisme de l'appropriation du savoir ne représente aucun danger pour le *contenu* objectif du savoir. Car la raison en tant que telle n'est pas exposée aux dangers de l'isolement et de l'éclatement : le « bon sens » est un don équitablement partagé que chacun possède entièrement et qui, bien utilisé, conduit à des résultats d'une validité strictement universelle.

Ainsi, la fonction générale que doit remplir le doute méthodique dans la construction du système cartésien devient très claire. Pour comprendre cette fonction, nous devons garder présent à l'esprit le doute cartésien, non seulement en raison de sa signification purement systématique, mais également en raison de sa signification du point de vue de l'histoire des idées. Le doute isole le sujet pensant afin de le libérer par la force même de cet isolement. Cette libération ne peut réussir tant que le sujet se perçoit comme faisant face à un monde fini donné – que celui-ci soit compris comme monde

1. « *Quamvis etiam omnes inter se consentirent, non tamen sufficeret illorum doctrina : neque enim unquam, [...] Philosophi [evademus], si omnia Platonis et Aristotelis argumenta legerimus, de propositis autem rebus stabile judicium ferre nequeamus : ita enim, non scientias videremur didicisse, sed historias* », *Regulae* III (X, p. 367). Pour le refus du « consentement universel » comme critère de vérité, voir en particulier la lettre de Descartes à Mersenne du 16 octobre 1639 (II, p. 597 s.).

2. Sur l'importance systématique de cette œuvre et sur son influence dans l'évolution de la philosophie de la Renaissance, voir mon essai *Individuum und Kosmos*, p. 51 s.

3. Voir à ce sujet le quatrième article de cet ouvrage, ci-dessous, p. 79.

4. « Je me suis proposé de mettre en évidence les véritables richesses de nos âmes, ouvrant à un chacun les moyens de trouver en soi-même, et sans rien emprunter d'autrui, toute la science qui lui est nécessaire », *Recherche de la vérité* (X, p. 496).

physique ou comme monde spirituel. Nous naissons et grandissons tous dans un tel monde – et plus nous progressons dans notre développement, plus le lien qui nous enchaîne à lui devient étroit et indestructible. Mais quiconque aspire au pur et véritable savoir de l'univers doit au moins une fois dans sa vie briser ce lien. Il doit construire l'ordre du cosmos dans son propre esprit s'il veut le pénétrer par l'esprit, s'il veut véritablement le comprendre. Le doute est le seul et indispensable outil de cette libération de soi. Il détruit le monde des sens et nie la tradition historique. Il suspend *[aufheben]* la pertinence de la nature et de la culture. Rien de ce que la perception immédiate nous apprend sur la nature *[Beschaffenheit]* des choses, rien de ce que le savoir savant nous a transmis comme connaissances ne peut lui résister. Il renvoie le Je pensant à lui-même et ne lui laisse rien d'autre que sa propre certitude de soi. Il le condamne ainsi à une complète solitude et le bannit pour ainsi dire dans le désert. Mais, au sein de cet isolement, toutes les forces qui lui appartiennent effectivement et ne proviennent que de lui, deviennent tout à coup claires et disponibles. Quiconque est véritablement sain d'esprit et quiconque fait confiance à cette « lumière naturelle » pour le guider, peut se frayer un chemin jusqu'à la vérité – même s'il est né au beau milieu du désert. Seul celui qui s'extirpe de cette image du monde que l'action des sens ou l'influence d'opinions étrangères ont formée en lui peut accéder à son essence propre et acquérir par ses propres moyens une connaissance sûre, que ce soit au sujet de lui-même ou de l'être objectif [1].

C'est en ce sens que Descartes comprend la maxime du γνῶθι σεαυτόν – et c'est en ce sens qu'il l'a implantée dans la philosophie moderne comme un acquis dont on ne peut plus être dépossédé. Dès lors, il est en mesure d'effectuer cette puissante « réduction » par laquelle il a créé le modèle de tout retour sur soi *[Selbstbesinnung]* phénoménologique [2]. Cette nouvelle impulsion que Descartes a donnée à la philosophie et à l'histoire générale des idées a agi avec plus de force que toutes ses doctrines particulières. C'est en cela que le doute cartésien possède une valeur éminemment positive ; il a représenté, pour toutes les époques qui ont suivi, une source d'une force indispensable et indestructible. Ce qu'il y a de nouveau chez Descartes, ce n'est pas le fait qu'il utilise le doute comme le seul moyen lui permettant d'accéder à la vérité. De ce point de vue, saint Augustin l'avait précédé. Mais la maxime d'Augustin : *« Noli foras ire, in te ipsum redi, in interiore homine habitat veritas »*, avait une

1. *Ibid.* (p. 506 s.).

2. On peut voir à quel point ce modèle exerce encore une influence sur la philosophie contemporaine dans les *Méditations cartésiennes* de Husserl, qui se réfèrent en tout point à Descartes et développent à partir de lui le programme complet de la phénoménologie ; voir maintenant encore l'article de Husserl : « Die Krisis der europäischen Wissenschaften und die transzendentale Phänomenologie », p. 77 s.

autre signification que le retour de Descartes vers le *cogito*. Cette intériorité, à laquelle nous sommes ici renvoyés, n'est pas celle de la connaissance pure, mais celle de la volonté et de la certitude religieuse [1]. Cependant, du point de vue de ces deux dernières, le doute ne peut être finalement compris que comme un facteur purement négatif. *« Ist zwivel herzen nâchgebûr – daz muoz der sêle werden sûr »* (« Lorsque le cœur vit avec le doute, l'âme en retire une grande amertume ») – telles sont les paroles qui ouvrent le *Parsifal* de Wolfram von Eschenbach et elles expriment le thème religieux fondamental du poème. Le doute menace l'âme et il est son ennemi, car il affaiblit et sape sa force fondamentale, la force de la foi par laquelle elle s'unit à Dieu. Quiconque lui cède devient lui-même inconstant et instable. Pour Descartes, en revanche, qui ne connaît et ne reconnaît aucune instruction de l'esprit venant de l'extérieur, aucune *illuminatio* ou *informatio* purement passive, il est solidement établi que le radicalisme du doute est la seule source véritable de la connaissance. Il peut par conséquent déclarer que non seulement le *cogito*, mais surtout le *dubito*, est le point d'Archimède du savoir [2]. Le principe du doute devient pour Descartes le principe de construction proprement synthétique de la connaissance et il affirme qu'il permet d'acquérir des vérités largement plus importantes et plus fécondes que le principe fondamental de la logique formelle dialectique : le principe d'identité et de contradiction [3]. Le doute ne conduit pas à l'obscurité : il est bien plutôt le flambeau que l'esprit doit allumer pour trouver le chemin qui conduit à la vérité [4]. Il n'est plus un manquement ou un errement de l'âme, mais un devoir du Je pensant. Le Je prend sur lui cet engagement, confiant de pouvoir l'accomplir de ses propres forces, sans aucune aide extérieure.

Le *style* même du *Discours de la méthode* témoigne de ce nouvel état d'esprit qui anime toute l'œuvre. Jamais auparavant un système philosophique n'avait été présenté sous la forme que choisit ici Descartes. Ce n'est pas un système savant, achevé, qui s'offre à nous ; c'est une narration qui, de prime abord, semble être de caractère plus biographique que systématique. Descartes, qui d'ordinaire se fait l'ennemi de tout ce qui est simplement historique, n'hésite pas à qualifier le *Discours* d'histoire, et même de fable [5]. La raison profonde de cette forme de présentation tient au fait que le *résultat* objectif de la notion cartésienne n'est pas dissociable de la *découverte* de cette notion. La manière dont la notion fut découverte n'est ici ni quelque chose d'extérieur, ni quelque chose d'aléatoire, mais

1. Voir Åke PETZÄLL, « Etikens Sekularisering », p. 27 s.

2. *« Hac enim universali ex dubitatione, veluti e fixo immobilique puncto, Dei, tui ipsiusmet omniumque, quae in mundo dantur, rerum cognitionem derivare statui »*, *Recherche* (X, p. 515).

3. *Ibid.* (p. 522).

4. *Ibid.* (p. 518).

5. *Discours* I (VI, p. 4).

relève de sa substance même. Le résultat du penser cartésien ne devient totalement clair et totalement convaincant que lorsque nous voyons sa notion *advenir* et lorsque nous l'accompagnons tout au long de sa formation, à tous les stades de sa croissance et de sa maturation. Voilà ce que nous transmet la présentation du *Discours*. Descartes ne traite pas seulement de questions et de réponses, de doutes et de solutions ; il parle involontairement de combats intérieurs, de victoires et de défaites. « Car c'est véritablement donner des batailles que de tâcher à vaincre toutes les difficultés et les erreurs qui nous empêchent de parvenir à la connaissance de la vérité, et c'est perdre une bataille que de recevoir quelque fausse opinion touchant une matière un peu générale et importante [...]. Pour moi, si j'ai ci-devant trouvé quelques vérités dans les sciences [...], je puis dire que ce ne sont que des suites et des dépendances de cinq ou six principales difficultés que j'ai surmontées et que je compte pour autant de batailles où j'ai eu l'heur de mon côté [1]. » Ce style caractéristique se retrouve également dans les écrits ultérieurs de Descartes ; seuls les *Principia philosophiae* donnent, au lieu du mouvement intérieur de la pensée, le résultat achevé qui, de ce fait, contient quelque chose de rigide et de dogmatique. En ce qui concerne les *Méditations*, elles sont, quant à leur forme, visiblement influencées par les *Soliloquia* de saint Augustin ; mais le pathos religieux d'Augustin s'est transformé chez Descartes en un véritable pathos intellectuel. Ce n'est plus l'âme individuelle qui cherche son chemin vers Dieu ; c'est l'intellect qui veut se connaître lui-même et qui cherche dans son universalité, dans son *universitas*, la clé des problèmes que l'*universitas* des choses nous pose [2].

À partir de là, une lumière nouvelle éclaire l'un des problèmes les plus difficiles et les plus discutés de la doctrine cartésienne de la connaissance : sa *doctrine de l'erreur*. Les tentatives de voir en Descartes un penseur « critique » semblent sur ce point définitivement vouées à l'échec. Natorp qui, dans son ouvrage sur *La Théorie de la connaissance de Descartes* (1882), s'était donné pour tâche de démontrer la parenté de la doctrine cartésienne avec la philosophie critique et de lui attribuer la place qui lui revient au sein de cette dernière, en arrive au résultat que c'est dans sa théorie de l'erreur que Descartes s'est le plus éloigné de ses idéaux du point de vue de la critique de la connaissance. Car il y règne, selon lui, un mélange funeste de points de vue tout à fait disparates : logique, éthique, métaphysique, théorie de la connaissance, morale et religion se mêleraient de manière imperceptible, ce qui, inévitablement, conduirait Descartes à des contradictions et à des sophismes [3].

---

1. *Discours* VI (VI, p. 67).
2. Voir en particulier *Regulae* VIII (X, p. 398).
3. NATORP, *Descartes' Erkenntnistheorie. Eine Studie zur Vorgeschichte des Kriticismus*, p. 73 s. et 174.

Effectivement, pour rendre compréhensible ne serait-ce que le *phénomène* de l'erreur, Descartes doit s'aventurer au-delà du cercle de l'intellect qu'il cherche à délimiter dans ses principaux écrits méthodiques. L'erreur ne devient compréhensible que si nous considérons qu'il existe deux facteurs différents, au fond irréductibles, qui déterminent notre vie consciente. Tous les modes de la conscience que nous trouvons en nous-mêmes peuvent être ramenés à deux classes fondamentales : à la *perceptio* et à la *volitio*, à une efficience de l'intellect et à une efficience de la volonté. L'erreur naît lorsque les sphères de ces deux activités ne se recouvrent pas, mais débordent l'une sur l'autre. Notre jugement est faux lorsque notre volonté nous pousse à porter un jugement là où ne nous est donnée aucune *base* authentique de jugement, aucune idée claire et distincte. L'intellect en tant que tel devrait en ce cas s'abstenir de tout jugement : il devrait rester dans l'état de la pure ἐποχή. Mais c'est la volonté qui le pousse ici à prendre une décision qui ne peut être que prématurée et erronée [1]. Descartes ne peut donc résoudre le problème de l'erreur qu'en le déplaçant de la logique vers l'éthique, en rendant la liberté de la volonté responsable de l'erreur.

N'a-t-on pas ainsi introduit un facteur absolument irrationnel qui menace de supprimer l'unité de la méthode cartésienne et de faire voler en éclats le système clos de la doctrine de la connaissance ? Effectivement, une telle hésitation s'impose : mais on peut lui opposer que, dans ce cas, le concept cartésien de liberté n'est pas arbitraire et qu'il n'est pas introduit comme une hypothèse fabriquée *ad hoc*. Il ne fait pas irruption comme un *deus ex machina* pour résoudre un problème qui ne trouverait pas de solution avec des moyens purement logiques, il fait plutôt partie intégrante de l'ensemble du système cartésien et s'inscrit en lui comme un facteur nécessaire. Car le doute cartésien comprend déjà en lui-même un facteur actif, un facteur de la volonté. Il repose sur une libre décision que doit prendre une fois dans sa vie quiconque veut parvenir à la certitude véritable. La juste disposition intérieure de l'esprit, celle qui le rend capable d'accéder à la vérité, ne peut être conquise que sur la base d'une telle décision : la *bona mens* repose sur la *bona voluntas* [2]. Le problème de la liberté ne se situe donc pas seulement à la fin de la logique cartésienne, mais également à son début. C'est dans cette mesure que l'on peut parler, chez ce strict rationaliste, chez ce logicien et méthodologue *[Methodiker]* qu'est Descartes, d'un « primat du pratique ». La vérité ne peut nous être donnée de

1. *Meditationes* IV et V (VII, p. 56 s.) ; *Principia philosophiae* I, p. 30 s. (VIII, p. 16 s.).

2. Voir *Regulae* VIII (X, p. 395) : *« Si quis pro quæstione sibi proponat, examinare veritates omnes, ad quarum cognitionem humana ratio sufficiat (quod mihi videtur semel in vita faciendum esse ab iis omnibus, qui serio student ad bonam mentem pervenire)* […]. *»*

l'extérieur, elle doit être trouvée : et elle ne sera trouvée que par celui qui sait la chercher de la manière qui convient. C'est dans cette recherche que réside la force de l'intellect pur ; mais dans cette force est également donnée une *responsabilité*. L'erreur n'est pas seulement un manquement logique, c'est aussi un manquement éthique ; elle est à la fois négligence et faute. Et l'examen strict de tout ce que nous croyions jusqu'alors être certain n'est pas seulement un postulat méthodique abstrait, c'est également un impératif moral *[sittlich]*. La solution métaphysique que Descartes a donnée au problème de l'erreur devient alors entièrement compréhensible. Il s'agit ici d'un problème de *théodicée* : de savoir comment il est possible d'expliquer l'erreur de telle manière qu'elle n'affecte pas Dieu et qu'elle ne repose pas sur une simple imperfection fortuite de sa création. L'introduction du concept de liberté doit répondre à cette question. Dieu aurait pu empêcher l'erreur, mais il aurait du même coup privé l'homme de sa liberté et il aurait donc dû lui dénier ce qui fait toute sa valeur. Il rejeta cette solution ; il choisit la liberté et remit la décision aux mains des hommes. Sans la possibilité d'une telle décision, l'homme serait libéré de toute erreur ; mais il serait en même temps devenu un simple automate, une marionnette dans les mains de Dieu [1]. L'erreur ne peut être éliminée ; car c'est la marque distinctive, le stigmate de notre nature finie. Il importe alors de lui assigner des limites stables et déterminées. Et cet objectif sera atteint si, pour nous guider, nous nous en remettons à la méthode qui nous conduit avec assurance d'une idée claire et distincte à une autre et nous permet généralement de décider dans quel cas un jugement est permis et dans quel autre cas la retenue, l'ἐποχή, est de rigueur. Même cette méthode ne peut nous protéger de toute illusion, mais elle peut nous éviter la pire, ce leurre dangereux *[Selbsttäuschung]* qui consiste à méconnaître les limites de l'esprit. Établir ces limites et les définir à l'avance dans un projet universel du savoir et de ses possibilités ne peut représenter pour l'esprit une tâche insurmontable ; et c'est de sa solution que dépend le problème tout entier de la connaissance [2].

Dans son premier projet de logique, tel qu'il nous est présenté dans les *Regulae ad directionem ingenii*, et dans son premier projet

1. *Meditationes* IV (VI, p. 56 s.). On peut sans doute expliquer au mieux ces démonstrations de Descartes sur la liberté « logique » en leur opposant le fondement kantien de la liberté éthique. Kant explique que l'on pourrait, de manière purement théorique, imaginer un monde dans lequel l'opposition entre devoir et inclination tomberait ; un monde dans lequel, par conséquent, toute transgression de la loi morale serait évitée et tout impératif serait exécuté. Mais alors l'attitude des hommes se transformerait en un simple mécanisme, « où, comme dans un jeu de marionnettes, tout gesticulerait bien, mais où l'on ne rencontrerait aucune vie dans les personnages » (KANT, *Critique de la raison pratique*, trad. fse Luc Ferry et Heinz Wismann, Paris, Gallimard, 1985, p. 197).

2. *Regulae* VIII (X, p. 398).

de physique, Descartes a suivi de manière très stricte la règle que nous venons d'établir. Et la construction de la physique correspond dans ses moindres détails à la construction de la logique. Car c'est ce même procédé, le procédé de l'explication génétique, que Descartes emploie dans l'un et l'autre cas. Il s'agit de comprendre le composé à partir du simple : et on ne peut répondre autrement à cette exigence qu'en développant le composé à partir de ses éléments premiers. Le processus de compréhension est le même, qu'il s'agisse du cosmos intellectuel ou du cosmos physique. C'est ainsi que dans son traité intitulé *Du monde*, Descartes laisse se former le monde sous nos yeux, afin qu'au cours de cette formation nous apprenions à connaître les lois simples et générales auxquelles est soumis tout événement naturel. Le moyen de désenchevêtrer le chaos est le même pour la logique et pour la physique ; tout comme celle-là doit faire procéder les concepts les uns à partir des autres dans un ordre clair et déterminé, la physique doit accomplir la même chose pour l'ordre des phénomènes. Et tout comme la méthode *[Methodik]* du doute nous a appris à connaître les véritables fondements de la certitude et nous a ensuite rendus maîtres de nous-mêmes, nous devons nous rendre également maîtres de la nature par la construction de l'univers à partir de ses éléments premiers et de la connaissance de ses lois simples. Cela semble être exactement le même idéal que celui annoncé par Bacon dans son *Novum organon*. La méthode cartésienne veut également fonder sur cette terre le *regnum hominis* ; elle non plus ne se contente pas d'un savoir contemplatif, mais veut progresser vers un savoir actif. Au lieu de cette philosophie spéculative qu'on enseigne dans les écoles, on peut trouver une philosophie pratique par laquelle, connaissant la force et les actions du feu, de l'eau, de l'air, des astres, des cieux, et de tous les autres corps qui nous environnent, nous pouvons nous rendre « maîtres et possesseurs de la Nature [1] ». Mais, chez Descartes, cette possession est fondée et comprise dans un autre sens que chez Bacon. Il ne pouvait faire sienne l'expression : *« scientia propter potentiam »* ; car pour lui, il est clair que l'on ne peut acquérir de pouvoir effectif sur la nature sans un fondement indépendant et purement théorique du savoir. Bacon, au contraire, s'élève contre cette habitude funeste et bien enracinée de faire débuter le savoir par des discussions « théoriques et abstraites ». Il exige que la partie active de la connaissance détermine sa partie contemplative et lui appose son sceau [2]. Descartes ne pouvait comprendre le savoir dans *ce* sens précis du pragmatisme et de l'utilitarisme. Sa voie est et demeure celle du *cogito*. Le Je pensant doit plonger en lui-même en une pure contemplation, afin de trouver, à partir de ce centre qui est le sien, le chemin qui le mènera au savoir et à l'action sur le monde. L'ordre de la

1. *Discours* VI (VI, p. 61 s.).
2. Voir BACON, *Novum organon*, Lib. II, aph. 4.

nature ne se laisse connaître que lorsque l'on a réussi à fonder de manière certaine celui de l'entendement. Car dans l'ordre progressif de la connaissance, l'intellect est le problème premier et fondamental : tout le reste dépend de la connaissance de ce problème [1].

Mais si, pour Descartes, le passage de la logique à la physique s'accomplit de lui-même et sans friction, le tableau semble changer lorsque nous abordons les problèmes de la *métaphysique*. Car, dans ce cas, le point central que nous tenions jusqu'à présent ne suffit plus. Le point d'Archimède de la certitude, que Descartes croyait avoir trouvé, semble se déplacer, car désormais c'est la connaissance, c'est la vérité elle-même qui devient problématique. Même si elle possède à nos yeux la plus grande clarté et la plus grande évidence, nous ne pouvons nous fier à la vérité de nos idées et de nos jugements avant de l'avoir établie et ancrée sur un fondement métaphysique, dans l'être de Dieu. La *veracitas Dei* est l'origine et la condition de toute vérité accessible et saisissable par l'homme. Mais alors tous les critères que nous avions jusqu'ici s'inversent. Car ce n'est plus désormais la certitude de soi de l'intellect qui donne sa tenue et sa consistance à tout autre savoir. L'intellect est devenu dépendant d'une autre puissance qui existe en dehors de lui et le transcende absolument. L'« autonomie » de la raison, que Descartes avait affirmée et menée à son terme dans ses *Règles*, semble s'être définitivement transformée en hétéronomie. Descartes tente en vain de maîtriser cette nouvelle problématique. Car il est confronté à une tâche insoluble, à une boucle logique à laquelle on ne peut échapper. L'être de Dieu ne peut être démontré autrement que sur la base de l'idée claire et distincte que nous possédons de lui ; mais, d'un autre côté, l'évidence de cette idée n'est pas solidement établie tant que cet être n'est pas découvert et reconnu dans sa nature *[Beschaffenheit]*. Ce paradoxe ne pouvait être surmonté avec des moyens purement logiques ; Descartes l'a atténué en conservant vis-à-vis de celui-ci la condition fondamentale de son système, la définition et la détermination générale du concept de vérité. Il ne veut pas lui sacrifier ce dernier, il veut au contraire le fonder de manière définitive et le préserver. Pour le préserver, il se sent obligé de passer de l'entendement fini à l'entendement infini, de l'*intellectus ectypus* à l'*intellectus archetypus*. Car seul ce dernier, et non le premier, est capable d'accéder à la vérité absolue. Et c'est justement ce qui caractérise la

1. *« [...] nihil prius cognosci quam intellectus, cum ab hoc cætorum omnium cognitio dependeat, & non contra ;* [...] *»*, *Regulae* VIII (X, p. 395). – Le début des *Regulae* de Descartes est également particulièrement caractéristique de la différence qui existe entre l'idéal de connaissance cartésien et baconien, car il y est expressément souligné que nous ne devons pas poser prématurément la question de l'*utilité* du savoir : *« Hos enim scientarum fructus legitimos possumus quidem exspectare ; sed, si de illis inter studendum cogitemus, sæpe efficiunt, ut multa, quæ ad aliarum rerum cognitionem necessaria sunt, vel quia prima fronte parum utilia, vel quia parum curiosa videbuntur, omittamus »* (X, p. 361).

doctrine cartésienne : même après le passage à la métaphysique, la vérité est et demeure pour lui le véritable absolu. Seul ce qui est capable de lui faire face peut prétendre pour soi-même à une quelconque existence *[Bestand]* ontologique. Par conséquent, le *principe* de la philosophie cartésienne garde toute sa force, même après que Descartes a trouvé nécessaire de justifier ce principe non plus à partir de lui-même, mais à partir de quelque chose d'extérieur, à partir de l'existence *[Dasein]* et de la nature de Dieu. Car Dieu lui-même n'est pas un être en dehors et au-dessus de la raison ; il est plutôt l'expression de la raison elle-même, de la « raison universelle ». Si nous voulons passer du fini à l'infini, il nous faut seulement élargir le domaine de la connaissance ; nous n'avons pas besoin de le modifier *qualitativement*. Fort de ce constat, Descartes pense rester fidèle à la première proposition fondamentale de la méthode, la proposition fondamentale de l'unité de la connaissance, même lorsqu'il est métaphysicien. Il ne pense pas que cette unité soit menacée, car grâce à l'attribution d'un substrat métaphysique au système de la connaissance, celui-ci n'a pas perdu sa forme pure, sa légalité immanente. La légitimation de la vérité par Dieu n'entraîne aucune sorte de modification, au contraire, elle la confirme et lui appose le sceau de l'achèvement. Ainsi, dans le principe, Descartes ne sort pas du cercle du *Cogito – Sum*. Ce cercle ne peut pas être franchi et n'a pas besoin de l'être. Car c'est seulement pour tout ce qui est connu de manière claire et distincte qu'il nous est permis de faire appel à l'examen métaphysique par le concept de Dieu. Pour Descartes, même là où il se tournait vers l'être strictement transcendant, l'anneau de fer de sa méthode ne pouvait voler en éclats ; car en affirmant cet être comme distinctement connaissable et strictement démontrable, il le soumet aux conditions mêmes de son concept de vérité.

L'IDÉE DE L'« UNITÉ DE LA SCIENCE » DANS LA PHILOSOPHIE DE DESCARTES

1

La notion d'unité de la science fait partie des postulats fondamentaux de la philosophie cartésienne. Descartes n'a nulle part essayé de fournir une justification particulière à ce postulat ; pour lui, il fait plutôt partie de ces principes qui sont clairs en eux-mêmes et portent d'eux-mêmes la preuve de leur vérité parce qu'ils surgissent directement « de la lumière de la raison » *(a sola rationis luce)*. Cette notion occupe une place centrale, et pas seulement d'un point de vue systématique ; elle appartient de manière génétique à la couche fondamentale et originelle du penser cartésien. Ce sont justement les premiers écrits de Descartes qui la répètent sans cesse et la précisent de la façon la plus pénétrante. La science est une – et si, par habitude, en suivant l'usage linguistique, nous parlons de plusieurs sciences, si nous considérons la connaissance scientifique non pas comme un singulier, mais comme un pluriel, nous nous barrons le chemin qui mène à la compréhension de sa véritable essence. Un « partage du travail » peut être recommandé et nécessaire dans le domaine des arts, des savoir-faire techniques et artisanaux ; mais vis-à-vis du savoir théorique, il entraînerait un affaiblissement et finalement une destruction de ce qui fait sa force propre. Seule la totalité de la science est l'expression vraie et adéquate de cette fameuse « sagesse humaine » *(humana sapientia)* qui demeure toujours la même, quel que soit le nombre des différents objets auxquels on l'applique, et la variété des objets du savoir l'affecte aussi peu que les objets les plus divers ne modifient la nature propre de la lumière du soleil lorsqu'elle les éclaire [1].

Si nous gardons cette image présente à l'esprit, nous tenons un fil conducteur sûr qui saura nous faire voyager à travers toutes les différentes parties de la philosophie cartésienne. Ce que la méthode cartésienne doit avant tout accomplir, c'est faire converger en un point la lumière de la connaissance, comme un miroir ardent. La forme usuelle de la connaissance ne donne qu'une lumière dispersée et

1. *Regulae ad directionem ingenii* I (X, p. 360).

diffuse. Et l'erreur est partout la même, que nous considérions l'entendement non instruit ou bien le savoir savant traditionnel. Tous deux se saisissent des ob-jets les plus divers et les plus disparates – espérant en acquérir une connaissance toujours plus vaste et toujours plus fiable par la simple considération de ces ob-jets et par l'étude intime *[Versenkung]* de leur nature particulière. Le *genre* de ces ob-jets ne les préoccupe pas beaucoup ; ils s'en saisissent au hasard, tels qu'ils se présentent fortuitement à l'esprit humain. L'intérêt du savoir est plus excité par l'inhabituel que par le familier et le régulier ; il s'attache plus à ce qui semble s'être détaché de l'ordre universel des choses qu'à cet ordre universel lui-même. Ce qui est soumis à des lois *[das Gesetzliche]*, ce qui revient sans cesse et de manière uniforme ne suffit pas à la connaissance ; elle recherche l'extraordinaire et le caché. Cette tendance *[Trieb]* qui ramène sans cesse le savoir vers le mystérieux, vers le merveilleux et le singulier, est explicable psychologiquement ; mais si nous nous y adonnons sans limites, nous courons alors le risque de détruire en son fondement même le contenu *logique* de la connaissance. Car celle-ci ne consiste ni dans ce qui nous est connu, ni dans *ce dont* nous possédons une certitude réelle ou supposée, mais dans le genre, le caractère et le degré de cette certitude elle-même. L'entendement commun tout comme l'entendement savant commet une erreur parce que cette gradation du savoir, et avec elle son articulation interne, lui échappe. Il se tourne sans principes solidement établis vers tel ou tel objet – et l'intensité de la lumière qui lui est ainsi apportée ne dépend alors que du genre de cet objet. Le but premier de la « méthode » cartésienne est de libérer l'esprit humain de cette dépendance. Il doit se connaître lui-même ; non dans la lumière réfléchie que lui renvoient les ob-jets, mais dans la lumière qui émane de lui-même en tant que source de lumière véritable et originelle. Rien n'est plus inepte que d'engager d'audacieuses disputes sur les secrets de la nature, sur l'influence du ciel sur le monde terrestre, sur la prédiction de l'avenir, sans s'être demandé une seule fois si la raison humaine suffit à répondre à de telles questions. En revanche, faire un constat des limites de cet entendement dont nous prenons conscience en nous-mêmes ne peut être une tâche difficile à surmonter. Une telle entreprise ne pourra jamais nous conduire à l'indéterminé, au démesuré et à l'illimité ; elle possède en soi sa limitation certaine, puisque justement cette détermination, cette unité et cette clôture *[Geschlossenheit]* systématiques représentent l'essence de l'entendement – à la différence de l'incommensurable variété des choses particulières dans l'espace et dans le temps. Si nous disposons ici d'une base solide, la clarté qui rayonne en ce point se répand alors progressivement sur tout le reste. Tandis que, dans l'approche habituelle, lumière et obscurité alternent sans cesse en fonction de l'ob-jet particulier qui est pris en considération, et que, dans le meilleur des cas, cette alternance ne produit qu'une lueur crépusculaire et incertaine, la nouvelle méthode *[Methodik]* cartésienne est censée produire une lumière unique, ininterrompue et, pour ainsi dire, incolore, qui naît d'elle-même au sein du savoir de la raison et, de là, se diffuse à tous les autres ob-jets possibles du savoir [1].

Mais, aussi caractéristique et prégnante que soit ici la métaphore, elle n'est et ne demeure en fin de compte qu'une métaphore. Nous devons la dépasser, si nous voulons rendre justice aux exigences du penser pur : nous devons la transposer du langage de l'« imagination » à un langage strictement logique. À cette tâche suffit une *seconde* image que Descartes a forgée dès le début de sa philosophie. Parmi les notes que Leibniz, pendant son séjour parisien, a prises sur la base des manuscrits inédits de Descartes, on trouve la phrase suivante : *« Larvatæ nunc scientiæ sunt : quæ, larvis sublatis, pulcherrimæ apparent. Catenam scientarum pervidenti, non difficilius videbitur, eas animo retinere quam seriem numerorum* [2]. » Les sciences portent des masques ; et seul celui qui réussira à les faire tomber verra les sciences dans toute leur beauté et dans toute leur clarté. En quoi consistent ces masques et quel obstacle nous a donc empêchés de regarder le savoir pour ainsi dire « les yeux dans les yeux » ? Cela tenait à ce que, jusqu'alors, la démarche et l'observation mettaient l'accent sur l'objet du savoir, au lieu de se tourner vers la *fonction* du savoir afin de la comprendre et de l'éclairer en tant que telle. Le caractère particulier du *connu* était le centre et la perspective de la connaissance, mais on négligeait par là même de poser la question de la *signification* du savoir : ce qui fait que le savoir est savoir et ce en quoi il se distingue des autres états de conscience, de l'imagination, de la mémoire, etc. Si l'on comprend en ce sens la notion de Descartes, le but de la comparaison avec la *série des nombres* devient immédiatement évidente. Cette comparaison est plus qu'une simple métaphore ; elle exprime une relation strictement notionnelle *[gedanklich]*. Si nous considérons les éléments de la série des nombres, nous pouvons attribuer à chacun une « nature » déterminée et une « individualité » déterminée. La série des nombres est « homogène », mais pas au sens où ses éléments ne manifestent aucune différence d'espèce. Leibniz objecte à la proposition de Locke, selon laquelle il n'existerait aucune autre différence entre les nombres que celle du plus ou du moins, que celle-ci n'est pas pertinente sous cette forme. « Les nombres sont non seulement differens en grandeur, mais encore dissemblables. Un nombre pair peut être partagé en deux également et non pas un impair. Trois et six sont nombres triangulaires, quatre et neuf sont quarrés, huit est

1. Voir *Regulae* IV (X, p. 371 s.) ; *Regulae* VIII (X, p. 397 s.).

2. Notes de Descartes datées de janvier 1619 ; voir *Œuvres inédites*, p. 4 (X, p. 215).

Cube etc. [1] » Les différents nombres sont donc des ob-jets particuliers qui se laissent ranger dans des classes conceptuelles particulières. Mais ce qui les distingue, c'est le fait qu'ils donnent à connaître, dans leur singularité, un *principe* homogène et qu'ils sont totalement dérivables de ce principe. Ils ne forment pas un simple agrégat, mais un système solidement agencé. Nous ne les saisissons pas un par un pour les mettre ensuite dans un ordre quelconque, c'est au contraire le point de vue de l'ordre qui est ici premier. Il appartient à l'« essence », à la nature logique du nombre, de se présenter sous la forme d'une « suite ordonnée ». Et nous retrouvons la même chose dans tout savoir véritablement digne ce nom. La forme purement empirique du savoir cherche dans chaque nouvel ob-jet auquel elle se consacre une nouvelle manière et un nouveau contenu de connaissance. Descartes, en revanche, recherche une règle qui englobe tous les contenus et permette de les produire selon une règle homogène : tout comme les différents nombres dérivent les uns des autres par l'utilisation continue d'une seule et même relation fondamentale. Selon la conception traditionnelle établie jusqu'à Descartes, la vérité est expliquée comme adéquation de l'intellect avec la chose *(adquaetio rei et intellectus)*. Il ne semble pas possible d'atteindre et d'assurer cette adéquation d'une meilleure façon qu'en faisant s'adapter l'intellect à la chose dans toutes ses particularités – donc en lui faisant prendre lui-même une nouvelle forme avec chaque nouvel ob-jet qu'il considère. Descartes s'oppose à cette conception. L'intellect n'est pas un caméléon qui scintille de toutes les couleurs et en prend une nouvelle dans chaque nouvel environnement. Il reste ce qu'il est ; il conserve sa nature propre et immuable, imprime sa propre forme à tout ce qu'il saisit. L'étampage du savoir ne provient pas du dehors ; il est prescrit et déterminé une fois pour toutes par son caractère propre *[Eigenart]* [2].

---

1. LEIBNIZ, *Nouveaux Essais*, L. II, chap. XVI ; *Die philosophische Schriften*, V, p. 143.

2. On peut donner un seul exemple caractéristique pour montrer à quel point cette conception de l'« unité du savoir » domine tout notre idéal scientifique *moderne*. Ce ne sont pas simplement les stricts « rationalistes », mais également les penseurs empiriques qui, à cet égard, ont repris et prolongé l'exigence de Descartes. Ernst Mach peut être appelé à témoigner : car sa doctrine de la connaissance, qui fait des simples perceptions sensibles les seuls éléments de la réalité, représente, du point de vue du contenu, le pôle strictement opposé au concept cartésien de connaissance et de vérité. Mais ce que Mach introduit pour *fonder* cette doctrine de la connaissance est une véritable attestation et confirmation du point de vue fondamental de Descartes. « Je ne prétends pas être philosophe – dit un jour Mach – je souhaite simplement adopter une position au sein de la physique qu'il n'est pas nécessaire de quitter pour jeter un regard dans le domaine d'une autre science puisque finalement toutes doivent former un tout » (E. MACH, *Die Analyse der Empfindungen*, p. 21, note). C'est, dans une version à peine modifiée, le postulat cartésien fondamental de l'unité et de la méthode qui doit conférer au savoir une « position » fixe et inébranlable et constituer son « point d'Archimède ».

Comment s'effectue alors la critique des *sciences particulières*, si nous posons comme hypothèses de départ ce point de vue et cette orientation générale ? Dans quelle mesure peut-on encore se rattacher à l'existence des sciences particulières comme historiquement données, et dans quelle mesure faut-il transformer cette existence pour la rendre conforme à ce nouvel idéal méthodique ? La devise « tout ou rien » a-t-elle ici un sens – devons nous rejeter la forme traditionnelle du savoir ainsi que tout son contenu ? Le *Discours de la méthode* répond à ces questions tout d'abord pour trois sciences fondamentales : pour la logique, pour l'analyse géométrique et pour l'algèbre. Dans ces trois sciences, il s'agit – si nous nous en tenons à l'image qu'en a donnée Descartes dans une note de son journal en 1619 – de regarder derrière le « masque » qui jusqu'à présent recouvrait leur visage et nous cachait leur véritable aspect. Pour la logique, ce masque consiste en ce qu'elle s'est présentée comme une discipline indépendante qui se *détachait* du tout du savoir ; qui se plaçait en dehors et au-dessus de ce tout. Elle a développé une doctrine des différents modes du penser et du déduire et une doctrine de la manière dont ils s'imbriquent et s'enchaînent. Mais elle ne saisissait et ne déterminait pas le savoir là où il était effectivement et directement à l'œuvre ; là où il s'exprimait dans des *modes de connaissance* déterminés, dans le mode de connaissance des mathématiques, de la physique, etc. Elle se condamnait ainsi, si ce n'est à la fausseté, du moins à la stérilité objective. « Je pris garde – déclare Descartes – que, pour la Logique, ses syllogismes et la plupart de ses autres instructions servent plutôt à expliquer à autrui les choses que l'on sait, ou même, comme l'art de Lulle, à parler, sans jugement, de celles qu'on ignore, qu'à les apprendre [1]. » La comparaison avec « l'art de Lulle » est ici particulièrement caractéristique et instructive. Car ce dernier avait également aspiré à une sorte de « science universelle », à une *mathesis universalis* au sens cartésien. Mais comment avait-il cherché à atteindre cette science ? Il ne connaissait nul autre moyen que de ranger les concepts dans des classes déterminées et d'obtenir à partir de la *combinaison* de ces classes l'ensemble du monde des concepts. Mais la combinaison elle-même et son intégralité ne furent atteintes et assurées qu'en utilisant des moyens tout à fait extérieurs. Les différentes catégories sont réparties en six classes dont chacune contient neuf concepts fondamentaux. Ces différentes classes sont inscrites sur différents disques qui se juxtaposent de manière concentrique : la rotation de ces disques donne alors ce que l'on recherchait : le tableau complet des relations conceptuelles possibles [2]. De cette manière, chaque concept est traité comme une entité logique indépendante qui se laisse

---

1. *Discours* I (VI, p. 17).
2. Pour plus de détails sur l'« *ars magna* » de Raymond Lulle, voir L. COUTURAT, *La Logique de Leibniz*, n. 2, p. 541 s.

combiner au choix avec tous les autres, quelle que soit la catégorie à laquelle ils appartiennent ; ce type d'agrégation et de permutation est censé permettre de construire un *système* logique. Mais la conception cartésienne de la *structure* des concepts et du système logique est d'un genre totalement différent. Elle n'autorise pas n'importe quelle combinaison entre concepts et interdit tout saut d'un concept à l'autre. Tout ce que produit le penser et tout ce qu'il est censé saisir comme étant son œuvre, doit être produit *d'un seul* trait, en une seule série continue et ininterrompue. Il ne suffit pas de poser les concepts les uns *à côté* des autres comme achevés et donnés pour ensuite les relier entre eux. Nous devons les développer les uns *à partir* des autres et cela ne peut être accompli qu'en commençant par les véritables éléments fondamentaux, pour ensuite s'acheminer progressivement vers des déterminations de plus en plus complexes. Les *Regulae ad directionem ingenii* étaient déjà censées indiquer ce genre de progression : et c'est sur elle que repose, selon Descartes, tout le progrès ordonné du penser. La loi de la progression continue du penser est, selon Descartes, le seul véritable fil d'Ariane qui puisse nous guider à travers le labyrinthe du savoir [1]. Dès lors, la logique n'est plus séparée des autres sciences en tant que technique particulière, en tant qu'art autonome du penser. Elle pénètre au contraire l'ensemble de la science et devient son principe fécondant et vivifiant. Au lieu de simplement enseigner ce que l'on sait déjà, elle nous indique un moyen sûr de découvrir du nouveau, puis de le démontrer et de le fonder par la manière même dont on l'a découvert. La logique du syllogisme s'oppose donc à cette nouvelle science que Leibniz nomme la *Logica inventionis*. La logique n'est plus un simple catalogue, elle n'est plus seulement une codification du savoir donné, elle est plutôt devenue un véritable outil, un *organon* du savoir [2].

Il est plus difficile de comprendre le reproche que Descartes adresse au traitement traditionnel de la *géométrie*. Car l'idéal de raison le plus rigoureux que l'on puisse imaginer n'y était-il pas déjà atteint et réalisé ? Encore aujourd'hui, malgré toutes les développements qu'a connus le contenu du savoir géométrique, la *forme* dont l'a revêtue Euclide ne nous apparaît-elle pas comme un modèle « de clarté et de distinction », comme un exemple du véritable savoir rationnel ? Mais là aussi, à y regarder de plus près, on constate le même défaut fondamental du point de vue du principe. Car ce n'est pas son manque de clarté que Descartes reproche au traitement traditionnel de la géométrie, mais son manque d'*unité*. D'après lui, ce manque trouve sa cause ultime dans le fait que la géométrie s'en tient de manière étroite à la *considération [Anschauung]* des figures et voit en elles le moyen essentiel de connaître les qualités

1. *Regulae* V (X, p. 379 s.).
2. Voir *Regulae* X (X, p. 406).

fondamentales et les relations qui lient entre elles les différentes figures. Elle menace ainsi de devenir un jeu de l'imagination au lieu d'être un exercice de l'entendement[1]. Car cet exercice ne peut consister qu'en ceci que le particulier n'est plus regardé et perçu en tant que tel, mais qu'il est déterminé de manière purement conceptuelle comme une position dans un système ordonné plus général. Voilà ce qu'accomplit la nouvelle géométrie, la géométrie cartésienne. Ce que Descartes reproche à la géométrie euclidienne et, en général, à la « géométrie synthétique » des Anciens, ce n'est pas un manque de rigueur logique. C'est plutôt la manière prédominante dont les problèmes sont séparés et isolés. En s'en remettant à l'observation *[Anschauung]* comme seul guide, elle doit, pour ainsi dire, écrire un nouveau chapitre à chaque nouvelle figure. La droite, le cercle, l'ellipse, la parabole sont traités comme des figures individuelles et indépendantes dont les propriétés et les lois doivent être recherchées en particulier. Descartes recherche là encore la *catena scientiarum* ; il veut concevoir toutes ces figures comme les éléments d'une même chaîne et les construire pas à pas, d'une manière analogue à la suite des nombres. Et c'est ainsi qu'il parvient à sa découverte fondamentale : la découverte de la géométrie analytique. Car cette dernière ne consiste en rien d'autre qu'en l'idée que la *structure* du géométrique correspond point par point à la pure structure des nombres, de telle sorte que le géométrique se laisse calquer de manière évidente sur l'arithmétique. Et une fois cette copie effectuée, l'ordre interne des problèmes géométriques apparaît de lui-même. Car nous pouvons alors distinguer chaque classe par un *degré* déterminé et nous pouvons, conformément aux exigences de la méthode, progresser et nous élever d'un degré à l'autre sans faille et sans interruption. La géométrie cartésienne ne considère et ne comprend, comme on le sait, que les « courbes algébriques » qui se laissent représenter par une équation de forme $x^n + a_1x^{n-1} + a_2x^{n-2} + \dots a_n = 0$. Les courbes « transcendantes » ou, comme les nommait Descartes, les courbes « mécaniques », qui ne sont pas susceptibles d'être représentées de la sorte, sont exclues de son traitement de la géométrie puisqu'elles ne sont pas accessibles à une connaissance strictement exacte. Cette exclusion n'était ni nécessaire, ni justifiée, ceci fut montré peu de temps après par Newton et Leibniz, et ce dernier a maintes fois souligné et critiqué les limites de la géométrie cartésienne. Mais c'est justement ce défaut qui nous permet de percevoir en quoi consistait le sens propre et la véritable force de l'analyse cartésienne. L'analyse cherche à comprendre et à expliquer la série des *formes* géométriques de la même manière que la série des *nombres*. Elle ne reconnaît aucune coupure entre le domaine *[Reich]* des formes et celui des nombres ; elle nous autorise simplement à « énumérer » *[numerieren]* l'intégralité des courbes

1. *Discours* I (VI, p. 17 s.).

afin de frayer le chemin d'une représentation et d'une solution strictement ordonnées des problèmes géométriques. C'est ainsi que tombe le masque qui jusqu'alors avait caché ces problèmes ; et derrière lui, nous découvrons un visage qui nous est connu et depuis toujours familier. Derrière la variété apparemment irréductible des figures géométriques, nous apercevons la nature simple, la *natura simplex* du nombre.

Le fait que le même procédé de réduction et de « récursion » progressive domine et traverse l'ensemble de la méthode cartésienne ne requiert pas de présentation détaillée. *Ce même* chemin qui conduit de l'arithmétique à la géométrie conduit également de la géométrie à la physique. Quelle est donc cette « réalité » physique que nous avons l'habitude de distinguer du monde idéal des nombres et des figures géométriques et que nous opposons à ces deux mondes comme quelque chose de totalement nouveau ? Est-ce ce monde bigarré que les sens nous transmettent, le monde physique se laisse-t-il décomposer en une variété de couleurs et de sons, d'odeurs et de saveurs ? Ou bien cette variété ne prend-elle pas une tout autre forme dès que nous lui posons la question décisive – dès que le rai lumineux du *savoir* tombe sur elle ? Dès lors, tout ce que la perception des sens nous faisait apparaître comme multiple, divers et fragmenté, retrouve une unité. Les barrières qu'avait posées la perception disparaissent d'un seul coup. Car le *savoir* des différentes qualités sensibles ne se laisse pas penser comme dissocié et séparé, à la manière des qualités qui se laissent ranger sur des disques qualitatifs déterminés. Face à ce découpage, il affirme sa forme propre et immuable. Il serait superficiel de considérer que, parce qu'il existe un monde des couleurs et un monde des sons et parce que tous deux se font face sans comparaison possible, la *connaissance* des couleurs et des sons est dans chaque cas une connaissance particulière, individuelle et unique. Les *phénomènes* optiques et acoustiques sont en tant que tels radicalement différents les uns des autres ; mais cela n'implique pas que cette différence trouve également son expression dans le système des sciences, cela n'implique pas qu'il doive y avoir au sein de l'ensemble de la physique une optique et une acoustique séparées. La science reconnaît plutôt cette différence comme une différence simplement fortuite. Car elle ne se contente pas des critères empruntés à l'organisation empirique de l'être humain. Au lieu de cela, elle exige une autre forme, une forme universelle : une norme qui corresponde à la nature générale du penser. Et pour Descartes, la question de savoir comment on peut découvrir une telle norme ne nécessite plus aucune recherche particulière. La méthode a d'ores et déjà rendu son jugement et il suffit de se remémorer ce qu'elle a décidé pour trouver rapidement la juste transmission qui mène des mathématiques à la physique. Il nous faut seulement répéter une nouvelle fois le procédé qui nous servait jusqu'à présent de fil d'Ariane dans le labyrinthe des sciences. Le monde des formes géométriques a été réduit au monde des nombres et complètement calqué sur celui-ci. Si nous réussissons à effectuer une « copie » analogue pour la matière physique, le problème est alors résolu. Descartes atteint ce résultat en assimilant la matière à l'étendue dans l'espace. Car c'est alors que tombe cette barrière séparatrice que nous signalait notre perception sensible. Elle se révèle être une barrière de l'imagination, non de l'intellect. L'intellect comprend que tout ce qui est *connaissable* dans la réalité physique se réduit à une détermination des grandeurs. Il ne fait donc qu'ajouter la nouvelle détermination des grandeurs à celles qui existaient jusque-là, au nombre et à la figure, afin de connaître en elle et par elle l'ensemble de l'être physique. Ce service est rendu par l'introduction du concept de *mouvement*. Elle balaie d'un coup toute apparence d'hétérogénéité et fond tous les problèmes de la nature en une unité radicale. L'ouvrage de Descartes intitulé *Du monde* montre comment se développe à partir de cette unité la richesse du « monde des sens » dans toute sa diversité, comment le chaos originel se dissipe et donne naissance à toutes les formes *[Gestalten]* connues des choses. À l'aide du mouvement, la matière première, encore indifférenciée, donne naissance au ciel et à la terre, aux montagnes et aux océans, aux sources et aux rivières, aux métaux, aux plantes, bref à tous les ob-jets de l'expérience quotidienne [1]. Tout cela n'exige aucune des « formes » ou des « qualités » dont la philosophie scolastique est remplie ; il suffit de comprendre *[einsehen]* ces quelques natures simples et générales que nous saisissons clairement et distinctement comme nombre, figure et mouvement. C'est en particulier au concept de nombre comme véritable et nécessaire *terminus medius* que Descartes fait de nouveau appel : *« quantitas a substantia extensa in re non differt, sed tantum ex parte nostri conceptus, ut et numerus a re numerata* [2]. »

Mais il faut faire un pas de plus ; car tout ce qui a été accompli jusqu'à présent n'a fait que nous entraîner sur le terrain de la nature inerte. Une barrière plus vaste, et cette fois-ci insurmontable, semble s'élever devant nous, lorsque nous recherchons à partir de là l'accès à la nature organique, au monde de la *vie*. Car nous pénétrons alors dans un domaine où le concept aristotélicien et scolastique de forme a sa place et d'où il tire son origine. La diversité des formes et des phénomènes vivants se laisse-t-elle dériver de cette « matière » qui est en soi si uniforme qu'elle ne se distingue en rien de l'étendue homogène de la géométrie pure ? Ou bien ne faut-il pas finalement introduire un principe propre, indépendant et autonome ? On sait quels arguments Descartes a utilisés pour contester l'introduction d'un tel principe. La découverte par Harvey de la circulation sanguine lui vient en aide. À première vue, la manière précise et

1. *Discours* V (VI, p. 41 s.).
2. VIII, p. 44.

détaillée dont le *Discours de la méthode* décrit cette découverte surprend. Car il ne semble s'agir, pour le lecteur moderne, que d'une donnée empirique isolée dont il n'apparaît pas immédiatement en quoi elle s'intègre à l'enchaînement des explications purement méthodiques de Descartes. Mais le paradoxe est immédiatement levé lorsque nous considérons de plus près l'état historique des problèmes généraux des sciences de la nature au XVIIe siècle. Descartes félicite Harvey d'avoir, avec sa doctrine de la circulation sanguine, « brisé la glace [1] ». Il voit dans cette doctrine non pas une contribution empirique, mais une contribution de *principe*. Ceci devient facile à comprendre lorsque l'on se remémore que, du point de vue de la biologie et de la physiologie générales de l'époque, le sang occupait une place toute particulière. C'était une « humeur tout à fait particulière », car le sang était considéré comme le véritable porteur des phénomènes vitaux. D'après Aristote, le sang est préparé par le cœur à partir de toutes les substances qui lui sont apportées par les vaisseaux, et une fois préparé de la sorte, il parcourt tout le corps et lui fournit tout ce qui est nécessaire à sa nutrition. Réussir à expliquer ce processus à partir de causes purement mécaniques assurait la suprématie du mécanisme, et, par là, la suprématie de la géométrie et de l'arithmétique sur la totalité de la nature vivante. Dès lors, l'apparition de la vie ne représentait plus un « État dans l'État » ; elle était ramenée au phénomène général du mouvement qui lui fournissait une explication complète. La méthode pouvait ainsi, tout comme pour la géométrie et la physique, s'étendre à la biologie et à la médecine. Tel fut l'apport véritable et décisif que Descartes, en tant que *logicien* des sciences de la nature, tira des découvertes de Harvey. Le domaine *[Reich]* de la *mathesis universalis*, le domaine de la science qui ne traite que des relations les plus générales de l'ordre et de la mesure, avait annexé une nouvelle et importante province. Il s'étendait au vivant et à l'inerte, les soumettait tous les deux aux mêmes lois strictes. Pas à pas, la méthode s'était frayé un chemin du nombre à l'espace, de l'espace à la matière, de la matière à la vie, sans pourtant ni abandonner, ni désavouer sa propre et immuable essence.

Le traité intitulé *Du monde*, le premier écrit de Descartes sur la physique, avait déjà développé dans sa totalité le programme complet de sa doctrine de la nature. On sait que Descartes dissimula cet écrit lorsqu'il eut vent de la condamnation de Galilée. Mais les raisons qu'il invoque dans sa correspondance avec Mersenne pour justifier cette dissimulation sont à première vue peu convaincantes. Il explique que toute sa physique était si étroitement liée à la théorie copernicienne que tous ses autres principes philosophiques et scientifiques seraient également concernés par la condamnation de cette théorie : « Je confesse que si [le mouvement de la terre] est faux, tous

1. *Discours* V (VI, p. 50).

les fondements de ma Philosophie le sont aussi [1]. » Mais en quoi consiste et sur quoi repose ce lien indissoluble que suppose ici Descartes ? Il nous est sans doute possible aujourd'hui de décrire l'œuvre complète de Descartes, de la reconstituer d'un point de vue historique et de l'analyser philosophiquement, sans penser à l'hypothèse copernicienne et sans lui donner une place privilégiée. Le lien qui unit Descartes à Copernic, et qu'effectivement il ne voulait ni ne pouvait détruire, est à chercher ailleurs. Ce qu'il contestait, ce qu'il devait contester du point de vue de ses convictions méthodiques, c'était la séparation que la physique péripatéticienne avait opérée entre une sphère « supérieure » et une sphère « inférieure », entre un monde « céleste » et un monde « sublunaire ». Une stricte opposition existait entre les deux ; ils étaient formés d'éléments différents et répondaient à des lois du mouvement qui étaient différentes. Le traité intitulé *Du monde* rompt radicalement avec cette vision fondamentale des choses, et cette rupture n'est pas seulement, comme chez Galilée et Kepler, une rupture de fait, mais une rupture de principe. Descartes n'invoque pas seulement des raisons empiriques, mais des raisons méthodiques, des raisons dues à une critique générale de la connaissance. Le monde ne peut pas être scindé au sens de la physique péripatéticienne, il ne peut pas être partagé en deux ordres totalement différents parce que cette séparation réduirait à néant l'unité de la connaissance et, par conséquent, le postulat suprême de la philosophie cartésienne. Effectivement, aucun compromis n'était possible : le monisme scientifique de Descartes excluait le dualisme cosmologique du Moyen Âge. Certes, au sein même de la scolastique, des problèmes étaient apparus qui avaient entraîné une révision de la doctrine de la différence absolue entre la matière céleste et la matière terrestre. Les doutes exprimés à ce sujet aux XVe et XVIe siècles s'étaient multipliés et précisés [2]. Mais c'est Descartes qui, le premier, en tire la conséquence ultime. Ramener le corps à la pure étendue signifie exclure toute possibilité d'une différenciation qualitative au sein de la matière : cette différence aurait signifié que c'était une *géométrie* différente qui devait être appliquée aux espaces terrestre et céleste. Comme l'explique Descartes, ciel et terre sont nécessairement formés de la même matière et, même s'il existait une infinité de mondes, ils seraient tous constitués de la même matière parce que nous ne pouvons découvrir en nous-mêmes, dans l'ensemble de notre connaissance, l'idée d'aucune autre matière [3]. De la *quinta essentia* aristotélo-scolastique, il ne reste plus qu'un mot : un mot auquel ne correspond plus aucune « idée », aucun concept clair et distinct.

1. I, p. 271.
2. Pour plus de détails, voir P. DUHEM, *Études sur Léonard de Vinci*, et mon ouvrage *Individuum und Kosmos in der Philosophie der Renaissance*, p. 183 s.
3. *Principia* II, p. 22 (IX, p. 2, p. 75).

2

Nous avons jusqu'à présent suivi le cheminement de la méthode cartésienne et nous avons vu comment il nous a conduit des prémisses, que Descartes nomme les « premières graines » du savoir, à ses constructions les plus complexes. Tout cela sans aucune rupture, sans aucun saut inopiné. Nous voyons comment l'arbre de la connaissance se développe à partir de ses premières graines et comment il croît pour atteindre sa taille adulte selon des lois déterminées et toujours identiques. Mais peut-on suivre et conserver cette même démarche lorsque nous nous tournons vers le domaine des problèmes métaphysiques ? C'est sur ce point que la méthode cartésienne devait passer son épreuve véritablement la plus difficile. Elle devait démontrer qu'elle n'était pas un simple procédé propre à la logique et à la doctrine des sciences, mais également propre à l'établissement véritable et total des fondements de l'ontologie, à l'*organon* de toute connaissance de la réalité. Mais existe-t-il entre le « penser » et la « réalité » ce genre de lien nécessaire que la méthode présuppose et exige de tous les éléments qu'elle intègre à sa progression continue ? Et, s'il existe, comment démontrer et garantir ce lien ? Dans ce que nous nommons « réalité », au sens métaphysique du terme, n'y a-t-il pas intrusion dans le domaine de la connaissance d'un élément irrationnel, d'un élément qui est peut-être en un certain sens compréhensible, mais qui ne se laisse plus ni dériver, ni développer de manière strictement déductive à partir des premiers principes de la connaissance ?

On sait de quelle manière Descartes fut confronté à ces questions et à ces doutes. La découverte du chemin qui mène du système du savoir au système de l'être ne nécessite selon lui qu'*une seule* condition fondamentale préalable. Il doit pouvoir être démontré que les deux mondes, malgré leur différence de sens, ne se rencontrent pas seulement en un point, mais qu'ils s'interpénètrent véritablement en ce point. Même s'il n'existe qu'une seule idée qui porte directement en elle la certitude de la réalité de l'ob-jet auquel elle se rapporte, ce caractère de certitude se transmet à tous les autres contenus de la connaissance. L'apparent abîme qui sépare penser et être est à présent comblé : la méthode peut, sans être modifiée et sans se désavouer elle-même, passer de l'un à l'autre. On comprend alors quelle signification décisive la preuve ontologique de l'existence de Dieu revêt au sein de la construction du système cartésien. Ce n'est pas une pièce rajoutée par hasard que Descartes reprendrait simplement à la tradition. Elle est la seule à pouvoir rétablir l'unité menacée et à pouvoir montrer qu'« essence » et « existence », « vérité » et « réalité » sont nécessairement et essentiellement liées entre elles et forment une unité indivisible et indissoluble.

Mais ce serait une erreur de supposer que, pour Descartes, le problème du rapport entre vérité et réalité est *résolu* par la preuve ontologique de l'existence de Dieu. Il ne fait plutôt qu'être posé ; car derrière la question de l'existence *[Dasein]* de Dieu point une autre question que Descartes pose dans toute son acuité et qui est pour lui beaucoup plus difficile à résoudre que la première. Le doute méthodique poursuit imperturbablement son chemin. Selon Descartes, la réalité de Dieu ne peut être sérieusement affectée par ce doute dans la mesure où nous n'associons rien d'autre au concept de Dieu que la notion d'être infini. Car la simple conscience de soi nous en donne déjà une preuve certaine et incontestable. Dans l'acte de conscience de soi, nous ne nous assurons pas seulement de notre existence en tant que telle, nous percevons également en elle une constitution *[Beschaffenheit]* particulière de notre Je. Nous reconnaissons ce Je comme un être limité, comme un être fini et dépendant. Et comprendre cette contingence signifie également, en un certain sens, la dépasser. Le problème du « solipsisme » n'est pas pour Descartes un problème sérieux. En se connaissant lui-même, le Je saisit directement quelque chose d'autre, quelque chose qui lui est supérieur, un quelque chose sans l'intervention duquel il ne pourrait exister lui-même une seule seconde et dont il a besoin à tout moment pour continuer d'exister. Dans le *cogito* est donc donnée et préservée d'emblée une « transcendance » déterminée. Mais il ne suffit pas de désigner cette transcendance en tant que telle, il s'agit au contraire de répondre à la question de sa *nature*. Et c'est là que le cartésianisme ouvre de nouvelles voies. Il ose soulever des questions que les doctrines théologique et philosophique ne s'étaient jusqu'alors jamais posées à propos de Dieu. Nous ne pouvons pas considérer et traiter l'idée de Dieu d'une manière différente de toutes nos autres représentations, tant qu'elle n'a pas passé avec succès l'épreuve du feu, tant qu'elle n'a pas franchi toutes les étapes du doute méthodique. Nous devons la prendre telle que nous la livre la tradition. Et que nous dit cette représentation traditionnelle et conventionnelle de Dieu ? « Il y a longtemps – déclare Descartes – que j'ai dans mon petit esprit une certaine opinion qu'il y a un Dieu qui peut tout et par qui j'ai été créé et produit tel que je suis [1]. » Tout d'abord, Dieu n'est donc rien d'autre que le créateur du Je qu'il a produit avec tout ce qu'il est, avec ses représentations, ses pensées et ses idées. Ainsi toutes nos représentations et idées se rapportent certes à Dieu, mais cette relation n'est pas d'un autre genre que celle qui lie généralement l'effet à sa cause. Une telle *relation causale* est d'un tout autre genre que cette norme *logique* qui s'exprime dans les concepts de « vérité » et de « fausseté ». Dans la mesure où nous ne voyons en Dieu rien d'autre que le créateur de notre existence *[Dasein]*, nous pouvons supposer du même droit que les représentations et idées qu'il a déposées en nous sont vraies ou fausses, qu'elles correspondent à la réalité ou

1. IX, 1, p. 16.

bien qu'elles sont une simple fantasmagorie. Car, jusqu'à présent, Dieu est seulement défini comme une puissance supérieure à l'homme et il n'est rien dans le concept d'une telle puissance qui puisse impliquer les *critères de valeur* que nous établissons. Nous pouvons du même droit les considérer comme bonnes ou mauvaises, vraies ou trompeuses. Si nous choisissons cette dernière voie, alors le monde et nous-mêmes ne sommes plus l'œuvre de Dieu, mais l'œuvre d'un démon, et ce démon pourrait faire en sorte que nous errions partout où nous suivons seulement les idées claires et distinctes qui s'imposent à nous avec une évidence immédiate. La manière dont Descartes a cherché à se sortir de ce dilemme est connue. Il pense avoir trouvé dans l'idée de la « véracité divine », de la *veracitas divina*, l'ultime point d'appui de toute vérité humaine. Mais pour cela, il a eu besoin de la médiation d'une notion étrange et extrêmement paradoxale qui semblait annuler et menaçait de retourner en son contraire l'ensemble du rapport entre vérité et réalité tel qu'il avait été enseigné jusque-là en philosophie. Descartes enseigne que ce que nous appelons « vérité » et saisissons dans nos idées claires et distinctes n'existe pas comme quelque chose d'étant pour soi, d'indépendant, comme quelque chose « d'absolu », quel que soit le sens que l'on donne à ce dernier terme, mais qu'il possède seulement un être secondaire et une pertinence dérivée. Les « vérités éternelles », les principes fondamentaux de la logique et les axiomes de la mathématique, ne sont pas ce qu'ils sont en fonction d'une nécessité propre et intérieure qui leur serait inhérente. Une telle nécessité ne vaut que par rapport à l'esprit humain, mais non à l'esprit divin, car ce dernier a *choisi* ces vérités ; et ce choix fut déterminé non par quelque chose qui résidait en elles-mêmes, mais exclusivement par sa volonté propre et absolument souveraine. Les « vérités éternelles » seraient devenues autres, s'il avait plu à l'acte créateur originel et absolument libre de Dieu de les *faire* telles. Il est évident – comme l'écrit Descartes à Mersenne – que Dieu est le créateur aussi bien de l'essence que de l'existence, aussi bien de la vérité que de la réalité. Il a été tout aussi libre de faire qu'il ne fût pas vrai que toutes les lignes tirées du centre à la circonférence fussent égales que de ne pas créer le monde [1]. La toute-puissance divine se rapporte donc non seulement au réel, mais également, de la même manière et sans restriction, au possible : « Pour les vérités éternelles, je dis derechef que : *sunt veræ aut possibiles, quia Deus illas a Deo cognosci quasi independenter ab illo sint veræ* [2]. » Descartes a poussé cette doctrine jusqu'à ses dernières conséquences les plus radicales. Pour lui, il était évident que Dieu n'était pas non plus lié au principe de contradiction et qu'il aurait pu décider par libre décret qu'il n'est pas vrai que des jugements

1. I, p. 152.
2. I, p. 149.

contradictoires s'annulent mutuellement, que deux fois quatre font huit, que la somme des angles d'un triangle est égale à deux angles droits, etc. [1].

Qu'est-ce qui incita Descartes à poser comme hypothèse une telle doctrine qui ne trouve sa pareille nulle part ailleurs dans la scolastique [2] et qui ne fut reprise par aucun autre penseur après lui dans la forme qu'il adopte ? Déjà, ses plus proches élèves et disciples refusèrent de suivre Descartes sur ce point. Malebranche ne ménage pas ses efforts pour opposer à la doctrine cartésienne le fait que Dieu a créé non seulement le réel, mais aussi le possible et que les vérités éternelles dépendent de sa volonté. Et Leibniz, Bayle, Cudworth l'ont suivi dans cette polémique. Ils soulèvent tous l'objection selon laquelle Descartes, en établissant cette doctrine, ne reste pas fidèle au principe fondamental de son rationalisme. La raison n'est-elle pas – demandent-ils – privée de son sens et de ce qui faisait toute sa force s'il n'y a pas d'existence pour soi, indépendante et immuable de la vérité, mais que celle-ci est ramenée à un acte simplement arbitraire, qui aurait pu être tout différent ? Le rationnel, qui devait représenter la clé de toute connaissance factuelle, n'est-il pas alors lui-même dérivé de quelque chose de simplement factuel dont on ne peut donner la raison et qu'on ne peut justifier ? Descartes n'a effectivement pas redouté cette conséquence. Mais pour la comprendre en son sens véritable et l'apprécier dans l'esprit du système cartésien, il nous faut prêter attention au caractère de ce « fait » qu'il introduit comme condition préalable à tout être et à toute vérité. Ce fait ne présente aucune sorte d'analogie avec une quelconque forme de facticité *[Tatsächlichkeit] empirique*. Car tout ce qui est empiriquement factuel est soumis à la transformation et au changement ; dans le cours temporel des choses, il devient autre, toujours et encore. Mais si nous partons du fait de la volonté divine, alors cet obstacle disparaît. Cette volonté n'est certes liée à aucune condition extérieure, elle n'est liée à aucune essence ou « possibilité » intérieure

---

1. IV, p. 118 ; VII, p. 435 s.

2. Que Descartes, dans sa doctrine de la « liberté de choix divine », dépasse de loin la scolastique et le fait qu'au sein même de la scolastique des volontaristes aussi déterminés que Duns Scot n'aient pas affirmé que Dieu n'était pas soumis au principe de contradiction, fut montré par J. Laporte dans un essai intitulé « La liberté selon Descartes », p. 108 s. De même, Anselme déclare, par exemple, que même Dieu ne peut ôter à la volonté de la créature raisonnable la *rectitudo*, qu'il ne peut transformer le vrai en faux, ni renverser le cours des événements : des propositions que Descartes conteste expressément (voir V, p. 160 et 273). Voir à ce propos R. ALLERS, « Bermerkungen zur Anthropologie und Willenslehre des Descartes », p. 1 s. – Le rapport qui existe entre la doctrine cartésienne de la création des vérités éternelles et sa doctrine du « malin génie » a été montré de manière très claire et très convaincante par Émile Bréhier dans un article intitulé : « La création des vérités éternelles dans le système de Descartes », p. 15 s. On consultera également l'étude approfondie de Romano Amerio dans son article intitulé : « Arbitrarismo divino, libertà umana e implicanze teologiche nella dottrina di Cartesio », p. 13 s.

qui la précéderait ; elle détermine au contraire cette essence et cette possibilité elles-mêmes. Mais elle possède *en elle-même* l'unicité *[Einheitlichkeit]* suprême et absolue. La volonté divine n'oscille pas entre différentes décisions, mais elle crée en un acte unique, indivisible et immuable, le monde des idées et le monde des choses, le monde de la vérité et le monde de la réalité [1]. Et ce n'est qu'à partir de là que nous pouvons, d'après Descartes, acquérir la conviction que les deux mondes sont un en leur essence et en leur cœur *[Kern]*. Nous ne pouvons jamais être absolument certains qu'ils s'accordent réellement d'après leur *contenu* avant d'avoir réellement retrouvé l'*origine* de la connaissance et de la réalité, avant d'avoir reconnu qu'en cette origine ces deux mondes ne se distinguent pas l'un de l'autre, mais que c'est à un seul et même acte créateur divin que nous les devons tous deux. Avec sa doctrine de la dépendance des vérités éternelles de la volonté divine, Descartes ne voulait ni renier, ni affaiblir son rationalisme. Il voulait au contraire, d'une manière il est vrai extrêmement paradoxale et singulière, le préserver et l'étayer. Ramener la vérité à Dieu signifiait pour lui l'ancrer métaphysiquement dans un être ultime, absolument immuable et absolument univoque. Et c'est seulement une fois ce terrain d'ancrage trouvé qu'à ses yeux l'inconciliable relation entre vérité et réalité, entre essence et existence était saisie et préservée. Il ne pouvait plus désormais y avoir aucune rupture entre elles. Comme elles étaient toutes deux ramenées à Dieu en tant que leur cause commune, une telle rupture aurait signifié une contradiction au sein même de cette cause ultime et Dieu aurait dû être lui-même accusé d'incohérence et d'ambiguïté. Le postulat d'unité de la connaissance était pour Descartes à l'origine un postulat purement méthodique. Dans les *Regulae ad directionem ingenii*, qui nous présentent la doctrine cartésienne avant l'élaboration de sa métaphysique, il est compris exclusivement en ce sens. Cette exigence méthodique est censée acquérir sa justification métaphysique et son ultime sanction métaphysique dans la doctrine cartésienne de la « véracité divine » et dans les considérations et déductions qui s'y rattachent. Il doit être démontré qu'elle n'est pas seulement indispensable à l'ordre de nos pensées, mais qu'elle domine également l'ensemble de l'être et nous conduit tout droit au cœur de cet être. C'est alors seulement que, d'après Descartes, la boucle se referme : vérité et réalité sont non seulement entièrement liées l'une à l'autre, mais elles sont reconnues une en leur essence et en leur origine.

Descartes a-t-il réussi dans l'élaboration de sa métaphysique à respecter intégralement cette conception fondamentale ? Représente-t-elle un système de pensée totalement clos dans lequel n'existeraient pas de « zones de rupture » ? On ne peut pas répondre à cette question

1. Voir en particulier la lettre de Descartes à Mersenne du 15 avril 1630 (I, p. 145 s.) et *Meditationes*, Quintae Responsiones, VII, p. 380.

par l'affirmative si l'on se souvient de la forme sous laquelle Descartes a développé et fondé la doctrine des trois substances. L'existence de fait *[Tatsache]* de cette triade ne peut qu'éveiller de gros soupçons à propos de l'exigence d'une unité de la connaissance. Car l'être n'est-il pas de nouveau partagé en trois éléments incomparables entre eux et irréductibles les uns aux autres ? Descartes dit lui-même que, lorsque nous parlons de l'être de Dieu, de l'être de la substance pensante et de la substance étendue, ce prédicat n'inclut pas en soi de détermination univoque. À y regarder de plus près, ce n'est pas une unité réelle, mais seulement une unité nominale qui est exprimée entre Dieu d'un côté et la conscience pensante et la matière étendue de l'autre. En cela, Descartes retourne expressément à d'anciennes distinctions scolastiques. « On a raison dans l'École – explique-t-il dans les *Principia philosophiae* – de dire que le nom de substance n'est pas "univoque" au regard de Dieu et des créatures, c'est-à-dire qu'il n'existe aucune signification de ce mot que nous ne concevions distinctement, laquelle convienne à lui et à elles [1]. » Et cette séparation n'est pas seulement censée caractériser la limite marquée entre l'être divin et l'être des créatures, mais elle se poursuit également au sein de ce dernier. Car là aussi, il nous faut en définitive reconnaître la distinction radicale entre l'âme et le corps, entre la substance pensante et la substance étendue. Le monisme méthodique que Descartes avait professé dans ses *Regulae* et dont il avait donné, dès l'introduction de cet ouvrage, une expression si pointue, est finalement refoulé par un dualisme métaphysique. Cette dialectique interne au système cartésien est ce qui a déterminé son développement historique. Aussi bien Malebranche que Spinoza et Leibniz partent de ce point ; puis ils tentent de résoudre de différentes manières la contradiction qui demeurait.

Mais l'influence véritable et décisive de la pensée cartésienne nous apparaît aujourd'hui en un lieu différent. Ce n'est pas l'histoire de la métaphysique, mais celle de la science qui a préservé de manière durable et véritable l'héritage cartésien. Pendant fort longtemps, il est apparu que, sur ce terrain, la doctrine cartésienne était dépassée une fois pour toutes et que la physique de Newton et de ses successeurs avait définitivement rompu avec les idéaux méthodiques de Descartes. Mais si nous jetons un regard rétrospectif sur l'évolution de la connaissance dans le domaine de la mathématique et des sciences de la nature pendant les trois siècles qui ont suivi la parution du *Discours de la méthode*, notre jugement est différent. Ce qui appartient au passé, ce sont les explications particulières que Descartes chercha à donner à différents phénomènes naturels. Elles étaient vouées à l'échec ; car même si Descartes ne négligeait ni ne méprisait en aucun cas l'expérience, son penchant pour les systèmes l'emportait sur celui pour les données purement empiriques. Le

1. IX, 2, p. 47.

besoin d'une vision d'ensemble universelle et l'exigence d'un achèvement *[Abschluss]* du système se poursuivent là même où le matériau empirique n'était pas mûr pour un tel achèvement. En cela, la critique acerbe de Newton était sans aucun doute justifiée et remplissait une fonction absolument nécessaire. Mais au-delà de cette critique, nous ne devons pas perdre de vue que même Newton, en tant que *théoricien* des sciences de la nature, se situe sur le terrain de la doctrine générale des principes de Descartes. Même si Descartes se trompait dans ses explications particulières, il n'est pourtant pas passé à côté de l'esprit de l'explication scientifique en tant que telle. C'est lui qui, le premier, a conçu le concept de la *théorie* de la physique dans toute sa généralité et l'a fondé dans toute son acuité. Son idéal de la *mathesis universalis*, dont toutes les formes particulières du savoir devaient être davantage l'enveloppe *[Hülle]* que les parties, a toujours fait ses preuves et s'est rempli d'un contenu toujours plus riche. De nos jours, il domine non seulement toutes les parties de l'analyse mathématique, mais il assigne à la physique théorique ses objectifs et ses moyens. Une construction *[Gebilde]* comme la mécanique quantique moderne n'aurait pu voir le jour sans cet idéal. Les espoirs que Descartes a mis dans sa méthode se sont ainsi réalisés dans une très large mesure. Et l'enthousiasme avec lequel il la saluait lors de sa première découverte [1] ne l'a pas trompé. Cet enthousiasme semble l'avoir leurré sur *un seul* point. Mais ce leurre est justement de ce genre qui s'impose le plus facilement aux esprits les plus riches et les plus productifs. Descartes pensait être arrivé à une fin, là où nous ne voyons qu'un début décisif. Avec ces premières graines de la vérité, avec les *prima veritatis semina* qu'il avait découvertes, il croyait déjà posséder le fruit mûr du savoir et croyait pouvoir ainsi anticiper toute la récolte future de la science.

1. Voir l'annotation du journal de Descartes datée du 10 novembre 1619 : *« Cum plenus forem enthusiasmo et mirabilis scientiæ fundamenta reperirem »* (X, p. 179 s.).

Seconde partie

Descartes et son siècle

Descartes et Corneille[1]

1

Le *Discours de la méthode* de Descartes paraît dans la première moitié de l'année 1637, immédiatement après la première représentation du *Cid* à Paris, au sommet de la gloire de Corneille. Le début d'une époque nouvelle de la poésie française coïncide avec le renouvellement des fondements de la philosophie par Descartes. Devons-nous y voir une rencontre fortuite dans le temps, ou bien les deux événements sont-ils unis par un lien spirituel ? Peut-on jeter un pont entre le monde philosophique *[Gedankenwelt]* de Descartes et le monde poétique de Corneille ? Les tentatives en ce sens n'ont pas manqué ; et plusieurs chercheurs sont même allés jusqu'à voir dans la philosophie de Descartes l'élan qui a ranimé la poésie et donné leur forme aux conceptions esthétiques fondamentales du classicisme français[2]. Mais cette approche n'est pas tenable. Dans une étude sur l'influence de la philosophie cartésienne sur la littérature française, Gustave Lanson fait remarquer que la simple prise en compte de la chronologie suffit à réfuter une thèse de ce genre. L'influence de la philosophie cartésienne intervient à une époque où le théâtre classique existe déjà avec tous ses traits fondamentaux caractéristiques et connaît son apogée. Une identité de l'esprit du cartésianisme et de l'esprit de la littérature française classique peut d'autant moins être affirmée qu'un trait fondamental les distingue. Le classicisme français se réfère, en théorie aussi bien qu'en pratique, aux modèles antiques et n'a pas de plus haute ambition que de les égaler. En revanche, la philosophie de Descartes a rompu avec cette conception *[Anschauung]*. Elle rejette tout ce qui est pure imitation ; elle exige un point de départ radicalement nouveau. Cette exigence ne pouvait donc faire son chemin que lentement et progressivement dans la poétique du XVIIe siècle, car celle-ci était complètement sous l'influence d'Aristote et dominée par un véritable culte de

1. Les citations tirées des œuvres de Corneille se réfèrent à l'édition de Marty-Laveaux.
2. É. Krantz, *Essai sur l'esthétique de Descartes*.

celui-ci. C'est là que les chemins de la théorie française de l'art et de la nouvelle philosophie française se séparent. Chapelain, l'un des premiers et des plus stricts « législateurs » de la poésie classique, veut certes amener la raison à régner sur la poésie. Mais, ce faisant, il demeure un strict traditionaliste ; « sa raison – disait-on – ne lui servait qu'à trouver des raisons de penser comme Aristote [1] ».

Même si Lanson combat résolument la thèse qui fait de Descartes le « père du classicisme », il est cependant loin de nier qu'il existe un rapport intime entre le théâtre de Corneille et la philosophie de Descartes. Et il en arrive même à la conclusion, après une analyse pénétrante de la « psychologie » de Descartes et de Corneille, que les points de contact entre les deux hommes ne sont pas seulement extérieurs, mais qu'ils sont tous deux en parfait accord sur le fond et dans leur résultat essentiel. « Il y a non seulement analogie – dit-il – mais identité d'esprit, dans le traité *Les Passions de l'âme* et dans la tragédie cornélienne [2]. » Pour comprendre cette identité, il nous faut, d'après Lanson, retourner à la source à laquelle ont puisé aussi bien Descartes que Corneille. Nous devons garder présent à l'esprit que tous deux avaient sous les yeux une *réalité* spirituelle et morale qui modelait leur pensée et leur création poétique tout en leur indiquant une direction à suivre bien déterminée. « Le philosophe et le poète tragique ont travaillé tous les deux sur le même modèle : l'homme tel que la société française le présentait communément au début du XVIIe siècle. Une réalité qui, en eux-mêmes et hors d'eux-mêmes, commandait leurs conceptions, rend seule compte de l'étonnante identité qu'on y remarque [...]. Il faut nous garder des affirmations absolues et téméraires, quand la vérité psychologique des caractères dessinés par un auteur ne nous apparaît pas, quand ils choquent notre conception familière. À chaque époque, la littérature fait prévaloir un type, conforme au goût, à l'état moral et physique du public qui est à la fois le modèle et le juge [...]. Le type intellectuel et actif, réfléchi et volontaire, nous échappe. Nous le nions : nous accusons Corneille de l'avoir inventé. Mais Descartes nous avertit que Corneille n'a pas rêvé. Ils ont décrit l'un et l'autre une fermeté d'âme commune en *leur* temps, et l'idéal où cette forme d'âme tendait [3]. »

Mais Descartes et Corneille n'ont-ils réellement en commun, pour établir un lien entre eux, que cette réalité empirique, que ce moment historique ? On trouvera cela *a priori* peu vraisemblable ou, du moins, on ne le tiendra pas pour un motif suffisant si l'on repense à

1. R. BRAY, *La Formation de la doctrine classique en France*, p. 125. Pour des preuves caractéristiques du « culte » d'Aristote dans la poétique du XVIIe siècle, voir *ibid.*, p. 49 s.

2. G. LANSON, « L'influence de la philosophie cartésienne sur la littérature française », voir *ID.*, « Le héros cornélien et le "généreux" de Descartes ». Le même point de vue sur le rapport du classicisme français à Descartes est défendu par D. MORNET, p. 60 s.

3. G. LANSON, *Hommes et livres*, p. 132 s.

l'attitude de Descartes en tant que penseur et de Corneille en tant que poète face à cette réalité. Descartes est toujours ce théoricien et systématicien strict qui cherche à comprendre chaque phénomène particulier en le faisant dériver de ses ultimes fondements, de ses causes universelles. Son but est la déduction pure – et si cette dernière doit avoir une vraie valeur de connaissance, rien d'empirique et de fortuit ne doit intervenir. Ainsi, la psychologie cartésienne est loin de vouloir présenter et décrire en détail une « forme d'âme » déterminée dans son caractère *[Eigentümlichkeit]* et sa singularité. L'ouvrage de Descartes sur les passions de l'âme vise à décrire l'homme en soi *[schlechthin]* – une description qui se veut exempte du moindre trait particulier et du moindre lien avec son époque. Mais Corneille ne comprend pas non plus l'« imitation » qu'il attend de la poésie dans le sens d'une obligation pour l'œuvre poétique d'exprimer quelque chose de déterminé, de particulier, ou quelque chose de lié à son époque. Dans son art, il aspire également au général, se souvenant des paroles d'Aristote qui dit que la différence entre la poésie et l'histoire réside dans le fait que cette dernière a pour ob-jet le particulier et le réel, tandis que la première a pour ob-jet le général et le possible. Il ne veut pas décrire l'homme d'une époque déterminée, mais l'« humanité ». Il veut, comme le souligne Lanson lui-même, présenter ses héros dans leur « humanité », et non dans la singularité de leur existence *[Dasein]* et de leur situation historiques [1]. Si donc il est impossible, pour cette raison, de méconnaître l'existence d'un rapport particulier et profond entre Descartes et Corneille, nous ne pouvons cependant pas nous en tenir à l'*explication* donnée par Lanson : il nous faut chercher une autre interprétation de ce rapport.

Nous la trouverions très simplement si, avec certains chercheurs, nous admettions qu'en effet Descartes n'a pas influencé Corneille, mais au contraire que c'est Corneille qui a directement influencé Descartes. Dans ses études sur la littérature et la philosophie du XVIIe siècle, Faguet a soutenu que l'art de Corneille aurait exercé sur Descartes une influence forte et durable, mieux, qu'il aurait directement inspiré le traité *Les Passions de l'âme* [2]. Cependant, cette interprétation suscite également certaines réserves qu'il n'est pas facile d'écarter. Il est vrai que Descartes n'était nullement fermé au charme de la poésie et que ce domaine pouvait également lui laisser de fortes impressions. L'autobiographie intellectuelle du *Discours de la méthode* nous apprend que, dès ses années de jeunesse et d'apprentissage, il a été un « amoureux de la poésie ». Et même lorsqu'il atteignit à sa pleine maturité de penseur, il n'avait pas oublié ces impressions de jeunesse. Dans le *Discours*, il vante tant la force et l'incomparable beauté de l'éloquence que les « raffinements et douceurs » de la poésie. Mais rien n'indique qu'il leur ait autorisé la

1. Voir G. Lanson, *Corneille*, p. 179.
2. Voir É. Faguet, *Dix-septième siècle*, p. 175.

moindre influence sur ses convictions philosophiques et scientifiques. Car la « méthode » devait tracer ici une nette ligne de séparation. Son but principal consistait à séparer la réalité de l'apparence, le vrai du faux. Or, la poésie, d'après Descartes, se meut précisément dans un domaine intermédiaire entre les deux. Elle enveloppe la vérité dans le drapé de la fable et sait donner à la fable l'apparence de la vérité. Aussi représente-t-elle, si grands que puissent être ses charmes et ses avantages, un danger permanent pour la connaissance philosophique qui ne peut autoriser une telle confusion, mais doit s'appuyer uniquement sur des idées *[Einsichten]* claires et distinctes. À cet égard, Descartes, en tant que philosophe, n'attache pas plus de valeur à la poésie que Platon. Cela explique son attitude vis-à-vis de la poésie de son temps. Ses lectures semblent s'être principalement réduites aux auteurs de l'Antiquité. Il y percevait le même charme que l'on ressent à voyager dans des pays lointains ; c'était comme s'il avait directement conversé avec les meilleurs esprits des siècles passés [1]. En revanche, Descartes semble n'avoir accordé que peu d'attention à la poésie moderne. Sa correspondance nous livre bien quelques réminiscences éparses de la poésie italienne de la Renaissance [2] ; mais le nom du plus grand poète de son temps, le nom de Corneille, n'apparaît précisément nulle part. Pendant sa retraite hollandaise, Descartes n'a probablement guère eu l'occasion de connaître le théâtre de Corneille, ni d'en ressentir les puissants effets ; il est donc impossible qu'il ait pu subir une influence décisive de Corneille sur un point aussi central de sa doctrine que sa théorie des passions [3].

Et pourtant, n'y a-t-il pas malgré tout un lien purement *idéel* entre la philosophie de Descartes et la poésie de Corneille ? Si nous devons faire abstraction – pour parler comme Leibniz – de tout « influx physique », n'existerait-il pas entre les deux auteurs une sorte d'« harmonie préétablie » ? Cette harmonie se manifeste si nous considérons qu'il existe un grand *thème* universel que tous deux ont traité, chacun à sa manière et chacun dans le monde spirituel qui lui est propre. Ce thème n'est autre que celui qui anime l'ensemble du monde moderne depuis les premières heures de la Renaissance, depuis l'apparition d'une forme nouvelle de pensée et de poésie. Dans la forme de la poésie moderne, tout comme dans celle de la philosophie moderne, pendant les siècles de transition entre le Moyen Âge et l'époque moderne *[Neuzeit]*, s'établit une

1. Voir *Discours* I (VI, p. 6 s.).
2. Voir la lettre à Fermat datée du 27 juillet 1638 (II, p. 280).
3. Que la nature ait fait de Descartes presque un poète et que son imagination poétique n'ait pas pu se renier au cours de l'élaboration de sa philosophie, a évidemment été avancé par Voltaire (voir *Lettres sur les Anglais*, Lettre XIV : sur Descartes et Newton). Mais il ne faudrait pas prendre ce jugement trop au sérieux, car ses sous-entendus ironiques sont indéniables. Ce n'est pas le Voltaire psychologue qui s'exprime dans ce cas, mais plutôt le polémiste auquel il importe d'opposer au « roman cartésien de la nature » le mode de penser objectif et rigoureux de Newton.

nouvelle relation entre sujet et objet, entre Je et le monde. C'est dans la conception et la présentation de *cette* relation que Descartes et Corneille se rencontrent – c'est là, et non dans les événements purement extérieurs de leur époque, que se trouve la source spirituelle où ils ont puisé l'un et l'autre.

Nous pouvons suivre cette rencontre *[Zusammenhang]* dans une double direction, du côté de la psychologie et du côté de l'éthique. Pour caractériser la singularité de la psychologie cartésienne vis-à-vis de la psychologie aristotélicienne, il faut revenir une nouvelle fois à la méthode de Descartes. Chez Aristote, la doctrine de l'âme humaine se construit comme partie d'une doctrine générale de la vie ; sa psychologie ne constitue qu'un chapitre isolé dans le projet global d'une biologie générale. Et le procédé qu'il suit est pour l'essentiel un procédé empirique ; il vise à donner une vue d'ensemble des phénomènes de la vie, à les comparer et, fort de cette comparaison, à démontrer l'existence entre eux d'un ordre progressif. Les lacunes de l'observation étant comblées par des analogies, des conclusions inductives et des réflexions théoriques, il obtient de cette manière une image complète des formes de la vie, ainsi que de la place particulière occupée par l'homme au sein de celles-ci. De tout cela, la psychologie de Descartes ne sait rien. Car la métaphysique cartésienne a tranché d'un coup net le lien qui relie l'homme à la nature organique. Elle ne connaît qu'un seul prédicat qui caractérise et distingue l'homme : la conscience de soi. Il n'y a rien d'analogue chez aucun autre être de la nature et il est impossible d'en approcher la connaissance au moyen de l'observation objective ou de la comparaison inductive. Ce qu'est l'âme, non pas dans ses simples effets ou bien dans ses relations avec quelque chose d'autre, mais purement en elle-même, cela ne peut nous être enseigné par aucune « expérience », si poussée soit-elle ; la question doit être tranchée par l'analyse conceptuelle et par elle seule. Cette analyse nous montre comment et pourquoi la doctrine péripatéticienne et scolastique des différentes espèces d'âme, qui sont isolées et nommées d'après leurs différentes fonctions, n'est pas tenable. Il n'existe pas d'âme « végétative » ou d'âme « sensitive ». L'âme ne peut être qu'*une*, aussi sûrement que la conscience est *une*. Or, cette unité absolue et insécable de la conscience se présente à nous dans l'acte du pur penser. Il en résulte qu'il ne peut y avoir d'autre détermination de l'essence du psychique que celle qui est contenue dans cet acte. Tout le reste est fortuit et extérieur ; seul le penser est ce qui fait la véritable nature de l'âme et constitue sa forme spécifique.

Ce qui caractérise cette conception, c'est l'extraordinaire concentration de problèmes psychologiques à laquelle elle permet d'accéder. Tout le psychisme est par là même univoque *[einartig]* et uniforme ; et, dans une certaine mesure, il se concentre en un même foyer. Il a presque perdu sa diversité *[Vielfältigkeit]* et son ambivalence *[Gegensätzlichkleit]* ; mais il a gagné en retour un centre solide et inexpugnable. Ce trait est également caractéristique de la psychologie de Corneille. Nulle part elle ne se perd dans les détails ; on peut même dire que c'est à peine si elle connaît un tel détail. Sa force essentielle est la force d'unification, de condensation intellectuelle *[gedanklich]*. Lorsque nous passons du théâtre de Shakespeare à celui de Corneille, il nous semble que, chez ce dernier, la diversité du psychique s'est appauvrie et que sa richesse de coloris s'est éteinte. Corneille ne connaît pas l'incommensurable richesse des caractères, le changement incessant des états d'âme *[Stimmung]*, la délicatesse des nuances psychiques, le raffinement des teintes qui font toute la magie de la poésie de Shakespeare. Chez Corneille, c'est comme si tout était accordé sur une seule note : et la force de son théâtre repose sur la force et la durée avec lesquelles cette note résonne. Sa tragédie est riche de tensions intérieures et de violents mouvements extérieurs. Mais tous ces mouvements ont quelque chose de prévisible et de calculable. Une fois connus les ressorts particuliers qui guident les hommes chez Corneille, une fois connue la « qualité » particulière que chacun d'eux doit incarner dans le drame, l'ensemble de leurs actions et de leurs réactions est donné. Nous regardons en eux comme nous regardons à l'intérieur d'un mécanisme d'horlogerie ; et une fois mis en marche, ce mécanisme fonctionne toujours d'une manière déterminée et uniforme. Ici, tout obéit aux lois d'une mécanique des passions qui ne souffre aucune exception. Lorsque les forces qui animent les hommes sont connues, leurs effets sont également donnés. L'art du théâtre de Corneille consiste justement à rendre visibles ces forces simples et grandes. Elles sont dégagées de l'enchevêtrement des événements psychiques et nous sont présentées dans une clarté et dans une pureté analytiques. La qualité fondamentale qui détermine et gouverne les différents individus est, d'une certaine manière, mise à nue par le scalpel de l'anatomiste. Par cet art de l'« anatomie des passions », la représentation conserve toujours quelque chose de proprement abstrait, même là où elle acquiert le plus de force expressive. Car cette force naît précisément du fait que ce n'est pas le tout de l'homme dans son mouvement intérieur qui nous est montré, mais un *moment* déterminé, extrait de ce tout et hypostasié en une entité *[Wesenheit]* autonome. Corneille ne montre pas comment les passions jaillissent de l'intérieur de l'homme et comment ce dernier est de plus en plus fortement soumis à leur emprise, comment elles croissent et s'épanouissent, comment elles partent de prémisses insignifiantes pour accéder à leur pleine puissance. Au lieu de cette dynamique de la passion que Racine sera le premier à découvrir pour le théâtre français, c'est une *statique* qui apparaît chez Corneille. Chaque passion « est » quelque chose de déterminé ; elle a certaines propriétés qui lui sont permanentes, inhérentes, et elle produit des effets déterminés. Shakespeare nous présente des amants, mais il ne nous présente pas l'« Amour » ; il nous présente des ambitieux et des personnes avides de pouvoir, mais non l'« Ambition » et l'« Avidité ». Chez lui, dans chaque nouvelle personnalité, la passion prend pour ainsi dire une autre couleur. L'ambition dans *Macbeth*, dans *Coriolan* ou bien *Richard III*, la jalousie dans *Otello*, dans *Leontes*, dans *Leonatus Posthumus*, l'amour de Juliette, Desdémone, Imogène, Rosalinde : tout cela n'est pas « la même chose ». Ce n'est pas une qualité psychologique générale, toujours récurrente et semblable à elle-même, qui se laisserait déterminer et décrire dans son en-soi *[An-sich]* ; c'est nouveau et propre à chaque âme individuelle parce que cela vient du fond *[Kern]* d'elle-même, parce que cela jaillit – pour parler comme Leibniz – du *« fundus animi »*. Chez Corneille, nous ne trouvons ni une telle profusion, ni une telle diversité. En dessinant des caractères, il n'aspire pas à la profusion, mais, au contraire, à la simplification, à la simplicité.

Cette simplicité à laquelle Corneille aspire dans ses *caractères* produit évidemment un net contraste avec la composition de l'action extérieure et de l'*« intrigue »*. Dans la représentation de ces dernières, non seulement il ne craint pas l'imbroglio, mais il le recherche et s'y complaît. Il aime à nouer le nœud tragique de manière si diverse et si habile qu'il en apparaît presque insoluble. Dans la préface de *Héraclius*, Corneille dit de cette œuvre que sa construction est si complexe que le dénouement de l'intrigue exige de l'auditeur la plus grande perspicacité et la plus grande attention ; en général, ce dénouement ne réussit, d'après lui, qu'après plusieurs auditions du drame [1]. Et Corneille vouait un amour tout particulier à *Rodogune*, qui porte à son comble la complication de l'intrigue : il la tenait pour l'une de ses meilleures créations dramatiques. Lessing s'est appuyé sur ce jugement pour procéder à son analyse et à sa critique du théâtre de Corneille, reprenant *Rodogune* comme exemple. Les objections qu'il oppose à l'invraisemblance et même à l'impossibilité interne de l'action de *Rodogune*, chacun les reconnaîtra comme justifiées. Même sur ce point, le jugement de Lessing, bien qu'il mène un combat des plus acharnés contre Corneille, est objectif et juste. Sa critique touche juste ; mais – cas rare chez Lessing – elle ne va pas droit au but. Car elle ne vise pas le cœur *[Kernpunkt]* de l'art dramatique de Corneille, mais seulement son aspect extérieur. Ce qui pousse Corneille à construire *[gestalten]* des actions extérieures si complexes, et à s'y complaire, ce n'est manifestement pas l'intérêt dramatique, mais l'intérêt *théâtral*. L'action doit faire l'effet d'une sorte d'énigme dont l'auditeur doit trouver la clé ; elle doit maintenir la tension et finalement la résoudre de manière inattendue. Personne ne pourra nier que le célèbre dernier acte de *Rodogune* produise cet effet. Des drames comme *Rodogune*, *Héraclius* ou *Don Sanche d'Aragon* montrent Corneille au sommet de son savoir-faire technique et de sa virtuosité de poète dramatique ;

1. *Œuvres*, V, p. 154.

mais son authentique et véritable art tragique, il faut le chercher ailleurs, dans *Le Cid*, dans *Cinna*, dans *Horace* ou *Polyeucte*. Lessing n'a pas fait la distinction, c'est la raison pour laquelle les objections qu'il soulève à l'encontre de Corneille ne touchent pas le grand dramaturge qu'il était et dont l'art le plus achevé se manifeste dans la « simplicité » des caractères. Corneille ne connaît pas de personnages d'une telle richesse et d'une telle plénitude intérieure que Hamlet, Richard III, le Prince Heinz, et s'il avait possédé l'art de les représenter, il les aurait sans nul doute dédaignés parce que de tels caractères, conformément à sa conception fondamentale, ne conviennent pas à la tragédie. Car celle-ci ne peut produire son effet que par la simplicité, et c'est en cela que réside sa véritable grandeur.

Corneille atteint cette simplicité en ne développant et en ne rendant visible que la nature univoque et uniforme de chaque passion particulière. L'action dramatique dépend de la combinaison et de l'opposition de ces simples éléments fondamentaux. C'est par là que la poésie de Corneille parvient à cette intériorité qui constitue l'un de ses attraits essentiels. Il fut le premier à réaliser la grande transformation du drame pathétique du XVIe siècle en drame psychologique du XVIIe siècle [1]. La tragédie ne s'épuise plus, comme chez les prédécesseurs de Corneille, dans une action extérieure forte, elle est transposée au contraire à l'intérieur de l'homme. C'est là que se livrent les véritables combats. Les passions interviennent comme des forces autonomes qui, d'une certaine manière, se disputent l'homme et luttent pour sa possession. Ainsi, chez Rodrigue, l'honneur lutte contre l'amour ; chez Émilie, chez Cinna, la haine et la soif de vengeance luttent contre l'admiration ; chez Polyeucte, l'amour conjugal lutte contre l'ardeur religieuse de la foi. L'homme devient le théâtre de ces forces conflictuelles ; mais il ne fait pas que vivre ce combat, il peut également le contempler de l'extérieur. Tous les personnages de Corneille ont ce don d'observation et d'objectivation de soi. Leur passion ne fait pas que les emporter ; ils l'analysent et la jugent. Dans le bien comme dans le mal, ils sont les partisans fanatiques d'idées et de passions déterminées. Non seulement elles apparaissent dans toutes leurs actions, mais elles s'immiscent dans leurs discours ; elles veulent s'exprimer et se reconnaître dans cette expression. Dans le théâtre de Corneille, ce type concerne non seulement les saints comme Polyeucte, les héros comme Nicomède ou le vieil Horace, mais également les scélérats et les « furies » comme Cléopâtre dans *Rodogune*. Ils témoignent tous de cette puissance du jugement et de la réflexion. S'il existe une passion qui appose son sceau à l'ensemble de l'œuvre de Corneille, c'est bien cette passion qu'ont tous ses personnages *[Menschen]* de parvenir à cette lucidité vis-à-vis d'eux-mêmes et, d'une certaine manière,

1. Pour plus de détails, voir G. LANSON, *Corneille*, p. 40 s.

de se rendre transparents à eux-mêmes. Forts de ce trait de caractère, tous les personnages *[Gestalten]* de Corneille en possèdent un autre qui lui est apparenté. Même lorsqu'ils sont de natures différentes et de types psychiques et moraux opposés, ils sont encore, pour ainsi dire, liés par une sorte de ressemblance physionomique.

On pourrait bien sûr nous objecter que les péripéties internes ne font nullement défaut dans le théâtre de Corneille et que ce sont elles qui produisent souvent les plus puissants effets dramatiques. Corneille aime à décrire de grands événements au cours desquels des hommes font l'expérience d'un total renversement de leur être. La haine se change en amour, la soif de vengeance en magnanimité, la jalousie et l'inimitié en admiration [1]. Mais, à y regarder de plus près, même ces exceptions apparentes semblent confirmer la règle fondamentale qui prévaut dans tout le théâtre de Corneille. Car, même dans ces cas précis, il ne s'agit pas d'un lent devenir, d'une lente maturation venant de l'intérieur. Et il n'y a nulle part trace d'un développement continu qui laisserait peu à peu apparaître ces nouveaux traits de caractère ; on y voit plutôt un renversement soudain de la personnalité dans son entier – un saut la conduit, sans transition, d'un extrême à l'autre. De tels changements subits sont possibles parce que les personnages *[Menschen]* de Corneille ne sont pas seulement à la merci de leurs passions, mais qu'ils les affrontent avec une force contraire, avec la force de l'introspection *[Selbstbesinnung]* et du jugement. Lorsque leur jugement leur assigne un autre but et que leur connaissance se modifie, la volonté épouse ces changements ; elle est capable, pour ainsi dire, de se renverser en fonction de la nouvelle compréhension *[Einsicht]* acquise.

Et c'est ici que réapparaît clairement la parenté qui existe entre la psychologie de Corneille et celle de Descartes. Tous deux perçoivent la réflexion sous une forme *[Gestalt]* duelle : comme réflexion théorique et morale, comme une force fondamentale de l'âme, comme une force qui est certes obscurcie et bouleversée par la passion, mais qui ne peut pas être définitivement détruite. Car cette destruction signifierait en même temps la disparition de la nature spécifique de l'âme. Le penser est le seul attribut qui ne puisse être détaché de l'âme ; ce n'est pas un simple accident *[Akzidens]* de l'âme, il constitue le tout de son essence. « *Hic inveno : cogitatio est ; hæc sola a me divelli nequit. Ego sum, ego existo ; certum est. Quandiu autem ? Nempe quandiu cogito* [...] *sum igitur præcise tantum res cogitans* [2]. » Mais cette nature spirituelle et psychique de l'homme s'oppose à sa nature corporelle. Elle l'expose aux incitations *[Antriebe]* extérieures les plus diverses, et de chacune de ces incitations naît une passion de l'âme singulière et spécifique. Pour

1. Par exemple, Auguste et Émilie dans *Cinna*, Acte V, sc. 3 ; Grimoald dans *Perlharite* (V, 5), Arsinoë (*Nicomède* V, 9).

2. VII, p. 27.

Descartes aussi, chacune de ces passions est une entité *[Wesen]* pour soi ; elle possède non seulement une qualité psychologique qui lui est propre, mais également une qualité physiologique déterminée. Dans son traité sur les passions de l'âme, la méthode de Descartes consiste à faire soigneusement ressortir chacun de ces deux aspects. Non seulement il donne pour chaque affect particulier, l'amour et la haine, l'espoir et la crainte, la lâcheté et le courage, une définition déterminée de son essence *[Wesen]* psychologique, mais il en indique également le substrat physiologique. Là aussi, le Je assiste en spectateur à ce jeu des affects afin, d'une part, de le reconnaître purement comme tel et, d'autre part, de le diriger selon ses propres fins. Mais cette orientation de l'abstraction et de la réflexion psychologiques n'est pas le seul trait qui lie Descartes et Corneille. Car il s'agit, là encore, d'un facteur général que nous retrouvons dans diverses manifestations du classicisme français. Ce facteur a également joué un rôle décisif dans la *théorie* esthétique du classicisme. Dans son *Art poétique*, Boileau a donné la formulation explicite d'une typologie psychologique analogue à celle que nous trouvons dans le théâtre de Corneille et dans *Les Passions de l'âme* de Descartes. Et il croyait, par cette formule, avoir trouvé la justification artistique de l'art classique :

Quiconque voit bien l'homme et d'un esprit profond,
De tant de cœurs cachés a pénétré le fond ;
Qui sait bien ce que c'est qu'un prodigue, un avare,
Un honnête homme, un fat, un jaloux, un bizarre,
Sur une scène heureuse il peut les étaler
Et les faire à nos yeux vivre, agir et parler.

Mais derrière cette ressemblance, qui est caractéristique de toute l'époque, s'en trouve une autre d'une empreinte plus forte et plus individuelle. Et ce n'est qu'en elle que nous saisissons le rapport profond entre Descartes et Corneille. Il y a une question fondamentale et centrale à propos de l'existence *[Dasein]* humaine, à laquelle se voient toujours ramenés aussi bien les métaphysiciens que les poètes tragiques et que tous cherchent à résoudre, chacun dans son langage propre. Dans son discours intitulé « Pour la commémoration de Shakespeare », Goethe disait : « ses pièces tournent toutes autour de ce point mystérieux qu'aucun philosophe n'a encore ni vu, ni déterminé : point dans lequel le propre de notre Je, la prétendue liberté de notre volonté, se heurte à la marche nécessaire du tout ». Ce qu'il dit de Shakespeare vaut également, quelle qu'en soit la forme, pour tout grand tragique. Tout art tragique vise toujours et encore, directement ou indirectement, ce « point mystérieux ». Et tout grand artiste a sa *propre* manière d'appréhender le conflit entre liberté et nécessité, et de l'exprimer poétiquement. À cet égard, la conception et la présentation de Corneille restent les mêmes dans tous ses grands drames. Il est et demeure le poète de la pure *spontanéité* de la volonté. Ses drames se terminent toujours dans la transfiguration *[Verklärung]* poétique de cette spontanéité. Cela apparaît également là où la matière que traite Corneille n'est aucunement adaptée à une telle conception, mais pointe plutôt dans la direction opposée. De tous les grands motifs tragiques de la littérature mondiale, aucun autre que le motif d'*Œdipe* ne semble faire si exclusivement et si indissolublement partie du domaine des drames du destin. Or c'est justement dans son drame *Œdipe* que Corneille a écrit ces vers dans lesquels il a proclamé d'une manière plus forte et plus pénétrante que nulle part ailleurs sa conviction fondamentale à propos de la liberté humaine :

Quoi ? La nécessité des vertus et des vices
D'un astre impérieux doit suivre les caprices [...]
L'âme est donc toute esclave : une loi souveraine
Vers le bien ou le mal incessamment l'entraîne,
Et nous ne recevons ni crainte ni désir
De cette liberté qui n'a rien à choisir [...]
D'un tel aveuglement daignez me dispenser.
Le ciel, juste à punir, juste à récompenser,
Pour rendre aux actions leur peine ou leur salaire
Doit nous offrir son aide, et puis nous laisser faire.

(*Œdipe*, III, 5.)

C'est de cet état d'esprit *[Grundstimmung]* et de cette posture fondamentale du théâtre cornélien que proviennent aussi bien ses mérites propres et caractéristiques que ce que nous ressentons aujourd'hui comme un défaut. Dans l'*Œdipe* de Corneille, nous ne sentons ni cette puissance de la passion qui bouleverse tout, et qui est dominante chez Sophocle, ni ce profond ébranlement psychique que sa poésie provoque chez son auditeur. Chez Corneille, tout est dans une lumière froide et claire et tout dans cette lumière produit un effet glacial. Mais ceci ne tient pas seulement au fait que Corneille, à l'époque où il écrit son *Œdipe*, n'est plus au sommet de sa puissance créatrice poétique. On peut aussi y voir un renoncement intentionnel, un trait particulier de son approche *[Gesinnung]* poétique et de son intérêt dramatique. Cet intérêt se concentre sur un autre point : Corneille dédaigne certains effets pour en produire d'autres qu'il estime davantage. Dans l'*Œdipe* de Sophocle, c'est le destin qui surprend soudain l'homme et l'écrase de sa toute-puissance. Il n'est pas capable d'en déchiffrer le sens ; il demeure pour lui une puissance obscure, absolument irrationnelle. Le théâtre de Corneille ne connaît pas de tels frissons de la transcendance. Même dans *Œdipe*, le héros tragique ne doit pas succomber à un fatum mythique. Il s'élève contre sa destinée et rétablit la force fondamentale de son Je dans la manière dont il accueille et assume son sort. L'œuvre s'achève sur une glorification du Je, qui se sait, au fond de lui-même, dans son penser et dans son vouloir, au-dessus de toutes les puissances du destin :

Parmi de tels malheurs que sa constance est rare !
Il ne s'emporte point contre un sort si barbare ;
La surprenante horreur de cet accablement
Ne coûte à sa grande âme aucun égarement ;
Et sa haute vertu, toujours inébranlable,
Le soutient au-dessus de tout ce qui l'accable…
Ce trouble se dissipe, et cette âme innocente,
Qui brave impunément la fortune impuissante,
Regarde avec dédain ce qu'elle a combattu,
Et se rend tout entière à toute sa vertu.

(*Œdipe* V, 7.)

Le déclin de l'homme devient son ultime victoire, sa plus puissante affirmation et libération de soi. Souvent, dans le théâtre de Corneille, ce sont justement ceux qui ont contribué à ce déclin comme instruments du destin qui ressentent et expriment ce retournement [1]. En tout cela s'exprime, dans sa plus grande force et dans sa plus grande prégnance, le pathos spécifiquement moderne, le pathos de la subjectivité pure. Descartes le présente sous son aspect théorique et éthique, Corneille le présente, comme aucun autre poète dramatique avant lui, sous son aspect poétique. Descartes commence par la méthode du doute universel qui est conçue pour détruire la prétendue certitude de la connaissance. Il dérobe à cette dernière chaque point d'appui qu'elle croyait posséder. La certitude de la perception, la certitude de toute la matière traditionnelle du savoir, et même la certitude du penser mathématique s'évanouissent. Mais lorsque tout cela est détruit, lorsque ne semble plus exister aucun savoir strict et objectif, le Je trouve en lui-même ce nouveau point de départ inébranlable et inattaquable, le point « d'Archimède » de la certitude de soi. Tout cela n'avait pas seulement pour le XVIIe siècle une signification simplement abstraite ou bien théorique. Dans l'histoire des idées de cette époque, on peut suivre la manière dont cette expérience que Descartes décrit ici en tant que penseur, et qu'il nous présente avec la plus grande insistance, trouve un écho et une résonance dans tous les autres domaines. Même la vie religieuse et les spéculations religieuses du XVIIe siècle révèlent ces influences. La religion de la pure intériorité, telle que Fénelon la défend, acquiert par là son empreinte *[Gepräge]* propre. Fénelon aussi a pour objectif

1. Eryxe dans le drame *Sophonisbe* (V, 7), parlant de la mort de sa rivale Sophonisbe : « La fortune jalouse et l'amour infidèle / Ne lui laissoient ici que son grand cœur pour elle : / Il a pris le dessus de toutes leurs rigueurs, / Et son dernier soupir fait honte à ses vainqueurs. »

de mettre simplement l'homme en présence de lui-même et de l'enfermer dans la pleine solitude de son Je, afin de lui indiquer à partir de là le chemin qui le délivrera de cette solitude et le conduira à Dieu. Ce n'est que de cet *isolement* que la véritable certitude religieuse peut naître : « Étant ainsi comme repoussé par tout ce que j'imagine connaître au dehors de moi, je rentre au dedans et je suis encore étonné dans cette solitude de moi même [1]. » C'est augustinien, mais cela porte en même temps la nouvelle empreinte cartésienne. Corneille, en tant que poète tragique, exprime le même état d'esprit fondamental *[Grundstimmung]*. Lorsque l'on perd tous les biens de la vie et lorsque tout menace de s'effondrer, le Je acquiert une nouvelle certitude qu'il ne peut plus perdre. Lorsque l'homme en est réduit à s'aider soi-même et à se faire aider par le divin, il saisit enfin pleinement son être intérieur le plus profond, ainsi que son essence immuable et indestructible :

Je sais ce que je suis, et le serai toujours,
N'eussé-je que le ciel et moi pour mon secours [2].

Le *problème de la liberté* occupe une place centrale dans la pensée de Descartes : on l'a qualifié à bon droit d'« âme du cartésianisme [3] ». Mais la manière dont il est traité diffère de celle de presque tous les autres systèmes philosophiques. C'est comme si Descartes avait à peine vu toutes les *antinomies* que le penser philosophique a de tout temps découvertes au sein du concept de liberté. Pour lui, il n'y a sur ce point ni hésitation, ni incertitude, ni aucune sorte de « secret » métaphysique. Il affirme la liberté humaine sur le simple témoignage de l'expérience intérieure et il est convaincu qu'elle ne peut ni produire, ni nécessiter de meilleure preuve que celle-ci. « La liberté de notre volonté se connaît sans preuves, par la seule expérience que nous en avons [4]. » La liberté compte pour Descartes au nombre de ces *notions premières* sur lesquelles se construit l'intégralité de notre connaissance et dont nous sommes tout à fait certains, parce que nous les saisissons clairement et distinctement dans une intuition immédiate [5]. L'impératif du doute méthodique semble avoir été oublié sur ce point. Tout comme le Je s'assure immédiatement de son existence *[Dasein]* dans l'acte du *cogito*, il acquiert la certitude de sa liberté intérieure, de sa spontanéité originelle dans ce même acte fondamental [6]. Et tout comme cette liberté, d'un point de vue théorique, est

---

1. FÉNELON, *Traité de l'existence de Dieu*, seconde partie, chap. II.
2. Viriate dans *Sertorius* V, 3.
3. Voir J. LAPORTE, « La liberté selon Descartes », p. 164.
4. Voir *Principes de philosophie*, I, p. 39 (IX, 2, p. 41).
5. Lettre à Mersenne, décembre 1640 (III, p. 259) : « Vous avez raison de dire que nous sommes aussi assurés de notre libre arbitre que d'aucune autre notion première ; car c'en est véritablement une. »
6. Voir V, p. 159.

pour Descartes une donnée inébranlable, elle est pour lui, dans son sens éthique, la chose la plus élevée et la plus noble qui soit donnée à l'homme. Arrivé à ce point, il ose expressément nier et supprimer *[aufheben]* l'obstacle qui sépare Dieu de l'homme, le créateur de l'être de la « créature ». « Le libre arbitre – écrit-il dans une lettre à la reine Christine – est de soi la chose la plus noble qui puisse être en nous, d'autant qu'il nous rend en quelque façon pareils à Dieu et semble nous exempter de lui être sujets [1]. » Il en résulte que l'homme ne peut s'assurer d'aucune valeur véritable tant qu'il cherchera cette valeur autre part qu'en lui-même. Déjà, la morale « par provision » du *Discours de la méthode* avait pris à cet égard une résolution ferme et déterminée. Selon elle, le début de toute connaissance morale *[sittlich]* résidait dans la compréhension *[Einsicht]* du fait que le seul pouvoir que l'homme est effectivement capable d'exercer est son pouvoir sur lui-même. Aucune chose extérieure n'est en notre pouvoir, seules nos *pensées* sont ce dont nous sommes vraiment et complètement maîtres : « Il n'y a rien qui soit entièrement en notre pouvoir que nos pensées [2]. » La morale « philosophique » définitive de Descartes fait là encore un pas supplémentaire. Elle opère, avec plus de clarté qu'auparavant, ce passage de l'intellectualisme au « volontarisme » qui est conforme à l'esprit du système cartésien. Le centre de gravité du Je réside, comme elle le souligne, non dans le penser, mais dans le vouloir : car celui-ci est le seul qui nous appartienne entièrement et ne puisse être perdu. « Car pour les biens du corps et de la fortune – écrit Descartes à la reine Christine – ils ne dépendent pas absolument de nous ; et ceux de l'âme se rapportent tous à deux chefs, qui sont, l'un de connaître, et l'autre de vouloir ce qui est bon ; mais la connaissance est souvent au-delà de nos forces ; c'est pourquoi il ne reste que notre volonté, dont nous puissions absolument disposer [3]. » C'est dans cette ultime pointe que se concentrent, d'une certaine manière, l'essence tout entière du Je et toutes ses énergies. Son effectivité n'est pas simplement prouvée par le fait qu'il se saisit en tant que pensant, mais par le fait qu'il se manifeste en volonté et en action. Ces deux facteurs ne sont pas opposés l'un à l'autre dans la pensée de Descartes, mais ils se correspondent et se conditionnent l'un l'autre. Car déjà le *cogito*, qui pose le fondement de toute certitude théorique, ne nous est pas donné autrement que par l'accomplissement d'un *acte* de conscience déterminé dans lequel le Je apparaît donc, non seulement comme conceptualisant *[auffassend]*, mais en même temps comme agissant de lui-même *[selbstätig]*.

Si l'on considère cette particularité et cette place centrale de la doctrine cartésienne de la volonté, une relation nouvelle et significative

---

1. Voir lettre de Descartes à la reine Christine, 20 novembre 1647 (V, p. 85) ; voir en particulier *Meditationes* IV (VII, p. 57).

2. Voir VI, p. 25.

3. Voir V, p. 83.

apparaît entre Descartes et Corneille. Lanson, me semble-t-il, a fait remarquer avec raison qu'il ne s'agit pas entre eux de points de contact simplement passagers et extérieurs. C'est pour cette raison qu'il ne suffit pas de chercher à ramener l'accord qui existe entre eux à des facteurs extérieurs, si nous voulons chercher avec Lanson ce qui les unit tous les deux dans leur « environnement » commun. C'est au contraire leur prise de position vis-à-vis du tout de l'existence *[Dasein]* qui manifeste leur affinité intérieure. C'est dans la manière dont ils voient la vie humaine et dont ils l'apprécient sur le fond de cette intuition philosophique ou bien poétique que réside leur étroite communion *[Gemeinschaft]*. Le thème qui leur est commun, c'est le monde des passions humaines. Descartes tente de pénétrer ce monde comme penseur ; il veut comprendre la « nature » de la passion en tant que telle et la ramener à son ultime fondement métaphysique, à l'union de l'âme et du corps. Corneille nous présente, sous les traits de ses plus grandes figures *[Gestalten]* poétiques, la passion dans toute sa violence *[Gewalt]* ; il veut non seulement que nous la ressentions, mais que nous percevions en même temps ses motifs les plus secrets, les forces qui l'animent. Descartes s'exprime et juge avec le calme et la froideur du chercheur en sciences de la nature qui s'abstient de tout pathos rhétorique et moralisateur. C'est en cela qu'il voit sa propre originalité. « Mon dessin – déclare-t-il en se référant à son ouvrage *Les Passions de l'âme* – n'a pas été d'expliquer les passions en Orateur, ni même en Philosophe moral, mais seulement en Physicien[1]. » Sans la connaissance de l'origine physique des passions, la morale serait, selon Descartes, condamnée à la stérilité ; elle demeurerait une pure utopie à laquelle manquerait le fondement scientifique[2]. Toutefois, il est évident qu'il y a derrière cette considération et ce traitement strictement objectifs une conviction personnelle et une finalité *[Zielsetzung]* éthique. Les passions doivent être reconnues dans leur existence *[Bestand]* et dans leur origine, parce que nous ne pouvons en devenir maîtres que par cette connaissance. Il ne s'agit pas simplement de les décrire ; il faut les mesurer et déterminer la part qui leur revient dans la construction de notre vie. Car Descartes accorde à chacune d'elles un sens authentiquement constructif. Pour lui, les affects ne sont pas des forces simplement destructrices qui menacent l'ordre et la sécurité de l'existence *[Dasein]* humaine et pourraient la rejeter à tout moment dans le chaos. Ils sont plutôt l'instrument indispensable, l'*organon* de toute construction de la vie. C'est pourquoi il n'est jamais question de renoncer à cet instrument ou bien de le détruire ; il s'agit exclusivement d'en connaître l'usage et de l'utiliser de la manière qui convient. Les passions ne doivent pas être extirpées, elles doivent au contraire être utilisées et rendues fécondes

1. XI, p. 326.
2. Voir IV, p. 441.

pour la vie. Et ceci à condition que nous attribuions à chacune d'elles, sur le fond de la volonté de notre raison *[Vernunftwillen]*, sa sphère d'efficacité et que nous déterminions pour chacune sa mesure naturelle. L'idéal éthique de Descartes coïncide en ce point avec cet idéal de la *mathesis universalis* duquel il était parti en tant que chercheur en sciences de la nature et critique de la connaissance humaine. Tout comme la physique en tant que science ne pouvait être fondée qu'en se transformant en pure *doctrine des grandeurs*, l'éthique doit devenir une *doctrine des biens* qui estime selon des principes sûrs la valeur de tout ce qui peut devenir ob-jet de désir *[Streben]* humain. Et c'est sur ce point, dans cette estimation que, curieusement, Descartes rencontre Corneille. Le monde des idées du philosophe et le monde des sentiments et de l'imagination du poète ne permettent bien sûr pas de comparaison immédiate ; il semble que tous deux manquent d'une « commune mesure ». Et pourtant, Corneille et Descartes se rencontrent partout où il s'agit pour tous les deux de prendre d'ultimes décisions au sujet des biens de la vie. Tout deux s'accordent dans leur jugement sur ce qui doit être tenu pour grand ou petit, élevé ou bas, noble ou vil dans la vie humaine. L'*échelle des valeurs* qu'ils établissent pour la mesure et l'évaluation d'affects particuliers est ce qui les unit, et c'est de là que nous devons partir si nous voulons découvrir le véritable point de jonction.

Mais cela soulève, bien sûr, une objection. On est en droit de se demander si, pour Descartes, une telle échelle des valeurs au sens strict du mot existe ? Ne sommes-nous pas obligés, si nous voulons nous conformer à ses conditions méthodiques préliminaires et fondamentales, de refuser à l'idéal de la mathématique universelle l'accès à l'éthique, à la doctrine de l'agir humain ? Le *Discours de la méthode* trace là aussi une frontière nette entre les deux. Il nous enseigne que ce genre de certitude que nous devons absolument exiger pour la connaissance théorique n'est pas accessible dans le domaine pratique. Dans ce dernier domaine, prévaut une autre mesure qui n'est pas susceptible d'être déterminée de manière stricte et exacte. Dans le domaine de la connaissance théorique règne l'impératif du doute méthodique. Nous ne devons donc porter aucun jugement avant de nous être assurés que nous nous trouvons sur un terrain *[Grund]* stable et inébranlable. Là où nos idées claires et distinctes nous laissent en plan et là où nous devons nous passer de leur conduite, nous ne devons plus tenter aucun pas en avant. Tant que nous n'avons pas complètement en main toutes les conditions d'un problème théorique et tant que nous ne saisissons et ne comprenons pas chacune d'elles avec la même évidence, nous devons nous abstenir de tout jugement. Mais ce commandement de l'abstention, de l'ἐποχή ne peut et ne doit être étendu au domaine de l'agir [1]. Car si nous voulions le suivre dans ce domaine, notre agir

1. Cette différence entre théorie et pratique a été précisément soulignée par

serait privé de sa force propre et condamné à la stagnation. Le connaître exige la plus haute réserve critique et la lente pesée des raisons et des raisons contraires ; l'agir exige une intervention rapide. Dans un cas, nous devons être toujours prêts à examiner de nouveau et à réviser un jugement déjà porté ; dans l'autre cas, il s'agit de persister dans la résolution que nous avions prise et de la mettre en œuvre avec toute notre énergie. Nous devons faire notre choix, même là où nous ne pouvons pas parfaitement discerner *[übersehen]* les circonstances qui nous guident. Le danger de l'erreur doit dans ce cas être assumé ; car dans la pratique, même l'erreur est préférable à l'attitude purement négative, à l'incertitude et à l'hésitation. Le *Discours de la méthode* a forgé une image caractéristique et impressionnante de cette conception fondamentale. Un promeneur se trouvant égaré en quelque forêt, dit Descartes, ne découvrira jamais d'issue, s'il essaie tantôt un chemin et tantôt un autre. Au lieu d'errer ainsi sans projet, il doit se décider pour une direction déterminée et la poursuivre invariablement. Car, par ce moyen, il n'arrivera peut-être pas au but qu'il s'était proposé d'abord, mais il arrivera au moins à la fin quelque part où, vraisemblablement, il sera mieux qu'au milieu d'une forêt profonde [1].

On pourrait penser que cette exigence de Descartes n'a de pertinence que pour la morale « par provision » du *Discours*, mais qu'elle est en revanche annulée par la morale philosophique qu'il a fondée et développée dans la dernière période de sa vie. Pourtant, c'est le contraire qui est vrai. La maxime du *Discours* qui établit la fermeté et la résolution de l'agir comme le plus haut commandement est expressément confirmée et de nouveau précisée par les lettres de Descartes à la princesse palatine Élisabeth, qui procèdent à la mise en place systématique des fondements de sa philosophie morale. L'homme faible qui hésite entre différentes décisions – comme l'explique Descartes – est non seulement incapable de « vertu » du point de vue objectif, mais, du point de vue subjectif, il ne peut pas non plus participer au souverain bien, au contentement intérieur avec soi-même. « La béatitude ne consiste qu'au contentement de l'esprit [...] mais [...] pour avoir un contentement qui soit solide, il est besoin de suivre la vertu, c'est-à-dire d'avoir une volonté ferme et constante d'exécuter tout ce que nous jugerons être le meilleur et d'employer toute la force de notre entendement à en bien juger [2]. »

Il en résulte une autre conséquence qui fait partie des traits caractéristiques et distinctifs de l'éthique cartésienne. En plaçant au sommet l'exigence de fermeté et de résolution de la volonté, toutes

---

Descartes dans sa réponse aux objections faites aux *Méditations*. Voir *Meditationes*, secundae responsiones (VII, p. 149).

1. VI, p. 24 s.
2. IV, p. 277.

deux prennent pour lui une valeur spécifique : une valeur qui ne coïncide pas avec ce que nous avons l'habitude de désigner traditionnellement par qualité « morale » de la volonté. La volonté forte n'est pas nécessairement une « bonne volonté », même si cette dernière ne pourra jamais exister sans la première ni s'affirmer vis-à-vis de résistances intérieures et extérieures. Il existe une fermeté du vouloir qui a sa valeur en soi-même et mérite notre admiration pour elle-même, même là où nous ne pouvons approuver les desseins que la volonté se fixe et même là où nous devons les reconnaître comme insuffisants ou bien manqués, mesurés aux critères éthiques les plus élevés. Ainsi, il existe dans la philosophie morale de Descartes un idéal éthique relatif et un idéal éthique absolu. Dans son traité des passions, Descartes nous présente son idéal éthique absolu sous l'image de l'*« homme généreux »*. C'est en lui que s'unissent la plus haute énergie du vouloir et le discernement *[Einsicht]* le plus parfait. La nature vraiment grande et noble sait que la valeur véritable et propre qui lui revient, elle l'a puisée en elle-même. Elle n'estime plus que ce qui provient de son fonds propre, du plus profond de son être *[Wesensgrund]*, ce qui exprime sa personnalité et sa liberté intérieure. Elle puise dans ce sentiment fondamental la norme de tous les biens de la vie. Elle ne s'y soustrait pas et ne les tient pas en piètre considération ; mais elle n'accorde à aucun d'eux une valeur absolue. Le mot célèbre de Kant selon lequel il n'existe rien au monde, et même hors de ce monde, qu'il soit possible de penser comme bon sans aucune restriction, si ce n'est la seule bonne volonté, fut d'abord exprimé par Descartes dans cet ouvrage sur les passions de l'âme. Il s'en sert pour expliquer ce qu'il entend par la vertu fondamentale, par la vertu de *générosité*. « La vraie générosité qui fait qu'un homme s'estime au plus haut point qu'il se peut légitimement estimer, consiste seulement, partie en ce qu'il connaît qu'il n'y a rien qui véritablement lui appartienne que cette libre disposition de ses volontés, ni pourquoi il doive être loué ou blâmé, si non pour ce qu'il en use bien ou mal ; et partie en ce qu'il sent en soi-même une ferme et constante résolution d'en bien user [...]. Ceux qui ont cette connaissance et ce sentiment d'eux-mêmes [...] ne pensent point être de beaucoup inférieurs à ceux qui ont plus de biens, ou d'honneurs, ou même qui ont plus d'esprit, plus de savoir, plus de beauté ou généralement qui les surpassent en quelques autres perfections : aussi ne s'estiment-ils point beaucoup au-dessus de ceux qu'ils surpassent, à cause que toutes ces choses leur semblent être fort peu considérables, à comparaison de la bonne volonté pour laquelle seule ils s'estiment et laquelle ils supposent aussi être, ou du moins pouvoir être en chacun des autres hommes [1]. »

Cette forme de la conscience de soi, dans laquelle une volonté puissante et autonome s'allie au plus haut discernement, est pour

1. XI, p. 445 s.

Descartes le climax de l'éthique. Quiconque y est parvenu a trouvé son centre en lui-même et possède le critère sûr qui lui permettra d'estimer tous les biens extérieurs et périphériques de la vie selon leur véritable valeur. Mais, à côté de cela, Descartes connaît encore un autre idéal, qui ne se situe pas au même niveau que le premier, mais auquel nous ne pouvons néanmoins pas dénier une valeur et un droit relatifs. Même la volonté imparfaite qui se fixe pour but un bien illusoire *[Scheingut]* et tend de toutes ses forces à l'atteindre est encore grande et digne d'imitation en ce qu'elle est capable d'une telle tension et d'un tel engagement. Elle manquera son but et ne peut que le manquer ; mais les manquements d'une volonté forte, énergique et achevée en elle-même *[in sich geschlossen]* ne sont pas du même niveau que les manquements qui naissent de la simple faiblesse. Le manque de discernement empêche la volonté d'atteindre le but suprême, le but du *summum bonum* ; mais il ne lui enlève rien de sa valeur propre et spécifique. « Il n'est pas nécessaire – écrit Descartes à la princesse palatine Élisabeth – que notre raison ne se trompe point ; il suffit que notre conscience nous témoigne que nous n'aurons jamais manqué de résolution et de vertu, pour exécuter toutes les choses que nous aurons jugées être les meilleures [1]. »

Si, à partir de là, nous nous tournons de nouveau vers Corneille, nous rencontrons chez celui-ci ce même état d'esprit fondamental *[Grundstimmung]*. Corneille n'est pas plus que Descartes un simple « moraliste ». On l'a bien sûr souvent tenu pour tel en lui reprochant son faux pathos moral. Mais il ne laisse lui-même aucun doute sur le fait qu'il considère que l'enseignement moral *[sittlich]* en tant que tel n'est pas la tâche de l'œuvre d'art tragique. Dans ses écrits théoriques, il a expressément rejeté une telle finalité. La poésie tragique – explique-t-il – doit plaire, mais ne doit pas enseigner. Elle doit par conséquent s'abstenir des sentences générales et des maximes abstraites et morales, ou bien intégrer celles-ci dans la mesure où la fin véritable de la tragédie, qui consiste à peindre les caractères et les passions de l'homme, l'autorise [2]. Ce trait est d'autant plus significatif que Corneille est le seul, à son époque et dans son entourage proche, à le défendre. Il manifeste sur ce point une grande indépendance. Car, si souple soit-il d'ordinaire vis-à-vis de toutes les exigences que lui imposent les « règles » et si bien disposé soit-il à leur céder, il n'a pourtant jamais laissé son goût pour la construction *[Gestaltung]* purement artistique céder au « moralisme » dominant. La poétique du XVIIe siècle est encore totalement dominée par l'idée *[Anschaung]* que l'un des buts essentiels de la poésie consiste en un enseignement direct. Seule une fin *[Endzweck]* morale *[sittlich]* peut vraiment justifier l'art et démontrer son droit à l'existence *[Dasein]*

1. IV, p. 266.
2. CORNEILLE, *Discours*, dans *Œuvres* I, p. 16 s.

devant le forum de la raison. Mais Corneille rejette très fermement cette vision des choses. Tout comme Descartes, en tant que psychologue, veut décrire le monde des passions dans leur être et leur être-tel *[So-Sein]* empiriques, sans pour autant leur intenter un procès, Corneille déclare que le poète tragique doit s'abstenir de tout jugement moral immédiat sur les caractères et les actions. Il a fait suffisamment, atteignant ainsi le but de l'art dramatique, s'il a réussi à rendre visible chaque caractère sous sa forme *[Gestalt]* propre et s'il a réussi à présenter clairement son intérieur au regard du spectateur. Les adversaires de Corneille n'ont pas manqué de lui en demander raison. Ils voient dans cette conception une indifférence morale dont le poète doit se garder [1]. Le *Cid* fut déjà la cible de telles attaques : Scudéry le rejeta parce que le comportement de Chimène contredisait aux préceptes de la morale et de la décence [2]. Corneille a exprimé son scepticisme même vis-à-vis de cet effet indirect que la tragédie doit induire par la « purgation des affects ». Il a tenté de donner une certaine interprétation des propositions aristotéliciennes à propos de la *catharsis*, mais il ajoute qu'il doute que le théâtre ait jamais atteint et puisse jamais atteindre l'effet qui lui est attribué ici [3]. Par conséquent, le théâtre de Corneille se tourne de préférence vers les caractères parfaits qui, de toute la force de leur passion, poursuivent un grand dessein, un dessein universel, avec une valeur objective, et qui misent tout sur sa réalisation. Mais des natures telles que Rodrigue dans le *Cid* ou Polyeucte ne sont pas les seules que son théâtre nous présente, et la puissance organisatrice *[Gestaltungskraft]* et poétique de Corneille ne se réduit pas à ce domaine. L'imagination de Corneille n'est comparable en étendue et en profondeur ni à celle de Dante, ni à celle de Shakespeare. Mais, comme tout véritable artiste, Corneille part de sa grande intuition générale *[Gesamtintuition]* ; il porte en lui une vue d'ensemble *[Gesamtbild]* de l'existence et des passions humaines. Les passions sont pour lui un cosmos qu'il désire pénétrer et dont il désire mesurer les hauteurs et les profondeurs. Ainsi, son don d'empathie poétique ne se limite pas à ce qu'il approuve conformément à son idéal éthique. Pour lui comme pour Descartes, toute grandeur authentique est conditionnée par la plus haute énergie, et cette pure *intensité* de la volonté possède pour lui une valeur autonome qui est indépendante de la qualité morale du vouloir. Selon Corneille, la tragédie véritable doit éviter tout ce qu'il y a de petit et de mesquin ; elle ne doit se mouvoir que dans le cercle des grandes âmes et des grands

1. Voir à ce propos les attaques d'Aubignac dirigées contre *Sophonisbe*, *Sertorius* et *Œdipe* ; pour plus de détails, voir R. BRAY, *La Formation de la doctrine classique*, p. 72.

2. Voir *ibid.*, p. 219.

3. *Discours de l'utilité et des partis du poème dramatique*, II, dans *Œuvres*, I, p. 52 s.

événements. Mais la grandeur de l'âme peut se montrer aussi bien dans le bien que dans le mal. Corneille dit de sa Cléopâtre, dans *Rodogune*, que bien qu'elle soit une criminelle, elle unit ses crimes à une telle grandeur d'âme que l'on ne peut qu'exécrer ses actes et admirer la source qui leur donne naissance. « Dans la poésie – comme l'écrit Corneille dans un autre passage –, il ne faut pas considérer si les mœurs sont vertueuses, mais si elles sont pareilles à celles de la personne qu'elle introduit. Aussi nous décrit-elle indifféremment les bonnes et les mauvaises actions, sans nous proposer les dernières pour exemple [1]. »

Cette attitude fondamentale qu'adoptent aussi bien Descartes que Corneille vis-à-vis des passions a également donné à leur *stoïcisme* sa tournure caractéristique. Les XVIe et XVIIe siècles sont caractérisés dans le domaine de la philosophie morale par la *renaissance du stoïcisme* [2]. Ce mouvement fait ressentir ses effets non seulement en philosophie, mais également dans la poésie, la religion, les doctrines du droit et de l'État. Dès sa prime jeunesse, Descartes a été soumis à son influence. Il semble que les œuvres majeures du néostoïcisme, les ouvrages de Du Vair et de Justus Lipsius, lui aient été familières dès sa scolarité. On reconnaît l'influence de ces ouvrages dans tous les écrits de jeunesse de Descartes, et même dans le *Discours de la méthode*, Gilson a pu démontrer la présence de très nombreuses réminiscences du stoïcisme [3]. Pour les contemporains et les successeurs directs de Descartes, ce contact entre sa philosophie morale et la Stoa était si évident et si indéniable qu'il leur fut difficile de tracer une limite nette entre les deux. Leibniz lui-même, qui avait un sentiment si sûr pour toutes les différences systématiques et individuelles, explique qu'objectivement *[der Sache nach]* la morale cartésienne coïncide parfaitement avec la morale stoïcienne [4]. Le théâtre classique français a pu tout aussi peu se soustraire à l'influence des idées et des idéaux stoïciens que tout autre mouvement intellectuel de l'époque. Pour Corneille, cette influence fut d'autant plus grande que Sénèque eut sur lui également une influence poétique. La première grande tragédie de Corneille, *Médée*, est à bien des égards inspirée

1. Dédicace de *Médée*, dans *Œuvres*, II, p. 332.

2. Sur la « Renaissance du stoïcisme », voir le dernier chapitre : « Descartes et la reine Christine de Suède », p. 115. – Pour le XVIe siècle, voir l'ouvrage de L. ZANTA, *La Renaissance du stoïcisme au XVIe siècle*.

3. Voir le commentaire de É. GILSON sur le *Discours de la méthode* de Descartes, Paris, 1925, en particulier p. 248 s. Pour l'importance qu'a eue le néostoïcisme dans le premier développement des conceptions éthiques fondamentales de Descartes, voir P. MESNARD, *Essai sur la morale de Descartes*, Paris, 1936, p. 9 s.

4. *Cartesiana et Stoica philosophia « in re morali eadem est »*. LEIBNIZ, *Die philosophische Schriften*, vol. 4, p. 275. – J'ai cherché à démontrer que ce jugement n'est pas juste dans le chapitre sur « Descartes et la reine Christine de Suède » ; voir plus loin, p. 115.

de Sénèque, et de nombreux vers recèlent des réminiscences presque littérales de son drame intitulé *Médée*.

Mais c'est justement lorsque l'on repère tous ces parallèles, chez Descartes comme chez Corneille, que l'on sent bien que le stoïcisme de chacun d'eux n'est pas la simple répétition de doctrines transmises par le passé, mais qu'il possède un caractère *[Gepräge]* propre et nouveau. Car même si la *théorie* suit souvent les modèles anciens jusque dans leurs moindres détails, dans le principe l'*appréciation* des passions s'est transformée ; et sur le fond de cette transformation, la théorie elle-même prend désormais une tout autre tonalité [1]. La doctrine fondamentale de l'antique Stoa peut se résumer à la maxime : « *Sustine et abstine* », supporte et abstiens-toi ! Le monde est rempli de maux physiques et moraux ; mais le sage est libre de se soustraire au contact de ces maux. En s'abîmant en lui-même, il découvre cette véritable autarcie qui le libère aussi bien des défauts et des imperfections de l'existence *[Dasein]* que de ses prétendus biens. Car tout ce qui est communément vanté comme un bien de la vie est, du point de vue moral *[sittlich]*, un néant *[Nichts]*. Ce que les hommes recherchent, ce qui leur apparaît être le but véritable de leurs aspirations *[Streben]*, ne résiste pas à la réflexion philosophique. Pour elle, il n'existe dans cette sphère ni plus ni moins, ni meilleur ni pire. Tout se change au contraire en une masse unique et indifférenciée. Cette masse de l'« indifférencié », de l'ἀδιάφορον, inclut tout ce que la multitude compte au nombre des biens suprêmes. Ni la santé, ni la richesse, ni l'honneur ne sont un bien ; aussi peu que la maladie, la pauvreté et même le déshonneur et la mort ne sont un mal. C'est là le trait ascétique de l'éthique stoïcienne. Elle ne connaît d'autre chemin que le renoncement pour se rendre maître du mal ; et ce renoncement menace de faire cesser la vie elle-même dans son mouvement, dans toutes ses impulsions immédiates. Le souverain bien est au fond déterminé de manière purement négative : Sénèque déclare qu'être libre de toute inquiétude est le dessein essentiel et le privilège spécifique du sage.

C'est justement *cet* idéal de la *tranquilitas animi* que Descartes a rejeté, si proche qu'il fût de la tradition stoïcienne dans laquelle il avait grandi. Dans le *Discours de la méthode*, il compare les systèmes *[Lehrgebäude]* éthiques des Anciens à de fiers et magnifiques palais, mais des palais construits sur du sable [2]. Ce changement d'orientation éthique repose au fond sur le fait que Descartes part d'un nouveau concept de la nature. L'exigence d'une « conformité à la nature » constitue également le point central de l'éthique stoïcienne ; le ὁμολογουμένως τῇ φύσει ζῆν est l'un de leurs préceptes suprêmes. Mais Descartes montre que, selon cette exigence, les

1. Pour plus de détails, voir le chapitre « Descartes et la reine Christine de Suède », p. 115.
2. VI, p. 7 s.

idéaux de la Stoa sont justement réduits à néant. Car l'éthique doit valoir pour l'homme, et l'homme n'est pas seulement un être *[Wesen]* doué de raison, il a également des sens. Sa vie repose sur l'union et l'action commune de l'âme et du corps. Mais la Stoa, au lieu de saisir cette action commune et d'en reconnaître la nécessité, a abandonné et détruit l'un des deux termes de l'opposition. L'objection principale que Descartes lui oppose consiste à dire qu'au fond elle a établi une doctrine morale pour des êtres *[Wesen]* désincarnés. Descartes, en tant que théoricien de l'éthique, ne peut ni approuver les accusations portées contre les passions, ni les rejeter dans leur totalité, parce qu'il croit avoir démontré en tant que *physicien* qu'elles ne sont que des conséquences de notre organisation psychophysique et qu'elles sont soumises aux lois de celle-ci. L'exigence d'une absence de passion, l'apathie stoïcienne, équivaudrait par conséquent à exiger un oubli du corps, ce qui apparaît non plus comme un idéal, mais comme une chimère.

Descartes dut soulever la même objection de principe contre le développement moderne du stoïcisme qui s'était accompli au XVIe siècle. Il ne s'agissait certes pas, dans ce cas, d'une simple reprise et d'une reproduction de notions antiques, mais d'un prolongement autonome qui s'était fixé un autre dessein. Son but principal était de prouver la compatibilité *[Vereinbarkeit]* complète des doctrines morales stoïcienne et chrétienne, et de fonder ainsi un « stoïcisme chrétien ». Mais, de ce fait, les traits négatifs et ascétiques de la morale stoïcienne n'en furent que plus apparents. Même Du Vair, le représentant le plus important et le plus influent du néo-stoïcisme français, ne voit rien d'autre dans les passions qu'un désordre, un soulèvement intérieur de l'âme, une méconnaissance et un mépris des lois de la nature [1]. Mais d'après le concept cartésien de nature, il ne peut plus rien exister qui soit strictement en dehors du cercle de la nature. Il croit avoir découvert les rouages secrets des passions, leur mécanisme, leur automatisme, et il les considère, sur le fond de cette découverte, comme un ensemble achevé et particulier de causes et d'effets. Il incombe à la volonté de l'homme de construire cet ensemble, qu'il ne peut changer dans sa donnée pure, de telle manière qu'il ne contredise pas ses propres finalités, mais qu'au contraire il les serve. Cette affirmation de l'existence *[Dasein]* physique de l'homme va de pair avec une nouvelle affirmation de la vie. L'éthique stoïcienne, malgré sa doctrine de l'autarcie et de la souveraineté de la volonté, n'était au fond pas capable d'échapper au cercle de la passivité. Elle enseignait comment le sage pouvait supporter la vie en apprenant à la surmonter. Le stoïcisme moderne avait encore renforcé cet état d'esprit fondamental. L'endurance

1. À propos des écrits de Du Vair et de leur place dans l'histoire des idées du XVIe siècle, voir R.-Ch. RADOUANT, *Guillaume du Vair*, Paris, 1908 et P. MESNARD, « Du Vair et le néostoïcisme », p. 142 s.

dans la souffrance en est la plus haute vertu. Aussi bien Du Vair que Justus Lipsius considèrent que son but principal est de présenter et d'enseigner cette vertu fondamentale qu'est la constance. L'ouvrage de Justus Lipsius intitulé *De constantia* (1584) et l'ouvrage de Du Vair intitulé *De la constance et consolation ès calamitez publiques* (1594) comptent parmi les œuvres les plus impressionnantes et les plus influentes de la littérature néostoïcienne. Mais Descartes exige quelque chose d'autre, il exige quelque chose de plus. Même en tant que chercheur en sciences de la nature, il ne voulait pas se comporter en observateur passif ; il voulait au contraire faire de l'homme le « maître et possesseur de la nature ». Il opposait à l'idéal traditionnel d'une philosophie purement spéculative l'idéal d'une philosophie active. Et dans une plus large mesure, la même chose devait valoir pour le monde des hommes. La philosophie ne doit pas seulement enseigner à l'homme comment il doit supporter sa vie, mais comment il doit la *construire [gestalten]*. La vertu de la générosité dont Descartes dit qu'elle est la clé de toutes les autres vertus, exige une attitude tout à fait active, un dévouement actif à tous les grands desseins que l'homme peut se fixer. « Ceux qui sont généreux – dit Descartes – sont naturellement portés à faire de grandes choses [1]. » Et c'est seulement lorsque l'homme aura découvert et développé en lui cette puissance de la construction de sa vie qu'il jouira véritablement de la vie. Il n'a pas besoin de renoncer à cette jouissance ; il peut s'y adonner librement et spontanément. Descartes n'est pas un hédoniste, mais il enseigne que le suprême bonheur spirituel dont l'homme est capable, le bonheur de la personnalité, ne peut arriver à son plein épanouissement si nous laissons s'amenuiser la partie sensible de notre nature. À cet égard, dans sa doctrine du « souverain bien », il prend expressément parti pour Épicure. Le plaisir *[Lust]* est repris comme un facteur essentiel de la détermination du concept de « béatitude », d'eudémonisme. « Épicure n'a pas eu tort – écrit Descartes à la princesse palatine Élisabeth – considérant en quoi consiste la béatitude, et quel est le motif, ou la fin à laquelle tendent nos actions, de dire que c'est la volupté en général, c'est-à-dire le contentement de l'esprit ; car, encore que la seule connaissance de notre devoir nous pourrait obliger à faire de bonnes actions, cela ne nous ferait toutefois jouir d'aucune béatitude, s'il ne nous en revenait aucun plaisir. La Stoa a au contraire représenté cette vertu si sévère et si ennemie de la volupté qu'il n'y a eu, ce me semble, que des mélancoliques, ou des esprits entièrement détachés du corps, qui aient pu être ses sectateurs [2]. »

Ainsi, Descartes, le strict « spiritualiste », devient d'un autre côté le défenseur de la nature physique de l'homme qu'il protège contre

1. XI, p. 447.
2. VI, p. 276.

de fausses accusations. Il ne considère pas la méconnaissance et le reniement de cette nature comme le signe de la véritable spiritualité, mais au contraire comme une preuve de barbarie. « La philosophie que je cultive – écrit-il à Chanut – n'est pas si barbare ni si farouche qu'elle rejette l'usage des passions ; au contraire, c'est en lui seul que je mets toute la douceur et la félicité de cette vie [1]. » La correspondance de Descartes avec des amis intimes, qui nous permet de jeter un regard sur son attitude et son état d'esprit face à la vie, est riche en déclarations de la sorte. Elles apparaissent parfois de manière si spontanée que le premier éditeur de cette correspondance, Clerselier, à qui il importait avant tout de replacer dans sa véritable lumière la piété de Descartes, fut choqué par cette spontanéité et modifia ou supprima quelques passages. Lorsque Descartes, par exemple, dans une lettre adressée à Constantin Huygens et datée du 10 octobre 1642, raconte qu'il ne craint pas la mort bien qu'il compte parmi ceux qui ont été animés du plus grand amour de la vie, Clerselier a édulcoré cette déclaration. À ces paroles caractéristiques : *« Je suis du nombre de ceux qui aiment le plus la vie »*, il substitue l'expression terne : *« J'estime assez la vie [2] »*. Même ce trait en soi insignifiant peut être considéré comme le symptôme du fait qu'avec la philosophie morale de Descartes, ce n'est pas seulement un nouveau système éthique qui s'ajoute à l'ancien, c'est un nouvel état d'esprit face à la vie et une nouvelle valorisation de la vie qui s'affirment. Et ce même état d'esprit fondamental s'exprime également dans la poésie de Corneille. Lui aussi est un stoïcien ; mais il défend un stoïcisme radicalement actif, dans lequel les idéaux négatifs de la Stoa sont remplacés par un idéal positif. L'héroïsme de la construction du monde triomphe, chez lui, de toute forme de négation du monde, et la force avec laquelle cette exigence s'impose anime et pénètre les premières grandes tragédies de Corneille et leur imprime leur marque propre, aussi bien du point de vue poétique que du point de vue intellectuel *[gedanklich]*.

2

Il nous faut encore aborder brièvement une autre question : est-il possible de mettre en évidence, et dans quelle mesure, une affinité entre les *conceptions théoriques* de Descartes et de Corneille sur l'essence de l'art tragique ? Sur ce point, non seulement il semble

1. V, p. 135.

2. La lettre originale de Descartes ne se trouve pas dans la grande édition d'Adam-Tannery car elle n'était pas encore accessible à l'éditeur de la correspondance de Descartes, Charles Adam, lors de sa parution. Elle ne fut retrouvée que plus tard et publiée par Léon Roth dans son édition de la correspondance entre Descartes et Huygens. Voir *Correspondence of Descartes and Constantyn Huygens*, p. 180 s.

qu'une influence de Descartes sur Corneille soit possible, mais on l'attendrait presque. Car les écrits théoriques majeurs de Corneille parurent en 1660 ; ils appartiennent donc à une époque où la philosophie de Descartes était parachevée et où elle avait déjà commencé à exercer une forte influence sur la vie intellectuelle française. Pourtant, rien dans le *Discours de l'utilité et des parties du poème dramatique* de Corneille n'indique une telle influence. Effectivement, Corneille ne pouvait trouver dans la doctrine de Descartes aucun appui direct pour les notions fondamentales qu'il y développait. La lacune la plus flagrante du système si compréhensif et si parachevé du cartésianisme est l'absence d'une esthétique autonome. Ces questions de la théorie de l'art ne sont traitées systématiquement ni dans la correspondance de Descartes, ni dans ses écrits philosophiques majeurs [1]. En outre, Corneille, dans sa poétique, n'avait nul besoin de chercher un quelconque soutien dans la philosophie moderne ; il se devait même de dédaigner un tel soutien. Car il était convaincu, tout comme le XVIIe siècle tout entier, que l'Antiquité avait créé la forme vraie et « absolue » du théâtre, et qu'Aristote, en tant que théoricien, avait reconnu la forme de ce théâtre et en avait fixé les règles pour l'éternité. Il ne lui paraissait pas permis d'en douter ; en matière de poésie, il considère toujours Aristote comme le plus grand et même l'unique professeur. « Notre unique docteur Aristote », c'est ainsi qu'il le nomme dans la préface de l'un de ses drames [2]. Bien sûr, lorsque l'on examine dans le détail les idées théoriques fondamentales et principales de Corneille et lorsque l'on en suit

1. Même le *Compendium musicae* que Descartes rédige pour Beeckman en 1618, à l'âge de vingt-deux ans, ne peut être, comme le tente Victor Basch, utilisé comme témoignage de son intérêt pour les arts. (Voir V. BASCH, « Y a-t-il une esthétique cartésienne ? », p. 67 s.) Car ce n'est pas l'amateur des arts qui s'y exprime, mais le théoricien, le penseur qui aborde la musique comme mathématicien et physicien, comme physiologue et psychologue. Descartes a lui-même déclaré que ce n'était pas une prédisposition pour la musique qui l'avait poussé à s'occuper des problèmes de la théorie musicale. Dans une lettre à Constantyn Huygens, alors qu'il traite d'une question musicale, Descartes écrit : « Si vous êtes assez patient pour cela, vous prendrez peut-être plaisir à voir ce qu'un homme qui n'a jamais su apprendre à chanter ut ré mi fa sol la, ni à juger si un autre le chantait bien, a conjecturé touchant un sujet qui ne dépend que du jugement de l'oreille » (*Correspondence of Descartes and Constantyn Huygens*, p. 248). – Sur le rapport de Descartes avec la poésie voir ci-dessus, p. 49 s. Une fois seulement, on note dans la correspondance de Descartes une remarque qui, méthodiquement développée, aurait pu mener à une théorie de la tragédie. Dans une lettre à la princesse palatine Élisabeth, il explique que la raison du plaisir qu'on prend à des sujets tragiques consiste en ce que toutes les passions, mêmes tristes, sont pour l'âme un plaisir, dans la mesure où elle ne cède pas simplement à leur impression, mais dans le même temps, devient consciente de sa capacité à dominer ses passions (IV, p. 309). De même, Descartes explique dans *Les Passions de l'âme* que le plaisir que nous ressentons à des représentations tragiques est une joie purement intellectuelle pouvant naître aussi bien de la tristesse que de tous les autres affects (IX, p. 441). Déjà se fait entendre ici l'un des motifs principaux de l'esthétique à venir, celui de la contemplation *[Betrachtung]* pure.

2. Préface à *Héraclius*, dan *Œuvres*, V, p. 146.

l'argumentation, on voit tout de suite à quel point il est loin de cet accord avec Aristote auquel il aspire. La soumission aux règles aristotéliciennes n'est qu'apparente : Corneille a moins commenté la poétique aristotélicienne qu'il ne lui a prêté ses propres idées et ses propres idéaux poétiques. C'est Lessing qui, grâce à son sens aigu de la critique, a révélé cet état de fait et mis au grand jour, avec une impitoyable sévérité, les contradictions entre Corneille et Aristote. Depuis lors, ces contradictions nous paraissent évidentes. Mais nous ne pouvons plus en tirer les mêmes conclusions que Lessing, qui aspirait lui-même encore au canon absolu de l'art dramatique et croyait l'avoir trouvé chez Aristote. C'est justement dans cet écart vis-à-vis des exigences aristotéliciennes que Corneille commet, d'une certaine manière, contre sa volonté qu'apparaissent pour nous les traits les plus caractéristiques et originaux de sa poésie. Corneille a adopté et répété la doctrine selon laquelle la tragédie doit susciter la pitié et la crainte afin de provoquer la *catharsis* dans l'âme de l'auditeur [1]. Pourtant, là où il se trouve lui-même, là où il s'en remet simplement à son sentiment et se fie à son inspiration poétique, il prend une autre direction. Car il suit alors la conception fondamentale de l'éthique stoïcienne, qui rejette la pitié parce qu'elle n'est pour elle qu'un signe de faiblesse. Pour lui, rien n'est vraiment dramatique que ce qui élève la force de l'âme au lieu de la réduire et de l'abaisser, comme le fait la pitié. Le théâtre de Corneille montre cette idéalité propre telle que l'a esquissée Schiller dans son poème intitulé « L'idéal et la vie » :

Hier darf Schmerz die Seele nicht durchschneiden,
Keine Träne fließt hier mehr dem leiden,
Nur des Geistes tapferer Gegenwehr [2].

Corneille cherche si peu à produire un effet par la simple émotion qu'il dédaigne souvent consciemment d'y recourir : avec *Nicomède*, il a créé un drame qui renonce expressément à susciter la pitié et l'émotion. Dans la préface de ce drame, il ose s'élever contre la définition aristotélicienne de la tragédie, dont il ressent l'étroitesse, et exige une explication qui, au lieu de la pitié et de la crainte éthiques, se concentre sur un autre affect. « Ce héros de ma façon – dit-il de Nicomède – sort un peu des règles de la tragédie, en ce qu'il ne cherche point à faire pitié par l'excès de ses malheurs ; mais le succès a montré que la fermeté des grands cœurs, qui n'excite que de l'admiration dans l'âme du spectateur, est quelquefois aussi agréable

1. *Discours de la tragédie*, dans *Œuvres*, I, p. 52 s. ; Préface à *Don Sanche d'Aragon*, dans *Œuvres*, V, p. 406.

2. « Ici la douleur n'a plus le droit de transpercer le cœur, / Ici ce n'est plus la souffrance qui fait couler les pleurs, / Les larmes ne coulent que devant la vaillante défense de l'esprit » (SCHILLER, *Poèmes philosophiques*, trad. par Robert d'Harcourt, Paris, Aubier, 1994 [N.d.T.]).

que la compassion que notre art nous commande de mendier pour leurs misères. Dans l'admiration qu'on a pour sa vertu, je trouve une manière de purger les passions dont n'a point parlé Aristote, et qui est peut-être plus sûre que celle qu'il prescrit à la tragédie par le moyen de la pitié et de la crainte[1]. » Pour Corneille, la véritable tâche et la vraie grandeur de la tragédie ne consistent pas à nous présenter la souffrance dans toute sa violence et toute son horreur. Dans la représentation de la souffrance, Shakespeare parvient aux limites de l'humain ; et dans ses plus grandes créations comme le *Roi Lear*, il semble même franchir cette limite. Une telle profondeur de la douleur est interdite au théâtre de Corneille. Au lieu de cela, il cherche quelque chose d'autre ; il ne veut pas bouleverser l'âme de l'auditeur par le spectacle de l'épouvantable, il veut la conduire à l'admiration. La volonté qui résiste à la souffrance, et en cela s'élève au-dessus d'elle, est le contenu et le thème de l'art dramatique de Corneille. C'est là-dessus que repose le véritable pathos de sa tragédie. Corneille ne dépeint jamais ses héros comme oppressés par le poids et la démesure de la souffrance, il ne les dépeint pas non plus comme sauvagement et passionnément révoltés contre elle. Le thème principal et fondamental de sa tragédie est la représentation de la résistance intérieure et psychique à la souffrance. Car c'est en elle que le Je se saisit au plus profond de lui-même, qu'il s'éprouve et s'affirme. C'est là également l'un des traits caractéristiques qui distinguent Corneille de Racine. À cet égard, dès les premières œuvres de Racine, on sent bien cette transformation de la tonalité et de l'atmosphère tragiques :

Puisque après tant d'efforts ma résistance est vaine
Je me livre en aveugle au destin qui m'entraîne,

dit Oreste dans *Andromède* de Racine (*Andromède*, Acte I, scène 1). Un tel abandon à la passion et un tel sacrifice du Je n'existent pas chez les héros de Corneille. L'un et l'autre lui apparaîtraient comme une sorte de sacrilège contre la dignité de l'art tragique. Même la *forme* du théâtre de Corneille est déterminée par son contenu. Il aspire à l'intensité extrême de l'expression ; mais il ne cherche pas à atteindre celle-ci par la simple vérité naturelle. L'expression n'est pas censée nous bouleverser et nous ravir par sa vérité naturelle ; elle doit au contraire susciter notre admiration par la limite qu'elle s'impose, par sa retenue et sa mesure. Cette admiration va à la libre personnalité qui seule est capable d'ériger de telles barrières face au simple affect et qui se révèle ainsi dans son autarcie, dans sa liberté et sa souveraineté intérieures. Ainsi, nous sommes effectivement parvenus à un point où l'accord entre Descartes et Corneille apparaît au grand jour. Car, chez Descartes, l'admiration occupe également

1. Préface à *Nicomède*, dans *Œuvres*, V, p. 504, 508.

une place d'exception. Elle se distingue, entre toutes les excitations simplement passives, de la pitié et de la crainte en particulier, et elle est expressément élevée au-dessus d'elles. Dans l'énumération et le classement systématique des affects que fournit le traité *Les Passions de l'âme*, elle occupe la première place ; elle est *« la première de toutes les passions*[1] ». Elle doit cette importance de tout premier ordre qui est la sienne à ce qu'elle est au fond un affect purement théorique. « Cette passion – explique Descartes – a cela de particulier, qu'on ne remarque point qu'elle soit accompagnée d'aucun changement qui arrive dans le cœur et dans le sang, ainsi que les autres passions. Dont la raison est que, n'ayant pas le bien ni le mal pour objet, mais seulement la *connaissance* de la chose qu'on admire ; elle n'a point de rapport avec le cœur et le sang, dont dépend tout le bien du corps, mais seulement avec le cerveau, où sont les organes des sens qui servent à cette connaissance. » L'admiration est donc le seul affect qui, parce qu'il ne conduit à aucune excitation corporelle, n'entre pas en conflit avec l'âme et ne trouble pas son jugement sûr. Il est et demeure, bien que sa nature de passion soit indéniable, une passion active, une passion « rationnelle ». L'excitation de telles passions, et non l'excitation de pulsions *[Triebe]* simplement irrationnelles, était également le dessein et l'ambition de la tragédie cornélienne ; et c'est en cela que l'esprit du classicisme français s'apparente étroitement à l'esprit de la philosophie cartésienne.

1. DESCARTES, *Les Passions de l'âme*, art. 53 (XI, p. 373).

LA « RECHERCHE DE LA VÉRITÉ PAR LA LUMIÈRE NATURELLE » DE DESCARTES[1]

1

Lorsque Descartes décéda à Stockholm, le 11 février 1650, on découvrit parmi ses écrits posthumes – dont il fut établi un registre précis juste après sa mort – un fragment de dialogue intitulé :

LA RECHERCHE DE LA VÉRITÉ
PAR
LA LUMIÈRE NATURELLE,

qui toute pure, et sans emprunter le secours de la Religion ni de la Philosophie, determine les opinions que doit avoir un honeste homme, touchant toutes les choses qui peuvent occuper sa pensée, et penètre jusque dans les secrets des plus curieuses sciences.

Ce fragment ne fut publié que six mois après la mort de Descartes, dans l'édition des *Opuscula posthuma, physica et mathematica* de Descartes, qui parut à Amsterdam en 1701. Ce que l'on y trouve n'est pas l'original en français, mais une traduction latine. L'original semble perdu ; mais un heureux hasard a fait qu'au moins une grande partie de celui-ci a été conservée sous forme de copie manuscrite. Lors de son séjour à Paris, en 1676, Leibniz, qui manifesta le plus vif intérêt pour l'œuvre posthume de Descartes, se rendit, en compagnie de son ami Tschirnhaus, au domicile de Clerselier, le beau-frère de Chanut, à qui ce dernier avait confié toute l'œuvre posthume de Descartes. Tschirnhaus réalisa pour lui-même une copie du texte français de la *Recherche* qu'il envoya plus tard à Leibniz dans une

1. Le présent article est tout d'abord paru dans *Lychnos*, Lärdoms-historika Samfundets Årsbok, Uppsala et Stockholm, 1938, p. 139 s. Il me faut remercier l'éditeur de *Lychnos*, le professeur Johan Nordström, pour tous ses conseils thématiques et bibliographiques.

lettre datée du 16 novembre 1676, alors que ce dernier avait de nouveau quitté Paris. Cette copie fut retrouvée à Hanovre dans les œuvres posthumes de Leibniz et c'est sur elle que repose l'édition du dialogue que Charles Adam a entreprise dans le dixième volume de sa grande édition de Descartes ; seule la dernière partie de cet écrit, que la copie de Tschirnhaus ne contenait pas, dut être proposée dans sa traduction latine. La *Recherche de la vérité* occupe une place importante dans l'ensemble des écrits de Descartes. Elle ne contient aucune notion qui ne nous soit déjà familière et connue dans les œuvres majeures de Descartes, en particulier dans les *Méditations* ou les *Principia philosophiae* ; mais elle présente le tout sous une forme nouvelle qui se distingue par sa concision, sa prégnance et sa clarté. À travers cette forme de présentation apparaît nettement la structure globale du système cartésien et sa construction architectonique ; aucun autre de ses écrits – même le *Discours de la méthode* – ne nous fournit une meilleure approche et une meilleure introduction au monde des idées *[Gedankenwelt]* de Descartes.

Il serait donc important pour notre compréhension *[Auffassung]* de la genèse et de l'évolution de la doctrine cartésienne de pouvoir indiquer avec précision la place qu'occupe ce dialogue dans l'ensemble de cette évolution. Mais, sur ce point, l'œuvre elle-même ne nous est d'aucune aide. À première vue, elle ne nous donne aucun renseignement sur sa date de rédaction et sur son rapport avec les autres œuvres de Descartes. Jusqu'à présent, toutes les tentatives de datation de cet écrit n'ont donné que des résultats insatisfaisants et incertains. Charles Adam qui, à l'occasion de sa grande édition des œuvres de Descartes et de sa correspondance, a collecté tous les documents disponibles et en a pris connaissance de manière exemplaire en les examinant en profondeur et de manière critique, a également travaillé à la question de la genèse de la *Recherche de la vérité*. Mais il en conclut qu'on ne peut émettre que des hypothèses à ce sujet – et l'on voit à quel point toutes ces hypothèses lui paraissent douteuses quand il nous présente deux hypothèses au lieu d'*une seule*, deux hypothèses qui s'excluent mutuellement. D'*un* côté, il tend à classer l'œuvre parmi les écrits de jeunesse, dans la première période de Descartes. « Oserai-je hasarder une conjecture – écrit-il – dont je me méfie cependant le premier, dans la crainte d'être abusé par une trop séduisante symétrie ? On aurait une première série d'ouvrages, les *Regulae*, ce dialogue, le *Monde*, première ébauche toute naïve, premier jet d'un esprit qui pousse hardiment sa pointe en toute liberté, et nous livre ses pensées au naturel ; puis [...] Descartes se reprend, et désormais s'observe et se surveille : d'où cette série, qui reproduit la première, presque dans le même ordre, mais avec un tout autre caractère, *Discours de la méthode*, *Meditationes de prima philosophia*, et *Principia philosophiae*. » Mais puisque Adam doute lui-même de la certitude de sa conjecture, il en tente une autre qui s'appuie sur certaines observations stylistiques. Il croit pouvoir retrouver dans le dialogue de Descartes certains passages qui témoignent que celui-ci, à l'époque où il l'écrit, avait déjà quitté la France ; il veut par conséquent situer le dialogue en Hollande et plus précisément au « castel d'Endegeest, proche de la ville de Leyde ». Si cela est juste, il tend à supposer que le dialogue fut rédigé pendant l'été 1641 que Descartes passa à Endegeest [1]. Il est difficile dans une telle question de détail – et cela peut paraître téméraire – de contredire l'excellent connaisseur qu'est Adam. Effectivement, tout ce qu'Adam a observé au sujet du caractère stylistique du Dialogue me semble non seulement juste, mais également extrêmement riche d'enseignements – comme je vais l'exposer en détail dans ce qui suit. Mais je ne peux approuver les *conclusions* qu'il en tire ; elles ne me semblent ne pas résister à un examen plus approfondi. Adam a sans aucun doute raison de souligner le ton naturel et léger du dialogue et de l'opposer au style plus lourd et plus strict des *Méditations* ou des *Principes*. Mais en résulte-t-il pour autant que nous ayons affaire à une œuvre de jeunesse de Descartes et n'existe-t-il pas entre le style du dialogue et d'autres œuvres que nous pouvons avec certitude attribuer à la période de jeunesse de Descartes des différences très importantes, voire irréductibles ? Adam situe – me semble-t-il, avec raison – les *Regulae ad directionem ingenii* pendant l'année 1628-1629 ; mais dans *cette* œuvre-*là*, qui se présente à nous dans la pleine rigueur et le plein achèvement de la méthodologie *[Methodik]* cartésienne et qui, d'une certaine manière, porte la cuirasse métallique de cette méthodologie *[Methodik]*, règne un tout autre ton que dans notre dialogue. Et qui plus est : la couleur hollandaise locale de notre dialogue, si elle était effectivement démontrable, permettrait-elle de tirer une quelconque conclusion sur le lieu et l'époque de sa *rédaction* ? J'avoue que je ne saurais reconnaître aux remarques d'Adam la moindre force de démonstration. Car le lieu dans lequel Descartes situe son dialogue n'est nulle part dépeint en détail, mais seulement esquissé de manière très vague et à grands traits. Le dialogue a lieu dans une maison de campagne, dans laquelle s'est retiré depuis quelque temps Eudoxe, le représentant de la philosophie cartésienne, afin de vivre pour ses méditations et ses études. Mais cette maison de campagne pourrait se situer n'importe où, elle ne sert que d'arrière-plan indifférencié. Et même si certains détails devaient faire penser à un « milieu » hollandais – le *décor* dans lequel Descartes situe son dialogue est-il nécessairement le lieu où celui-ci a été conçu et rédigé ? –, Descartes n'était-il pas libre, où qu'il se trouvât, de peindre ce lieu en faisant appel à sa libre imagination ou à son souvenir ?

Nous devons donc poser la question autrement et tenter d'y répondre avec d'autres critères. Et le dialogue nous offre effectivement de tels critères. Nous ne possédons certes pas l'œuvre

1. X, p. 531.

complète, mais seulement une petite partie ; cependant, ce fragment suffit à reconstituer le plan d'ensemble qu'il devait suivre. Afin de conserver un certain ordre dans le dialogue, Descartes veut tout d'abord considérer les ob-jets du savoir dans leur nature et leur existence *[Bestand]* objective, pour ensuite passer à la question de savoir ce que signifient ces ob-jets par rapport à nous, par rapport au Je pensant et voulant. Il pose donc la question des principes qui nous permettent de qualifier les jugements sur les ob-jets de vrais ou faux et nos actions de bonnes ou mauvaises. À cet effet, il déclare vouloir débuter par l'âme douée de raison, en tant que sujet dans lequel réside toute notre connaissance et, à partir d'elle, il déclare vouloir s'élever à Dieu en tant que son créateur. Ensuite, la réflexion *[Betrachtung]* doit se tourner vers les œuvres d'art des hommes et vers tout ce que l'esprit inventif de l'homme est capable de produire, pour enfin considérer les événements de la nature et les rendre compréhensibles par des lois simples. « Ayant ainsi préparé notre entendement pour juger en perfection de la vérité, il faudra aussi que nous apprenions à régler nos volontés, en distinguant les choses bonnes d'avec les mauvaises, et remarquant la vraie différence qu'il y a entre les vertus et les vices [1]. » On le voit bien : ce que Descartes voulait présenter dans son dialogue n'était rien d'autre et rien moins que les grandes lignes de tout son système philosophique ; – une vision d'ensemble de ce système qui embrasse la métaphysique et la doctrine de la connaissance, la philosophie de la nature et l'éthique, même s'il n'était pas censé les présenter dans le détail. Et ce simple fait rend déjà extrêmement invraisemblable l'hypothèse selon laquelle le dialogue de Descartes serait une œuvre de *jeunesse*, d'autant plus que le peu que nous en possédons montre partout la main du maître [2]. Descartes ne pouvait développer ses notions fondamentales avec une telle aisance et avec une telle clarté de présentation qu'après les avoir solidement établies pour lui-même et après leur avoir donné un fondement systématique strict. Et même si, dans ce cas, il pouvait encore subsister un doute en ce qui concerne la physique et la métaphysique, *l'éthique* devrait nous en apprendre plus. Car c'est une partie du système qui, dans l'esprit de Descartes, n'est arrivé que très lentement à maturation et qui n'a connu son véritable achèvement que dans les dernières années de sa vie. Dans le *Discours de la méthode*, les notions fondamentales de la géométrie de Descartes, tout comme celles de sa physique et de sa métaphysique, sont parachevées ; mais il n'y a aucune trace d'éthique

---

1. X, p. 506 s.

2. G. CANTECOR a également voulu faire de ce texte une œuvre de jeunesse de Descartes dans son article intitulé « À quelle date Descartes a-t-il écrit la *Recherche de la vérité* ? », p. 254 s. Cependant, j'ai déjà exposé dans un article de la revue *Theoria*, IV, 1938, p. 193-234, que les arguments introduits par Cantecor ne résistaient pas à une analyse critique.

philosophique. Pour ce qui est de la morale, Descartes se situe encore dans le cercle et le sillage de la convention et de la tradition – ces mêmes convention et tradition qu'il rejette si résolument dans le domaine du savoir. Il ne connaît encore rien d'autre et rien de plus élevé que cette « morale par provision » qui commande à l'homme de se plier dans son agir aux us et coutumes du pays et à l'ordre communément établi. Une décennie s'écoule avant que ne s'opère un changement. Descartes n'a saisi la signification et l'importance complètes du problème éthique que pendant les années où, dans les lettres adressées à la princesse palatine Élisabeth, il développe et fonde sa doctrine du « souverain bien ». Cette correspondance débute en 1645 – et cette année-là représente un tournant important dans le développement spirituel de Descartes. C'est alors seulement que sa « sagesse universelle » – sa physique et sa métaphysique –, atteint son point d'achèvement ; elle est devenue une véritable sagesse de vie. Et comme nous pouvons le déduire de l'ébauche de son contenu, le dialogue de Descartes devait également contenir l'esquisse de cette sagesse de vie. Ainsi nous est donné, me semble-t-il, un premier point d'appui et un premier point de départ. Nous ne pouvons pas faire remonter le dialogue au-delà de l'année 1646 puisque celle-ci représente d'une certaine manière la date de naissance de l'éthique cartésienne. Nous avons obtenu un *terminus post quem* – nous devons dès lors nous demander si cette première approche se laisse déterminer de manière plus précise [1].

1. L'élaboration d'une éthique philosophique autonome constitue une césure importante et caractéristique dans le développement de la pensée cartésienne : à partir de là, le système dans son ensemble prend un nouveau visage. Le tournant qui s'y opère se perçoit nettement lorsque l'on compare l'édition latine des *Principia philosophiae* avec l'édition française. L'édition latine paraît en 1644, l'édition française est publiée trois années plus tard ; entre les deux fut fondée la philosophie morale telle que Descartes la développa dans ses lettres à la princesse palatine Élisabeth. La première édition des *Principia* se contentait de fonder la doctrine de la connaissance, la métaphysique et la philosophie de la nature ; il n'est pas encore question de la philosophie morale comme élément autonome du système. Dans l'édition française de l'œuvre, Descartes n'a pas procédé à des modifications ou à des compléments essentiels du point de vue du *contenu* ; en revanche, dans la Préface qu'il joignit à l'ouvrage, il a veillé à souligner clairement la nouvelle orientation générale de sa philosophie qui venait de s'opérer. Dans cette préface, la philosophie morale est introduite dans le système comme un élément nécessaire. Dès lors, pour Descartes, il ne suffit plus pour conduire sa vie de s'en remettre aux mœurs et coutumes en usage. Il faut s'appuyer sur des *principes* rationnels à valeur universelle : « et enfin cette étude est plus nécessaire pour régler nos mœurs, et nous conduire en cette vie, que n'est l'usage de nos yeux pour guider nos pas » (IX, 2, p. 3 s.). « Ainsi toute la Philosophie est comme un arbre, dont les racines sont la Métaphysique, le tronc est la Physique, et les branches qui sortent de ce tronc sont toutes les autres sciences, qui se réduisent à trois principales, à savoir la Médecine, la Mécanique et la Morale, j'entends la plus haute et la plus parfaite Morale, qui, présupposant une entière connaissance des autres sciences, est le dernier degré de la Sagesse » (IX, 2, p. 14). Si l'on considère le projet d'ensemble auquel Descartes

Mais, d'emblée, une nouvelle difficulté se présente. Adam a également envisagé la possibilité que la *Recherche* se situe dans les dernières années de la vie de Descartes, c'est-à-dire dans la période comprise entre 1646 et 1650. Mais il objecte que la *Correspondance* de Descartes, qui est ordinairement à nos yeux le meilleur indicateur en ce qui concerne la rédaction de ses œuvres particulières, ne contient aucune allusion au dialogue. « D'abord les dernières années du philosophe ont été remplies par d'autres occupations que nous pouvons suivre chaque mois et presque chaque semaine dans sa *Correspondance* ; on ne voit pas bien quel temps lui serait resté libre pour un autre ouvrage comme ce Dialogue, dont lui-même ne dit mot : on n'en relève aucune trace dans aucune de ses lettres [1]. » C'est effectivement un argument de poids – un argument qui rend difficile toute datation du dialogue pendant le séjour hollandais de Descartes. Mais ne nous laissons pas effrayer par cette difficulté, poursuivons plutôt notre chemin. N'y a-t-il aucun autre fil conducteur que la correspondance de Descartes – ne pouvons-nous pas tirer de l'ouvrage lui-même certaines indications qui nous apprendraient en quelles circonstances particulières il fut rédigé ? Qu'est-ce que la *Recherche de la vérité* nous présente donc de nouveau – et en quoi consiste la place d'exception qu'elle occupe dans l'ensemble de l'œuvre de Descartes ? Nous avons d'ores et déjà souligné le fait que le *style* prend une autre tournure et que, d'une certaine manière, il prend une « teinte » spécifique. Pouvons-nous dire quelque chose des *raisons* de ce nouveau style – pouvons-nous constater quelle fut la nouvelle *tâche* objective qui provoqua et, d'une certaine manière, rendit nécessaire ce changement *[Wendung]* ? Nous n'allons pas anticiper sur la réponse à cette question, mais nous allons au contraire nous plonger dans l'étude de l'œuvre et laisser parler cette œuvre pour elle-même. Et c'est là que nous saute aux yeux *une* importante différence qui caractérise notre *Dialogue*. Dans aucun autre de ses écrits, Descartes n'a parlé de manière si pure et si exclusive le langage du *professeur* que dans le cas présent. Ce n'est plus ici le penseur du *Discours de la méthode* qui se présente à nous, ce n'est pas non plus le penseur des *Méditations*. Le *Discours de la méthode* est d'une certaine manière l'autobiographie intellectuelle de Descartes ; les *Méditations* sont un monologue continu et très développé. Mais la *Recherche de la vérité* est le premier écrit à posséder un caractère vraiment *pédagogique*. Dans le *Discours*, Descartes ne veut pas agir directement sur autrui ; il veut seulement présenter la méthode qu'il a suivie lui-même au cours de son propre

---

soumet la *Recherche de la vérité* et qu'il a développé en détails au début de l'ouvrage, on voit bien qu'il correspond point par point à l'articulation de la philosophie qui nous est donnée ici, et cette seule circonstance suffirait à situer ce fragment avec certitude dans la dernière période de Descartes.

1. X, p. 529 s.

cheminement *[Entwicklung]* et il veut rapporter comment elle l'a conduit d'un résultat à l'autre grâce à sa logique *[Konsequenz]* inhérente. Et nous sommes censés assister à cet acte d'*autodidaxie* – mais Descartes n'intervient pas encore avec la conscience que ce qui vaut pour lui vaut nécessairement pour d'autres [1]. Même dans les *Méditations*, les choses n'ont pour l'essentiel pas changé. Nous voyons toujours Descartes seul avec lui-même et entièrement concentré sur ses propres pensées. Nous le voyons pendant une froide journée d'hiver, assis devant son feu, dans le plus total isolement – plongé dans sa réflexion suivant le fil de ses pensées. C'est une tout autre sorte de présentation que nous trouvons dans les *Principes de la philosophie*. Car nous n'y rencontrons plus la pensée dans son devenir. Elle a atteint un résultat déterminé et ce résultat doit être expliqué, éclairé et fondé. La philosophie de Descartes apparaît désormais comme une doctrine achevée en soi. Mais, même en développant cette doctrine, Descartes n'a pas l'intention d'être un professeur au sens propre du mot. Car ce qui le captive, c'est l'enchaînement strict et systématique des propositions particulières et la manière dont elles découlent les unes des autres. Il veut montrer une suite logique de jugements, de « vérités en soi » ; mais il ne s'intéresse pas à la manière de *s'approprier* ces jugements, il ne s'intéresse pas à un problème spécifiquement *didactique*. Les *Principia* sont conçus par Descartes comme le manuel scolaire du cartésianisme et, pendant un temps, il semble avoir caressé l'ambition d'entrer ainsi en concurrence avec les grandes synthèses du savoir scolastique : à l'origine, il voulait justement intituler son livre *Summa philosophiae* [2]. Mais là aussi, Descartes s'adresse à un large public anonyme auquel il veut présenter le contenu de ses pensées. Il ne s'intéresse ni à un élève particulier, ni à des problèmes spécifiquement didactiques. Cet intérêt spécifique ne pouvait être éveillé en lui que par l'accomplissement d'une tâche *individuelle*, que par la prise en charge personnelle de l'éducation d'un élève. C'est seulement à travers son amitié pour la princesse palatine Élisabeth que Descartes est passé maître non seulement dans l'art de penser, mais également dans celui d'enseigner. Il découvrit alors non seulement le métier, mais également la passion de l'enseignement. Et la *Recherche de la vérité* est animée de cette même passion. Dans toutes ses œuvres majeures, la pensée de Descartes est véritablement dialectique ; mais elle n'était nulle part dialogique. Est-ce un hasard si la *Recherche de la vérité* fait éclater ce cadre, si elle est le seul *dialogue* que nous possédions de Descartes – ou bien peut-on en donner une raison objective déterminée et une cause historique ?

---

1. « Ainsi mon dessein n'est pas d'enseigner ici la Méthode que chacun doit suivre pour bien conduire sa raison, mais seulement de faire voir en quelle sorte j'ai tâché de conduire la mienne » (*Discours* I [VI, p. 4]).
2. Lettre à Mersenne du 31 janvier 1642 (III, p. 523 ; voir III, p. 465).

Il apparaît clairement que cette question renferme quelque chose d'autre et quelque chose de plus qu'un simple problème individuel, si l'on considère quelle *mission* générale la doctrine cartésienne devait remplir dans l'histoire de l'évolution de la pensée cartésienne. La philosophie de Descartes ne constituait pas une rupture complète avec le monde des idées du Moyen Âge. De nombreux problèmes et de nombreux résultats l'y rattachent encore : il suffit de songer au rôle que joue la preuve ontologique de l'existence de Dieu dans l'ensemble du système cartésien pour percevoir ce lien. Mais ce qui a fondamentalement changé, c'est la *forme* de la doctrine en tant que telle. Au Moyen Âge, la philosophie se perpétue par la voie d'une tradition permanente et sûre. Les professeurs faisant autorité se suivent les uns les autres ; et chacun veut préserver et transmettre l'héritage des autres. Le système de la vérité repose sur les fondements inébranlables de la foi, et les générations, les unes après les autres, reçoivent cette vérité immuable des mains des grands *doctores scholastici*. On peut distinguer les traits individuels de ces grands professeurs ; et l'admiration de leurs contemporains et de leurs successeurs a donné à chacun d'eux un *epitheton ornans* particulier. Albertus Magnus apparaît comme le *doctor universalis* ; Thomas d'Aquin fut dénommé *doctor angelicus* et Duns Scotus, *doctor subtilis*. Mais Descartes ose faire voler en éclats cette « chaîne en or » de la tradition scolastique. Il n'a pas l'intention d'être un nouveau maillon de cette chaîne ; il exige un départ radicalement nouveau et l'accomplit. Il ne parle pas en tant que professeur de l'Église qui ferait autorité ; et il ne parle pas non plus en tant que représentant d'un ministère profane, étatique. On est à peine capable de se l'imaginer enseignant à son pupitre ; il est vrai qu'il a mis beaucoup de temps avant de se décider à rompre le processus d'autodidaxie et à se présenter comme un écrivain philosophe. Mersenne dut, après un travail long et acharné, arracher à Descartes le *Discours de la méthode* – et il dut finalement le contraindre à publier cette œuvre en utilisant un artifice, en annonçant au public, contre la volonté de Descartes, sa prochaine parution [1]. Comme chacun sait, il y eut un moment dans la vie de Descartes où il voulut abandonner une fois pour toutes le projet de se présenter comme professeur de philosophie. Il interrompt le travail sur son ouvrage intitulé *Du monde* lorsqu'il apprend la condamnation de Galilée, il déclare à Mersenne qu'il ne convoite pas la gloire littéraire et qu'il souhaite renoncer totalement à « faire des livres ». Au lieu de se laisser séduire par la simple vanité, il veut rester fidèle à son vieux principe : *Bene vixit qui bene latuit* [2]. Il n'est pas besoin de se demander si la crainte des conflits dans lesquels auraient pu l'empêtrer ses écrits, en particulier

---

1. Pour plus de détails, voir Ch. ADAM, *Vie et œuvre de Descartes* (XII, p. 181).

2. (« A vécu heureux celui qui s'est bien caché »), lettres de Descartes à Mersenne de novembre 1633 et avril 1634 (I, p. 270 s. et 285 s.).

la crainte de heurts avec la théologie et l'Église, fut déterminante dans ce renoncement ; mais une telle crainte ne retient habituellement pas ceux qui ressentent au fond d'eux-mêmes cette vocation véritable et intime pour le métier d'enseignant, ceux qui ressentent le désir d'« améliorer les hommes et de les convertir ». L'inclination à vivre avant tout pour sa propre autodidaxie et à la placer bien au-dessus de l'enseignement prodigué aux autres représente l'un des traits fondamentaux de la personnalité *[Wesen]* de Descartes. Ce trait est si permanent et si immuable que nous pouvons le suivre, grâce à sa correspondance, tout au long de la vie de Descartes. Et lorsqu'il est au sommet de sa gloire et qu'il est un auteur très largement lu et célébré, il se demande toujours et encore s'il ne ferait pas mieux de renoncer à l'écriture et de s'adonner pleinement au fil de ses propres pensées et de son propre travail de recherche [1].

Si nous repensons à tout cela et qu'à partir de là nous retournons à l'étude de la *Recherche de la vérité* de Descartes – nous nous sentons comme projetés dans un monde nouveau. La scène s'est transformée d'un seul coup : car non seulement Descartes nous apparaît comme un professeur, mais également comme un combattant. Il ne se décrit pas seulement comme dialoguant avec un élève et il ne s'agit pas de recherches purement théoriques qu'il voudrait mener en commun avec lui. Car le dialogue comprend *trois* personnages : à côté de l'élève, Philandre, et à côté de Descartes, qui apparaît sous les traits d'Eudoxe, un autre personnage est présent : Épistemon, qui représente la cause de la philosophie scolastique et la cause de l'érudition. Et entre les deux, entre Descartes et son antagoniste, se développe une dispute : chacun exprime son propre idéal du savoir et cherche à le fonder. Il s'agit, pour ainsi dire, d'un combat pour l'âme de l'élève qui, au sein de cette opposition, doit prendre position et se décider pour la cause de la vérité. Nous quittons ainsi la sérénité de l'enseignement ; cette dernière fait place à un drame dans lequel Descartes se retrouve en première ligne *[Vorkämpfer]* et dans lequel il est le véritable protagoniste. Dans certains passages du dialogue, la présence de l'élève semble presque totalement oubliée ; les deux adversaires se font face, se regardent les yeux dans les yeux et livrent bataille [2]. Descartes ne s'était présenté de cette manière ni dans le *Discours*, ni dans les *Méditations*, ni dans les *Principes*. Et même là

1. Voir, en dehors des citations du texte, les lettres du 15 avril 1630 (I, p. 137), de février 1634 (I, p. 282), du 12 octobre 1646 (IV, p. 527), du 1er novembre 1646 (IV, p. 537). – Il est également significatif que Descartes, comme il l'écrit à Mersenne en mars 1637, ait volontairement choisi pour titre *Discours de la méthode* et n'ait pas parlé d'un quelconque *Traité de la méthode*, afin de faire comprendre par le titre qu'il ne voulait pas enseigner sa méthode, mais seulement l'exposer (I, p. 349). Dans la préface de l'édition française des *Principia*, Descartes écrit encore : « Je crois devoir dorénavant me contenter d'étudier pour mon instruction particulière, et que la postérité m'excusera si je manque à travailler désormais pour elle. »

2. Voir par exemple : X, p. 519 s.

où il fut contraint à la polémique – comme par exemple dans les réponses qu'il donna aux objections soulevées contre les *Méditations* –, il avait pour habitude de rester sur la défensive au lieu de passer à l'attaque. Mais dans le cas présent, l'attaque et la critique acerbe dominent : Descartes semble ressentir que son enseignement restera infructueux et qu'il n'atteindra pas son but s'il n'a pas auparavant vaincu son ennemi et démontré que son idéal du savoir était erroné et trompeur.

Mais laissons à présent les deux professeurs de dialogue et tournons-nous vers *l'élève* tel qu'il y est décrit. Qui est cet élève et quelles sont ses qualités ? Le *titre* du dialogue nous renseigne déjà à ce sujet : il est introduit comme « honnête homme ». Mais la signification de ce concept du XVIIe siècle ne peut évidemment être rendu par une simple traduction. La traduction latine de la *Recherche de la vérité* s'est contentée d'une restitution littérale ; elle transcrit l'« honnête homme » de l'original par *probus vir*. Mais cette restitution passe à côté d'une nuance essentielle. Car l'idéal de l'« honnête homme » n'est en aucun cas un idéal purement *moral*, et il n'est pas l'équivalent de l'« homme honnête ». Tous deux coïncident si peu que, dans certains écrits du XVIIe siècle, on se demande même si et dans quelle mesure on peut les accorder l'un avec l'autre. Dans l'un de ces écrits, Saint-Évremond cite une expression qui dit que les concepts d'« honnête homme » et de « bonnes mœurs » sont inconciliables. Il se peut que cela soit une exagération paradoxale ; mais cela signifie en tout cas que, d'après la manière de penser et l'usage linguistique de l'époque, les deux concepts ne correspondent pas ; et que l'honnêteté recouvre certes un *moment* du concept d'« honnête homme », mais pas l'ensemble de son acception. C'est plutôt un certain idéal d'éducation qu'un idéal éthique que l'on veut désigner par là, et cet idéal d'éducation prend tout d'abord une orientation plus négative que positive. Il désigne davantage la prescription de ce qu'une véritable éducation doit absolument éviter que ce qu'elle doit y chercher. Ce qu'il faut éviter en toutes circonstances, c'est la particularisation, la restriction à un savoir spécifique déterminé, quel que soit le domaine auquel il appartient. Les porteurs de ce nouvel idéal sont les membres d'une nouvelle couche de la société qui commence à jouer un rôle prépondérant dans la littérature, dans les sciences et dans l'éducation spirituelle. Il s'agit d'hommes qui ne sont pas des érudits ou qui ne veulent pas l'être. Ce sont des gens du monde ; mais en tant que tels, ils ressentent le désir *[Wunsch]* et le devoir de ne pas rester plus longtemps à l'écart et de participer à l'élaboration d'une nouvelle culture, d'une nouvelle forme du savoir, d'un nouveau goût. Cette participation ne doit pas être comprise au sens d'un métier qui leur serait imposé, mais au sens d'un libre choix. Rien n'entrerait plus en contradiction avec cette liberté que cet attachement *[Gebundenheit]* professionnel qui caractérise le simple érudit. Quiconque veut charger l'« honnête homme » des trésors de l'érudition et le cantonner dans ce domaine en comprend mal le concept. Il est nécessaire que tout cela lui demeure étranger, car cela contredit l'exigence d'une éducation véritablement universelle et purement « humaine ». Cet idéal de l'« honnête homme » fut établi au XVIIe siècle, en particulier dans les écrits du *chevalier de Méré*, et précisé sous différentes autres formes [1]. On connaît le lien entre le chevalier de Méré et *Pascal* – et l'on sait qu'il poussa si loin sa maxime qu'il exigea de Pascal qu'il sacrifiât sa formation mathématique parce qu'elle avait conservé le goût un peu trop prononcé de l'École. Cette vision fondamentale a des effets jusque dans les *Pensées* de Pascal. « L'homme – écrit Pascal – est plein de besoins : il n'aime que ceux qui peuvent les remplir tous. C'est un bon mathématicien, dira-t-on. – Mais je n'ai que faire de mathématiques : il me prendrait pour une proposition. – C'est un bon guerrier. – Il me prendrait pour une place assiégée. Il faut donc un honnête homme qui puisse s'accommoder à tous mes besoins généralement [2]. »

C'est la seule *méthode* possible et recevable dans l'enseignement de l'« honnête homme ». La forme de l'enseignement doit correspondre au type de l'élève ; et, dans le cas présent, la particularité de l'élève consiste en ce que nous pouvons lui supposer des qualités générales et non des qualités particulières. Mais quelle est la qualité la plus générale de l'esprit humain, et en quoi tous les individus, quels que soient leur condition *[Stand]* et leur métier, sont-ils égaux ? La réponse à cette question nous fut déjà donnée dans les premières phrases du *Discours de la méthode*. Le don qui, parmi les hommes, est le mieux partagé est celui du « bon sens » ; car chacun l'a reçu en partage. Adressons-nous donc à lui seul et ne supposons rien d'autre que lui dans le savoir que nous voulons transmettre. Ne laissons parler chez l'élève que l'entendement et la faculté de juger et ne lui demandons rien qu'il ne puisse résoudre par le bon usage de ces deux facultés. Ainsi, le domaine du savoir s'en trouve immédiatement réduit ; des pans entiers s'en détachent qu'on avait traditionnellement l'habitude de considérer comme son contenu principal. Le professeur de l'« honnête homme » doit avant tout prendre garde de ne jamais devenir un maître d'école ; car toute sagesse scolaire n'est que contrainte, alors que le but de l'éducation d'un « honnête homme » doit consister à libérer son esprit. Or, dans son dialogue, Descartes combat principalement *deux* formes de contrainte scolaire. Il veut libérer l'esprit de son élève de deux chaînes : de la chaîne de

---

1. Sur l'importance des écrits du chevalier de Méré dans le développement de l'idéal de l'« honnête homme », voir l'article de SAINTE-BEUVE, « Le Chevalier de Méré, ou de l'honnête homme au XVIIe siècle », *Portraits littéraires*, vol. III, nouv. éd., Paris, 1878, p. 85 s. Voir également K. WILHELM, « Chevalier de Méré und sein Verhältnis zu Blaise Pascal ».

2. PASCAL, *Pensées*, éd. Brunschwicg, sect. I, n° 36, vol. 12, p. 46.

la logique traditionnelle et de celle de l'érudition spécifique. Il semble que Descartes, dans son rôle de pédagogue, se rattache consciemment à ces idéaux pédagogiques que *Montaigne* avait défendus dans ses *Essais*, et en particulier dans l'essai intitulé « Du pédantisme ». D'une certaine manière, il mène son combat sur deux fronts : il se bat contre le pédantisme logique et contre le pédantisme érudit. Le pédantisme logique consiste à empêcher l'entendement de faire un pas sans avoir chaussé auparavant les « bottes espagnoles [1] » de la logique, de la syllogistique aristotélicienne. On exige de lui qu'il n'utilise aucun concept qu'il n'aurait pas au préalable défini et qu'il n'établisse aucune proposition qu'il n'aurait pas démontrée selon les règles logiques de l'École. Dans la *Recherche de la vérité*, Descartes veut montrer à son élève que cet idéal scolastique est irréalisable et infructueux, en lui en expliquant les raisons ; il lui promet en échange une autre forme du savoir qui se distingue aussi bien par sa clarté que par sa simplicité.

Le *second* pas de cette libération de soi consiste, d'après Descartes, à se débarrasser aussi bien de ses préjugés logiques que de ses préjugés philologiques – ces fameux préjugés qui nous conduisent toujours à mettre des mots à la place des choses. Montrer le caractère erroné de cet idéal et pointer ses défauts, tel est l'autre but que se fixe le dialogue de Descartes. Et il ne lui est pas difficile de mener à bien sa démonstration ; car pour cela il suffit simplement de rappeler ce qu'est l'élève qu'il nous présente, ce qu'est l'« honnête homme » et ce que seul il peut être. Un tel homme – c'est ainsi que Descartes *débute* ses explications – n'est pas obligé d'avoir lu tous les livres et d'avoir appris soigneusement tout ce que l'on enseigne d'ordinaire dans les écoles. Une telle éducation, qui voudrait embrasser toute l'étendue du savoir, ne serait pas chez lui un privilège, mais plutôt une erreur. Sa vie ne doit pas se réduire au simple savoir ; elle est faite pour l'action *[Tun]*. Ce dont il a besoin, ce n'est pas des trésors de l'érudition, mais de l'éducation *[Ausbildung]* et de l'exercice de sa raison. Cependant, cela nécessite un travail plutôt négatif que positif : il ne faut pas transmettre à l'élève un savoir nouveau, mais il faut le libérer de tout le lest qu'il a accumulé dans son enseignement précédent, au fil de ses lectures et de ses études [2].

Le plan général du dialogue de Descartes nous est ainsi clairement donné. Nous voyons qu'il se fixe un but tout à fait déterminé et didactique ; nous voyons qu'il a en tête une image tout à fait déterminée de l'élève à qui il veut s'adresser et nous voyons enfin qu'avant de pouvoir commencer son cours, il doit vaincre des résistances et des préjugés déterminés – qu'il se retrouve face à son *contradicteur* qu'il doit combattre ou dont il doit du moins limiter

1. La « botte espagnole » était un instrument de torture utilisé par l'Inquisition jusqu'au XVIIIe siècle [N.d.T.].

2. X, p. 495 s.

l'action *[Wirksamkeit]*. Et nous pouvons dès lors revenir à notre question initiale, celle de savoir à quelle *époque* de la vie de Descartes fut rédigée la *Recherche de la vérité*. Nous avons déjà vu que cet écrit doit être situé à une époque où Descartes est en possession de son système complet, en particulier en possession de sa *philosophie morale*. Il ne manque plus qu'une petite considération supplémentaire. Si nous faisons la synthèse de tous les résultats de notre analyse du contenu du dialogue, non seulement la vision d'une *doctrine* déterminée se dessine, mais, avec elle, l'image d'une *situation* concrète. Car où et quand Descartes se vit-il confronté à la tâche *d'enseigner* directement la philosophie – quand fut-il confronté à un *élève* tel que nous le dépeint le dialogue – et quand, enfin, dut-il compter sur des *contradicteurs* qu'il devait vaincre avant de pouvoir organiser son cours de manière vraiment fructueuse ?

Nous ne connaissons qu'*une seule* période dans la vie de Descartes à laquelle ces trois conditions correspondent de manière équivalente. En 1648, Descartes avait été invité à se rendre à Stockholm, à la cour de la reine Christine. Lorsque, après de nombreuses hésitations, il se décide enfin à donner suite à cette invitation et arrive à Stockholm, à la fin septembre 1649, la première tâche qui l'attend est de prendre en charge l'éducation de Christine et de l'initier aux principes fondamentaux de sa philosophie. Saura-t-il être à la hauteur de cette tâche – et la reine est-elle intérieurement prête à recevoir ce genre d'éducation qu'il considère comme la seule instruction fructueuse susceptible de produire une connaissance véritable ? Avant son arrivée à Stockholm, Descartes commençait déjà à être animé d'un tel doute. Dans les lettres adressées à Chanut, il a donné une expression très prudente à ces doutes ; mais, malgré toute la retenue dont il fait preuve, ils transparaissent régulièrement. Descartes devait craindre que l'invitation qu'il avait reçue ne fût due qu'à une sorte de curiosité intellectuelle de la reine. Il connaissait Christine, par les descriptions de Chanut, comme une femme très douée intellectuellement et inhabituellement éclectique *[vielseitig]*. Mais il vit justement dans cette vivacité d'esprit et cette érudition un danger pour son enseignement. Car la seule maxime fondamentale qu'il reconnaissait était : *Non multa, sed multum*, maxime à laquelle il voulait rester fidèle aussi bien comme penseur que comme professeur. Il n'aspirait pas à la diversité *[Vielseitigkeit]* des connaissances *[Kenntnisse]*, mais à la simplicité et à l'unité de la connaissance *[Erkenntnis]*. Il ne croyait pas qu'une telle « simplicité » contenterait la reine ; il pensait qu'elle aurait plutôt sur la reine, d'après la tournure de son esprit, un effet plutôt répulsif qu'attractif. « Mais l'expérience m'a enseigné que, même entre les personnes de très bon esprit, et qui ont un grand désir de savoir, il n'y en a que fort peu qui se puissent donner le loisir d'entrer en mes pensées, en sorte que je n'ai pas sujet de l'espérer d'une Reine, qui a une infinité d'autres occupations. l'expérience m'a aussi enseigné que, bien que mes opinions surprennent d'abord, à cause qu'elles sont fort différentes des vulgaires, toutefois, après qu'on les a comprises, on les trouve si simples, et si conformes au sens commun, qu'on cesse entièrement de les admirer et par même moyen d'en faire cas, à cause que le naturel des hommes est tel, qu'ils n'estiment que les choses qui leur laissent de l'admiration et qu'ils ne possèdent pas tout à fait [1]. »

En arrivant à Stockholm, la première impression que Descartes eut de Christine elle-même, de ses intérêts spirituels et de ses études savantes, n'était pas faite pour dissiper ses doutes. Car il dut se dire d'emblée qu'il ne pouvait attendre de Christine cette totale *concentration* sur l'étude de la philosophie qu'il exigeait et présupposait. Il se retrouvait tout à coup confronté à d'*autres* professeurs, qui représentaient de tout autres intérêts savants et de tout autres idéaux pédagogiques. De son point de vue, il ne pouvait considérer ces autres intérêts que comme de la curiosité scientifique ; et il craignait que chez Christine la curiosité ne vainquît la pure soif de savoir. « La Reine – écrit Descartes à la princesse palatine Élisabeth, juste après son arrivée à Stockholm – est extrêmement portée à l'étude des lettres ; mais, pour ce que je sache point qu'elle ait encore rien vu de la Philosophie, je ne puis juger du goût qu'elle y prendra, ni si elle y pourra employer du temps, ni par conséquent si je serai capable de lui donner quelque satisfaction, et de lui être utile en quelque chose. Cette grande ardeur qu'elle a pour la connaissance des lettres, l'incite surtout maintenant à cultiver la langue Grecque, et à ramasser beaucoup de livres anciens ; mais peut-être que cela changera [2]. »

Comme on le voit, cette première lettre que Descartes envoie de Stockholm exprime sans nul doute une certaine déception – et celle-ci ne peut être totalement effacée, ni par toutes les marques de faveur avec lesquelles la reine l'avait accueilli, ni par l'admiration qu'il ressent pour ses hautes facultés intellectuelles [3]. Car il ne s'agit par pour lui d'engager une relation purement personnelle, sa tâche objective lui tient à cœur. En proie aux doutes, il se demande s'il pourra effectivement mener à bien cette tâche telle qu'elle est et telle qu'il doit la concevoir conformément à ses principes philosophiques fondamentaux ; il se demande s'il réussira à vaincre toutes les résistances qu'il voit devant lui. Nous savons que Descartes, malgré toutes ces hésitations, s'est attelé à cette tâche qu'il avait commencée : initier la reine aux notions fondamentales de sa philosophie. Ne sommes-nous pas en droit de supposer que la *Recherche de la vérité* était destinée à Christine comme un ouvrage d'initiation qui devait compléter ses cours individuels ou bien esquisser le plan de ces

1. V, p. 327.
2. V, p. 430.
3. Cette admiration ressort de toutes les lettres que Descartes écrivit de Stockholm ; voir V, p. 429 s. et 434.

cours ? Si nous admettons cette hypothèse, tout le contenu de cet ouvrage s'éclaire alors d'une lumière nouvelle – et nous comprenons alors également en quoi et pourquoi la *Recherche* se distingue, dans son état d'esprit général tout comme dans ses détails, des autres écrits de Descartes. Nous comprenons que Descartes parle non seulement en tant que philosophe, mais également en tant que pédagogue ; qu'il ne veut pas agir en première ligne comme chercheur, mais comme professeur. Et nous comprenons dès lors pourquoi il se défend avec une si étonnante vivacité et avec une ardeur si polémique face aux autres conceptions et aux autres finalités du savoir. Seule la « lumière naturelle », seule la lumière de la raison, devait servir de guide à la reine Christine dans la recherche de la vérité, mais pour cela il fallait d'abord éliminer tout ce que Descartes ne pouvait considérer que comme une lumière artificielle et trompeuse.

Si nous optons pour cette explication, toute une série de difficultés, que nous ne pouvons nous empêcher de ressentir à la lecture du dialogue de Descartes, disparaît : pour nous, le dialogue s'intègre sans peine à l'ensemble de la production littéraire de Descartes. Nous pouvons tout d'abord renvoyer à un facteur extérieur qui trouverait son explication au sein de ce contexte. Baillet atteste que Descartes ne s'en est pas tenu aux cours philosophiques oraux de Christine, mais qu'il les a complétés par des notes écrites qu'il a rédigées pour la reine. Il évoque « certains petits mémoires secrets » que Descartes aurait établis à l'attention de Christine « pour lui apprendre la manière de vivre heureuse devant Dieu et devant les hommes ». Charles Adam se demande, à la suite de cela, si ces mémoires sont définitivement perdus [1]. Si notre hypothèse est juste, cette question trouverait une réponse : nous aurions sous les yeux, avec la *Recherche de la vérité*, des développements destinés à la reine Christine – bien qu'il nous faille naturellement compter sur la possibilité que le fragment qui se trouvait parmi les écrits posthumes de Descartes n'en représente qu'une partie et non l'ensemble. Au premier abord, la description *[Charakteristik]* donnée par Baillet semble bien sûr peu convenir à notre dialogue ; car elle renvoie plus à un ouvrage d'édification morale ou religieuse qu'à une œuvre véritablement philosophique. Mais il paraît évident que nous ne pouvons attendre pareille chose de Descartes. L'expression de Baillet est visiblement influencée par cette même tendance qui domine toute sa présentation. Il écrit avec la plume du pieux catholique qu'il est et aspire principalement à placer à tout instant la piété et l'orthodoxie de Descartes dans la lumière la plus éclatante. Ce n'est pas sans raison que l'on a dit de la biographie de Baillet qu'elle avait davantage décrit la vie d'un homme pieux que celle d'un philosophe. Si nous prenons cette circonstance en considération, tout ce que dit Baillet des mémoires destinés à Christine correspond en effet à la

1. A. Baillet, *La Vie de Monsieur Des-Cartes*, vol. 2, p. 432 (XII, p. 603 s.).

Recherche de la vérité, bien que l'on doive garder présent à l'esprit que le fragment qui nous est parvenu permet seulement de jeter un regard imparfait sur l'ensemble de l'œuvre. Comme nous le savons, cet ensemble contenait le plan d'un cours philosophique complet qui devait également inclure la preuve des vérités éthiques fondamentales [1]. La doctrine de la connaissance devait expressément accompagner une *doctrine morale*. Non seulement vérité et erreur, mais également vertu et vice devaient être nettement distingués l'un de l'autre, et cette séparation ne devait pas résulter de simples opinions ou des doctrines morales traditionnelles, mais devait reposer sur la compréhension *[Einsicht]* de la nécessité de certains principes moraux *[sittlich]* fondamentaux. Et c'est alors que l'élève devait trouver la paix intérieure ; et même, on lui promettait qu'alors sa « passion de savoir » ne s'exprimerait plus de manière aussi vive et aussi passionnée qu'auparavant ; il apprendrait dans ce domaine également à garder la bonne mesure et à préférer la simple sagesse à la diversité du savoir [2]. On voit que l'enseignement que Descartes promet n'est en aucun cas orienté vers la seule théorie ou l'intellectualisme. Il commence par des vérités théoriques fondamentales et déterminées ; mais il ne perd pas de vue son objectif et s'y tient : accéder à la connaissance du « souverain bien » et obtenir ainsi un critère sûr pour la *conduite de la vie* [3]. Et nous pouvons ajouter à cette remarque sur le *contenu* du dialogue une remarque *stylistique*. Cette remarque a déjà été faite par Charles Adam. Il trouve, avec raison, que la *Recherche de la vérité* est rédigée sur un ton léger, naturel et, à l'occasion, même enjoué : un ton qui ne rappelle en rien celui d'un pédant, mais plutôt celui d'un noble, d'un homme de cour. Par conséquent, il tend à considérer que ce dialogue fait partie des écrits de jeunesse de Descartes. Mais cette conclusion s'impose-t-elle ? Certes, on peut admettre que les œuvres de jeunesse de Descartes, le traité *Du monde* et le *Discours de la méthode*, sont écrites dans un style léger et naturel – mais peut-on y déceler un « ton naturel, léger, enjoué même à l'occasion [4] » et Descartes use-t-il du style de l'homme de cour ? Quelle raison et quelle occasion auraient pu le conduire à utiliser un tel langage ? Mais si nous imaginons que la *Recherche de la vérité* fut écrite à Stockholm et qu'elle était destinée à Christine, on en comprend tout de suite la raison ; et on comprend même la nécessité qui amena Descartes à parler sur un autre ton que dans ses écrits théoriques majeurs. Il lui fallait imaginer son

---

1. Voir ci-dessus, p. 81.
2. X, p. 506.
3. « […] je me suis proposé d'enseigner en cet ouvrage, et de mettre en évidence les véritables richesses de nos âmes, ouvrant à un chacun les moyens de trouver en soi-même, et sans rien emprunter d'autrui, toute la science qui lui est nécessaire à la conduite de sa vie » (X, p. 496).
4. Voir X, p. 530.

auditeur comme un « honnête homme » et nous avons vu, à l'exemple du chevalier de Méré et de Pascal, qu'au XVIIe siècle ce concept s'opposait directement à celui d'« homme de métier » et l'excluait. « C'est un malheur aux honnêtes gens – comme le dit Méré – d'être pris à leur mine pour des *gens de métier* ; et quand on a cette disgrâce, il s'en faut défaire à quelque prix que ce soit. » Descartes ne pouvait pour cette raison adopter le langage du savant ou du philosophe « de métier » ; car vis-à-vis de la reine, il aurait dû non seulement contrevenir aux mœurs de la cour, mais également agir contre sa propre mission concrète et contre l'idéal pédagogique qu'il défendait.

Dans la perspective de notre hypothèse, on peut encore éliminer une autre difficulté soulevée par Adam. Il estime difficile d'imaginer que la *Recherche de la vérité* fasse partie des œuvres écrites après 1646 et qu'elle ait été écrite en Hollande, à une époque où tant d'autres travaux de Descartes s'élaboraient. L'argument principal qu'il oppose, avec raison, à cette hypothèse consiste à dire qu'on ne trouve dans les lettres que Descartes écrivit de Hollande aucune allusion à ce dialogue. Mais si Descartes n'a commencé à rédiger son dialogue qu'à Stockholm et s'il ne le destinait en premier lieu qu'à l'enseignement privé de la reine, ce silence s'explique immédiatement. Car nous n'avons conservé que très peu de lettres de cette période – et celles-ci ne sont pas adressées aux amis intimes à qui il faisait habituellement part de ses travaux et de ses projets. L'*argumentum e silentio* contredit l'hypothèse de la rédaction hollandaise du dialogue ; mais il ne contredit pas l'hypothèse de sa rédaction à Stockholm et peut même servir à la confirmer [1]. On pourrait même répondre à une autre question que soulève la lecture du dialogue. Pourquoi Descartes n'a-t-il pas développé cette esquisse qui se trouve au début du dialogue – pourquoi n'est-il pas passé de l'exposition de sa doctrine de la connaissance et de sa métaphysique à l'exposition de sa doctrine de la nature et de son éthique ? Si notre hypothèse est juste, nous en connaissons la raison : sa mort prématurée l'empêcha d'achever cette œuvre. Malgré tout cela, nous ne nous dissimulons pas le fait qu'il n'existe aucune *preuve* documentée indubitable qui confirmerait que Descartes avait rédigé cette œuvre dans les derniers mois de sa vie. Mais si nous faisons la synthèse de tous les éléments que nous avons évoqués, nous sommes autorisés à dire que ceux-ci en fournissent une preuve indirecte et que non seulement le style, mais d'une certaine manière aussi toute

---

1. Dans la biographie de Descartes écrite par Baillet (A. BAILLET, *La Vie de Monsieur Des-Cartes*, vol. 2, p. 406), on apprend que la *Recherche de la vérité* fut trouvée parmi les papiers que Descartes avait emportés en Suède ; mais le *lieu* de cette découverte ne contredit bien sûr pas le fait que cet ouvrage ait pu être rédigé à Stockholm.

l'atmosphère spirituelle que nous avons perçue dans la *Recherche de la vérité* jouent en faveur de notre hypothèse.

2

Si nous nous plaçons maintenant sur le terrain de cette hypothèse, le dialogue de Descartes tombe sous un jour nouveau. Nous possédons dans ce cas non seulement un document systématique, mais aussi un important *document biographique*. D'un point de vue purement systématique, bien que l'empreinte de l'esprit de Descartes soit nette et que les notions fondamentales de la philosophie cartésienne y soient clairement développées, ce dialogue ne nous apprend rien de nouveau sur le principe. Le cours de la démonstration se rapproche étroitement de celui des *Méditations* et des *Principes*, et nous n'y trouvons rien qui ne nous serait déjà connu et familier dans ces derniers. Mais, considéré comme un témoignage biographique, ce dialogue prendrait pour nous une tout autre signification et, à cet égard, il nous faudrait lui reconnaître une plus grande valeur épistémologique. Car il pourrait alors nous servir à éclairer la dernière période de la vie de Descartes, sur laquelle nous ne possédons que des témoignages épars et lacunaires. Les considérations qui suivent ont pour objectif de tenter une comparaison entre ces derniers témoignages et les différents traits qui ressortent de la *Recherche de la vérité*, afin de voir si ces derniers peuvent être ainsi confirmés ou complétés.

Lorsque Descartes arrive à Stockholm à la fin septembre 1649, il se voit d'emblée impliqué dans une bataille dangereuse. D'une certaine manière, il doit mener son combat sur deux fronts et se retrouve face à une double phalange d'adversaires. Les premiers sont ceux qui, dans toutes les questions scientifiques fondamentales, reconnaissent la méthode de conceptualisation scolastique comme la plus haute autorité et suspectent tout autre procédé d'être non scientifique et « dilettante ». Ce furent moins les théologiens et les physiciens que les *médecins* qui, de ce point de vue, voyaient dans la méthode cartésienne une innovation dangereuse qu'il fallait combattre par tous les moyens. À quel point la médecine du XVIIe siècle était encore pénétrée de concepts scolastiques, et combien ces derniers laissèrent une empreinte durable sur les recherches et l'enseignement – on peut le montrer grâce au *Malade imaginaire* de Molière. Si grotesque que puisse paraître aujourd'hui le portrait que Molière a esquissé, il n'est pourtant pas une simple caricature ; il est dessiné directement d'après la réalité. Sur son chemin, Descartes a maintes fois rencontré des hommes qui contestaient sa doctrine avec des arguments que Molière met dans la bouche de ses médecins, dans la célèbre scène finale du *Malade imaginaire*. Le médecin Fromondus, qui s'engagea contre Descartes pour le bon droit de la médecine scolastique, suppose que l'origine de la douleur est une *qualitas dolorifica* particulière, et Plempius, dans les *Fundamenta medicinae* qu'il publia en 1638, donne certes raison à la doctrine de la circulation sanguine, mais souligne en même temps qu'une explication du phénomène est impossible si on ne postule pas l'existence d'une *vis pulsifica*[1]. On comprend aisément que les médecins adeptes de cette manière de penser aient vu dans la doctrine de Descartes rien moins que l'effondrement de toute la science médicale et qu'ils l'aient presque suspecté d'être un charlatan : parce que le *Discours de la méthode* avait exprimé l'espoir qu'avec l'aide de la nouvelle philosophie, il réussirait à faire de la médecine non plus une doctrine purement spéculative, mais une doctrine pratique, qui élèverait l'homme au rang de maître et possesseur de la nature, empêcherait une multitude de maladies et même repousserait dans une large mesure les limites de la vie[2]. Et nous savons par hasard que Descartes, tout comme il ne craignait pas de montrer au grand jour son antipathie pour les professeurs philologues de la reine Christine, ne retenait pas ses sarcasmes contre l'art médical traditionnel devant Christine. Il adorait citer « l'opinion de Tibère, qui voulait que ceux qui ont atteint l'âge de trente ans, eussent assez d'expérience des choses qui leur pussent nuire ou profiter, pour être eux-mêmes leurs propres médecins ». Il déclarait partager tout à fait ce point de vue : « En effet, il me semble qu'il n'y a personne, qui ait un peu d'esprit, qui ne puisse mieux remarquer ce qui est utile à sa santé, pourvu qu'il veuille un peu prendre garde, que les plus savants docteurs ne lui sauraient enseigner[3]. » On retrouve la même citation de Tibère et le même usage de celle-ci dans les *Maximes* que la reine Christine a rédigées à la fin de sa vie[4]. Les médecins de la reine Christine, qui officiaient à la cour de Stockholm, assistaient à tout cela – et un violent conflit éclata ensuite entre eux et Descartes. L'un de ses adversaires les plus acharnés fut le médecin personnel de Christine, Johann van Wullen, qui se sentit extrêmement blessé par le peu de cas que faisait Descartes de la science médicale traditionnelle. Il avait cherché à empêcher à tout prix l'invitation de Descartes à Stockholm parce qu'il craignait que la doctrine de celui-ci ne nuisît à l'image de la science médicale et ne portât ombrage à sa propre réputation. Lors de la dernière grave maladie de Descartes, Christine, qui s'inquiétait de son état de santé, lui envoya van Wullen pour qu'il le soigne. Mais, même à son chevet, la querelle éclata de nouveau : Descartes refusa de se

---

1. Sur les rapports de Descartes avec Fromondus et Plempius, voir Ch. ADAM, *Vie et œuvre de Descartes* (XII, p. 240 s.).

2. VI, p. 61 s.

3. IV, p. 329 s.

4. CHRISTINE DE SUÈDE, *Pensées de Christine, reine de Suède*, « Sentiment » n° 261. Voir P.-M. SCHUHL, « Un souvenir cartésien dans les pensées de la reine Christine », *Revue philosophique*, vol. 123, 1937, p. 368 s.

soumettre au traitement de van Wullen et ce dernier le quitta dans une violente colère [1].

On peut encore évoquer un autre fait caractéristique, à titre d'exemple de la manière dont cette bataille fut menée contre Descartes par la médecine corporatiste, du manque d'égards et de ménagements avec lequel elle fut conduite non seulement contre sa doctrine, mais aussi contre sa personne. Peu après la mort de Descartes, Hermann Conring rédigea une épitaphe satirique dans laquelle il se moquait de Descartes et de son prétendu art de prolonger la vie humaine. À la fin de son épitaphe, on peut lire qu'il fallait estimer Descartes heureux d'être mort si tôt ; car il avait ainsi échappé au destin qui l'aurait forcé à survivre à sa gloire et à être le témoin de la ruine totale de sa doctrine [2]. Du point de vue de l'histoire des idées, nous n'aurions pas besoin d'accorder une quelconque signification à une expression de la sorte si nous ne voyions en elle qu'une expression d'incompréhension et de jalousie personnelle. Mais Conring ne fait pas partie de ces esprits étroits qui s'accrochent craintivement à ce que leur a transmis l'ancienne tradition parce qu'ils manquent eux-mêmes cruellement d'originalité scientifique et d'idées personnelles. C'est plutôt le contraire. C'était l'un des médecins les plus en vue de son époque et, en 1650, la reine Christine le nomma conseiller et fit de lui son médecin personnel [3]. Il a rendu des services significatifs au développement de la médecine ; il fut l'un des premiers à reconnaître l'importance de la découverte de Harvey sur la circulation sanguine et contribua de manière

1. On en trouve des détails très caractéristiques dans *La Vie de Monsieur Des-Cartes* de Baillet, vol. 2, p. 417 s. (V, p. 486 s.) et dans le propre rapport de Van Wullen sur la dernière maladie de Descartes, dans une lettre adressée au médecin de Leyde Willem Piso (V, p. 477 s.).

2. Je livre ci-dessous le texte complet de cette épitaphe, déjà communiqué par ARCKENHOLTZ dans *Mémoires concernant Christine, reine de Suède*, vol. 1, p. 230, parce qu'il constitue un document intéressant et très important pour l'histoire des savants du XVIIe siècle ; voir H. CONRING, *Opera*, Brunswick, 1730, VI, p. 591 : « *Epitaphium Cartesii | Cineribus Sacrum : | RENATO DESCARTES | Mathematico Clariss. | Veteris doctrinæ omnis, quamvis sibi ignotæ, Hosti acerrimo, | Physices Novæ, et nunquam (Heu) adolescendæ | Magistro infelici, | Quem | Animæ suæ male metuentem | At Corpori annorum centurias pollicentem | Mors indignabunda | Subito rapuit. | In hoc uno tantum benigna, | Quod novæ illum Physicæ supervivere | Non sit passa : | Novitatum quarumvis | Admiratores | Collatitio ære | Flebile hoc Monumentum | F. F. F. | HERMANNUS CONRINGIUS | Lusi Holmiæ Sueon. 1650. Mens. Aug.* »

3. Sur la position de Conring à la cour de Suède, voir les indications de Arckenholtz, *Mémoires concernant Christine, reine de Suède*, vol. 1, p. 297. Conring et Descartes ne se sont jamais rencontrés personnellement à la cour de Suède parce que Conring n'est parti pour Stockholm que le 20 mai 1650, donc après la mort de Descartes (voir la biographie de Conring dans la préface à ses œuvres : H. CONRING, *Opera*, vol. 1, p. 2 verso). Le fait que Conring, dès son arrivée en Suède, lance une si violente invective contre Descartes rend compte de l'animosité qui a dû régner à la cour de Stockholm contre lui, et en particulier au sein du cercle des médecins dont Conring se sentait le représentant.

essentielle à sa diffusion[1]. Mais la médecine n'est que l'un des domaines, à peine le plus important, dans lesquels Conring travaillait. Il rédigea un grand nombre de travaux sur des sujets philosophiques, théologiques, historiques et juridiques. Son intérêt pour la science et ses connaissances étaient de nature véritablement encyclopédique : à cet égard, il rappelle Leibniz et on l'a d'ailleurs souvent considéré comme son prédécesseur[2]. Ses recherches dans le domaine de l'histoire du droit allemand et des sciences politiques ont ouvert de nouvelles voies et sont considérées encore aujourd'hui comme novatrices[3]. Mais malgré tout, Conring restait un strict aristotélicien. Il a toujours énergiquement rejeté la nouvelle philosophie. « *Nova quaeque habent facilem imperiti vulgi assensum* – écrit-il encore en 1671 à Leibniz – *sed brevi iterum evanescunt et a veteris Philosophiae gnaris statim in ipsa janua rejiciuntur, interdum cum risu et quadam ignominia*[4]. » Conring considérait également le cartésianisme comme un éphémère phénomène de mode. Et plusieurs décennies plus tard, la bataille contre ce dernier n'avait rien perdu de sa vigueur. Après une première querelle pendant les années 1662-1668, éclata à Uppsala une nouvelle et violente dispute entre la faculté de théologie et la faculté de philosophie à propos de la doctrine de Descartes, qui dura de 1686 à 1689. Une assemblée de représentants du clergé suédois, qui s'étaient réunis à Stockholm à l'occasion d'états généraux, se mêla à la querelle et exigea, dans une requête adressée au roi, que la philosophie cartésienne fût interdite dans toutes les universités suédoises. Charles XI convoqua une commission qui devait examiner et trancher la question. Cette commission prononça son verdict en 1689 ; il stipulait qu'on devait permettre à la philosophie d'explorer librement et de contester la vérité avec de bons fondements et de bonnes expériences, tout comme d'améliorer toutes les nobles sciences, mais qu'elle ne devait pas avoir la liberté d'enseigner quoi que ce fût qui remît en cause la foi chrétienne ou la Sainte Écriture ; de même, rien

1. *Dissertatio de sanguinis generatione et motu naturali*, Leyde, 1646. – Conring a également combattu la médecine « hermétique » et le « paracelsisme » ; voir son ouvrage intulé *De hermetica aegyptorum vetere et nova Paracelsiorum medicina*, Helmstedt, 1648. – Sur Conring comme médecin, voir également K. F. H. MARX, « Zur Erinnerung der ärztlichen Wirksamkeit H. Conring's ».

2. Voir la préface de C. I. Gerhardt dans son édition de la correspondance de Leibniz et Conring dans LEIBNIZ, *Die philosophischen Schriften*, vol. 1, p. 155.

3. Voir O. STOBBE, *Hermann Conring, der Begründer der deutschen Rechtsgeschichte* ; G. LENZ, « Conring und die deutsche Staatslehre des 17. Jahrhunderts » ; R. ZEHRFELD, *Hermann Conrings Staatenkunde*.

4. Conring à Leibniz, le 16/26 février 1671, voir LEIBNIZ, *Philosophischer Briefwechsel*, I, Darmstadt, éd. par la Preussische Akademie der Wissenschaften, 1926, p. 87 ; voir également Conring à Leibniz, 8/18 septembre 1677 (*ibid.*, p. 378) et 26 février/8 mars 1678 (*ibid.*, p. 395).

de ce qui est dit dans la Bible ne devait être soumis à la critique philosophique [1].

Un étrange ouvrage publié en 1695 montre bien avec quelle intensité la querelle entre la scolastique aristotélicienne et la physique cartésienne persistait encore à la fin du XVIIe siècle et avec quelle vivacité elle occupait encore les esprits. Je vais brièvement esquisser son contenu puisque cet ouvrage est un document à peine connu, mais extrêmement intéressant et fort singulier du point de vue de l'histoire des idées. Il s'intitule *Histoire de la Conjuration faite à Stokolm* (sic) *contre Monsieur Descartes* [2] et décrit dans son introduction comment Descartes, qui fut appelé en Suède par la reine Christine grâce au génie scientifique et à la grande renommée qu'il s'était acquis, y vivait fort paisiblement lorsqu'un jour une très dangereuse conjuration éclata contre lui. À la tête de cette conjuration, on trouve certaines « qualités naturelles » qui ne purent pardonner à Descartes d'avoir aussi grossièrement méconnu leur valeur dans son *Roman de la nature*. C'est surtout la Chaleur qui prend le commandement et qui propose une assemblée générale des formes substantielles, des « accidents » et des « qualités occultes ». Elles portent toutes de lourdes accusations contre Descartes qui, dans son orgueil et son aveuglement, était allé si loin qu'il avait banni de la nature tous les « Êtres » présents à l'assemblée et les avait rayés du nombre des catégories. Il fallait donc lui prouver que ces êtres qu'il reniait non seulement existaient bel et bien, mais qu'ils avaient également le pouvoir de le réduire à néant. Le Froid, ennemi déclaré de la Chaleur, émit d'abord une objection à ce propos. Il démontra que Descartes ne voulait en aucun cas nier l'existence de ces qualités, mais qu'il avait simplement tenté de les expliquer de manière plus simple et plus satisfaisante qu'auparavant. Mais cette plaidoirie déclencha de nouveau une tempête d'indignation. Qu'allait-il advenir si l'on retirait aux qualités ce privilège essentiel que leur avaient octroyé tous les philosophes jusque-là : le privilège d'avoir une essence obscure et méconnue ? Ne perdraient-elles pas toute l'admiration dont elles jouissaient jadis de la part des hommes, si Descartes découvrait les causes mécaniques simples qui étaient à leur origine et les rendait ainsi compréhensibles à tout un chacun ? C'est avec encore plus de véhémence que les plantes et les

---

1. Pour plus de détails sur ces querelles philosophiques, voir C. ANNERSTEDT, *Uppsala universitets historia*, II, I, p. 91-101, 255-287, 294-302 ; II, 2, p. 301-317 ; on trouve des documents intéressants chez S. BRING (Lagerbring), *Samling af åtskilliga handlingar...*, vol. 2, p. 31-163 ; les documents qui y sont communiqués ont déjà été publiés en traduction allemande par Chr. NETTELBLADT, *Schwedische Bibliothec*, vol. 2, p. 52-118, et dans le *Bihang* (volume supplémentaire) II de l'ouvrage de C. Annerstedt cité ci-dessus.

2. L'auteur de cet ouvrage anonyme – et semble-t-il très rare – est, d'après A.-A. BARBIER (*Dictionnaire des ouvrages anonymes*, vol. 2, col. 693), Gervaise de Montpellier ; il est paru chez Jean Boudot à Paris.

âmes animales, les « âmes végétatives » et les « âmes sensitives », s'élèvent contre Descartes. Elles déclarent qu'il est fou et prétentieux d'oser ôter toute vie à la nature et de transformer celle-ci en un mécanisme dépourvu d'âme. Encore une fois, le *Mouvement* prend la défense de Descartes. Il est fier d'avoir été déclaré seule cause de tout phénomène naturel et prend, d'autre part, le parti du progrès. Qu'adviendrait-il si l'esprit de l'homme était condamné au repos, s'il ne pouvait lui être permis d'aller au-delà des opinions des Anciens ? Mais cette plaidoirie est également rejetée. Les contradicteurs de Descartes rappellent au Mouvement qu'il n'a pas été mieux traité que les autres : car il ne l'a jamais reconnu comme un être *[Wesen]* autonome et achevé, mais comme une détermination purement fortuite, comme un simple « mode » de la matière. Ainsi tombent-ils tous d'accord et on procède à un vote au terme duquel Descartes est unanimement condamné à mort. On se dispute une nouvelle fois pour savoir qui doit exécuter le jugement. La Chaleur l'emporte – et elle tue Descartes par la fièvre. « Il vaut mieux – nous dit la morale de l'histoire – marcher sûrement dans le chemin que les Anciens nous ont tracé, que de s'exposer à mille périls en suivant des routes nouvelles. » Tout cela n'est évidemment pas qu'une satire, c'est une caricature burlesque ; mais cela montre combien de temps a perduré le souvenir de ces batailles entre Descartes et la médecine scolastique.

Si nous gardons cela en mémoire et si nous relisons maintenant la *Recherche de la vérité* de Descartes, il nous semble percevoir dans cet ouvrage comme un net écho de ces discordes. On ne peut évidemment pas limiter les batailles que Descartes dut mener contre la scolastique et contre les admirateurs des Anciens à une période déterminée de sa vie. Elles accompagnent toute son existence et sont d'autant plus violentes que la renommée de la doctrine de Descartes s'étend. Mais, dans la *Recherche de la vérité*, le *ton* de la polémique est très différent de celui des autres écrits de Descartes. Lorsque d'ordinaire il rencontrait ses contradicteurs dans le domaine de la physique ou de la médecine, il ne se contentait pas d'écouter calmement toutes leurs objections [1], il aimait parfois s'accommoder de leur mode d'argumentation et les combattre avec ces mêmes armes qu'ils utilisaient contre lui. Dans son différend avec le physicien et astronome Jean-Baptiste Morin, qui eut lieu en 1637, Descartes s'adapte totalement à sa manière de penser. Morin lui-même et Mersenne s'étonnent de l'adresse avec laquelle Descartes savait manier les règles de la logique scolastique. Morin exigea que chaque terme employé dans la discussion fût défini selon son « genre » et sa « différence » spécifique et que chaque conclusion logique fût démontrée de manière stricte comme un *argumentum in forma*.

---

1. Voir les lettres très détaillées que Descartes adressa à Fromondus et Plempius (I, p. 412 s. et p. 521 s. ; II, p. 62 s.).

Descartes ne conteste aucunement ces deux exigences et semble même vouloir surpasser Morin en subtilité scolastique [1]. Descartes craignait tout conflit ouvert contre la scolastique parce qu'il évitait soigneusement tout différend avec la théologie dominante. Dans une lettre datée de 1645, il explique expressément pourquoi il n'avait jusque-là entrepris aucune attaque ouverte contre la philosophie de l'École. Il voulait en particulier ménager la sensibilité des jésuites par l'intermédiaire desquels il espérait faire entrer sa propre doctrine dans l'enseignement philosophique [2]. Du point de vue de la pédagogie, Descartes n'était ni un détracteur, ni l'ennemi juré de la scolastique. Il n'a pas oublié l'enseignement de philosophie scolastique qu'il a reçu lui-même dans sa jeunesse et la recommandera encore plus tard comme une première introduction. Lorsqu'en 1628 un père lui demanda conseil à propos de l'éducation de son fils, Descartes lui écrivit qu'il ne considérait pas que tout ce qu'enseignait la philosophie scolastique était parole d'évangile, mais qu'il tenait pour très utile d'en faire tout le cursus tel qu'il était enseigné dans le collège jésuite de La Flèche. Plus tard, il faudrait, bien sûr, s'élever au-dessus de la « pédanterie » pour devenir « un savant de la bonne sorte » [3]. Ainsi Descartes n'a-t-il pas dédaigné, à l'occasion, d'exposer l'ensemble de sa philosophie sous une forme strictement scolaire [4]. Dans la *Recherche de la vérité*, pourtant, on ne trouve nulle trace de cette concession. Descartes ne ménage pas sa peine pour combattre la doctrine logique traditionnelle de l'École. Dans le dialogue, Épistemon objecte au *cogito ergo sum* cartésien que le syllogisme qu'il contient n'est pas concluant tant que l'on n'a pas fourni d'explication stricte, d'explication *per genus proximum et differentiam specificam*, de ce qu'était le « penser » et de ce qu'était l'« être ». Mais Descartes rejette une telle exigence comme absurde. Sur ce chemin, on ne voit plus de fin. Si, pour comprendre un concept déterminé, il nous faut remonter toute l'échelle des concepts supérieurs, s'il nous faut connaître tous les embranchements exposés dans le célèbre *arbor Porphyrii*, la tâche est alors inachevable et en soi contradictoire. Mais tout cela est, d'une certaine manière, balayé par Descartes d'un seul trait de plume lorsqu'il remplace cette clarté logique discursive par la clarté intuitive, par la certitude fondée des idées claires et distinctes. La sagesse logique de l'École conduit à une régression à l'infini. À quoi bon définir l'homme comme un « animal rationnel » si nous ne connaissons pas la signification des concepts de « raison » et d'« animal » ? Et pour nous assurer de leur signification, il nous

---

1. Voir la correspondance entre Descartes et Morin du 22 février, 13 juillet, 12 août, 12 septembre et d'octobre 1638 (I, p. 536 ; II, p. 196 s., 288 s., 362 s., 408 s. ; voir Ch. ADAM, *Vie et œuvre de Descartes*, XII, p. 246 s.).
2. IV, p. 225 ; voir Ch. ADAM, *Vie et œuvre de Descartes*, XII, p. 237 s., 328 s.
3. Lettre du 12 septembre 1638 ; II, p. 378.
4. *Meditationes*, Secundæ responsiones (VII, p. 160 s.).

faudrait expliquer, si nous voulions rester fidèles aux règles que nous venons d'exposer, que l'animal est un *corpus animatum* et que le corps est une *substantia corporea*, et ainsi de suite. Nous serions ainsi entraînés dans une dissection infinie de concepts simples, sans jamais toucher la terre ferme de la certitude. Mais nous échappons à tout cela dès que nous nous retrouvons devant l'évidence authentique et la source fondamentale de cette évidence. Car nous « voyons » la vérité et sommes pénétrés de sa lumière. Quelle que soit la disposition de son esprit, nul n'a besoin d'apprendre ce que c'est que douter et penser ; il suffit d'accomplir en soi l'*acte* de douter et celui de penser pour acquérir une clarté à ce propos qui ne peut être surpassée par aucune définition savante, ni par aucune distinction conceptuelle, si subtiles soient-elles [1].

L'autre groupe de contradicteurs auquel était confronté Descartes, et dont il devait subir l'assaut, était composé de ces hommes que la reine avaient appelés pour qu'ils lui enseignent le grec. Et il ne s'agissait pas seulement dans ce cas d'une querelle de personnes, mais d'une importante et essentielle décision de principe. D'une certaine manière, Christine dut intérioriser le conflit afin de pouvoir, seule, le trancher. Car le savoir que Christine s'était approprié avant de rencontrer Descartes n'était pas seulement *partagé* entre des intérêts philosophiques et des intérêts philologiques, mais conceptuellement, c'est à peine si elle connaissait la différence entre les deux. Auparavant, la reine n'avait jamais été confrontée à une philosophie « moderne » – une philosophie qui rejette l'autorité de l'Antiquité, qui pose ses propres fondements et veut recommencer à zéro. Le *concept* même de philosophie était associé pour elle à des noms comme Platon et Aristote ou comme Sénèque, Épictète et Marc Aurèle. Lorsqu'elle s'adonnait à l'étude du grec, elle n'était sans doute pas seulement animée d'un intérêt pour l'érudition ou l'Antiquité. Elle désirait lire ses auteurs favoris dans le texte original et voulait en particulier apprendre à connaître elle-même les classiques de la philosophie stoïcienne à partir des sources. Mais, si elle voulait se laisser guider par Descartes, elle devait renoncer à ce désir ; car, pour Descartes, le fait de s'accrocher à la tradition philosophique ne renvoyait qu'à l'un de ces « préjugés » qui sont implantés en nous par une mauvaise éducation et avec lesquels nous devons rompre.

Que Descartes ne se soit jamais caché de son opinion devant la reine, cela nous est attesté par de nombreux témoignages. D'après certains commentateurs de l'époque, Descartes demanda à la reine Christine si elle n'avait pas honte de passer son temps à des futilités telles que l'apprentissage de la langue grecque. Il s'était lui-même consacré à de telles études pendant sa scolarité, mais il s'était plus tard félicité, une fois arrivé à maturité, d'avoir pu s'en détourner. On pourra douter que cette parole ait été prononcée avec la sévérité qui

1. *Recherche de la vérité* (X, p. 515 s., 524 s.).

nous est rapportée ici [1]. Mais Descartes n'a sans doute jamais caché à la reine qu'il était opposé à son cursus de formation. Car, de son point de vue, la première et inévitable tâche qui lui incombait consistait justement à trancher d'un trait net le lien qui reliait encore pour Christine l'étude de la philosophie à celle de l'Antiquité. Et cette tentative devait donc être confrontée à la plus violente opposition de la part des hommes qui avaient dirigé les études humanistes de Christine. Nous savons effectivement que ces hommes, et en particulier Isaak Vossius, n'ont jamais pardonné à Descartes son attitude. Il ne virent en elle que l'expression d'une animosité personnelle et s'efforcèrent autant qu'ils le purent de tenir la reine éloignée de sa doctrine et de la gagner à leur cause [2]. Une guerre formelle se développa donc entre le philosophe et les « grammairiens » – une guerre qui fut menée du côté de ces derniers avec une telle violence que plus tard, à la mort de Descartes, le bruit absurde courut que les grammairiens, les « Grecs », l'avaient empoisonné [3]. En tout cas, la tension apparut dès le premier jour – et il ne fait aucun doute qu'elle dut rendre encore plus difficile l'activité de Descartes comme professeur de philosophie.

Si nous gardons tout cela à l'esprit et si nous ouvrons à nouveau la *Recherche de la vérité* de Descartes, il nous semble percevoir clairement dans cet écrit l'écho de ces conflits. Car c'est avec une extrême dureté que l'ouvrage distingue deux formes du savoir non conciliables. La première se contente de la simple accumulation de connaissances, l'autre aspire à la connaissance véritable. La première repose sur des témoignages historiques qui resteront toujours douteux ou bien auxquels on reconnaîtra au mieux une certaine vraisemblance ; l'autre se fonde sur des preuves sûres et inattaquables. La première s'en tient à des singularités orphelines *[zusammenhanglos]*, l'autre aspire à un système et trouve ce système. L'esprit humain doit choisir entre ces deux voies – et le choix ne peut pas être difficile. Car que gagne-t-il et que doit-il attendre s'il s'adonne à la simple curiosité, s'il accumule données factuelles sur données factuelles ? Jamais il n'en retirera de véritable satisfaction ; car un fait que l'on connaît en entraîne des milliers et des milliers d'autres que l'on ne connaît pas. L'achèvement du savoir ne peut pas être trouvé dans son élargissement illimité, mais dans sa délimitation, et cette délimitation signifie qu'il doit être ramené à des principes sûrs et universels. C'est avec eux, et seulement avec eux, que l'esprit humain trouvera le repos. Quiconque

---

1. Les rapports concernant cette déclaration proviennent de Sorbière et Philibert de La Mare et se réfèrent selon toute apparence à Saumaise ; pour plus de détails, voir A. BAILLET, *La Vie de Monsieur Des-Cartes*, vol. 2, p. 395 s. (V, p. 460 s.).

2. Voir *ibid.*, p. 395 s., 415 (V, p. 459 s., 486 s.). Voir également H. WIESELGREN, « Drottning Kristinas bibliotek och bibliotekarier », p. 23 s.

3. Cette rumeur est notée par Sorbière qui la qualifie lui-même de peu crédible. Voir *Lettres et Discours de M. de Sorbière*, Paris, 1660, p. 692 s. (V, p. 485).

cherche à étancher sa soif de savoir en accumulant toujours plus de connaissances ressemble aux Danaïdes ; il puise dans un tonneau percé. Mais d'un autre côté, la nature ne peut pas avoir placé en nous le désir de connaissance et nous en interdire l'accès. « Quant à moi, il me semble que, comme il y a en chaque terre assez de fruits et de ruisseaux pour apaiser la faim et la soif de tout le monde, il y a de même assez de vérités qui se peuvent connaître en chaque matière, pour satisfaire pleinement à la curiosité des âmes réglées, et que le corps des hydropiques n'est pas plus éloigné de son juste tempérament, que l'esprit de ceux-là qui sont perpétuellement travaillés d'une curiosité insatiable. Que direz-vous donc de moi, si je vous assure que je n'ai plus de passion pour apprendre aucune chose, et que je suis aussi content du peu de connaissance que j'ai, comme jamais Diogène le fut de son tonneau, sans que toutes fois j'aie besoin de sa philosophie. Mon esprit, disposant à son gré de toutes les vérités qu'il rencontre, ne songe point qu'il y en ait d'autres à découvrir ; mais il jouit du même repos que ferait le Roi de quelque pays à part et tellement séparé de tous les autres, qu'il se serait imaginé qu'au-delà de ses terres il n'y aurait plus rien, que des déserts infertiles et des montagnes inhabitables [1]. »

Le domaine dans lequel l'esprit de Descartes se sent chez lui et dans lequel il trouve son repos est le domaine des « vérités éternelles » – des vérités de la mathématique et de la métaphysique qui reposent sur les idées claires et distinctes de notre entendement et sur ses jugements nécessaires et universels. Il ne ressent pas la tentation de sortir de ce cercle et de se perdre dans la foule infinie des « vérités contingentes », des simples vérités de fait. « Mais afin que vous conceviez plus distinctement – dit Eudoxe à son élève Poliandre dans le dialogue – de quelle qualité sera la doctrine que je vous promets, je désire que vous remarquiez la différence qu'il y a entre les sciences et les simples connaissances qui s'acquièrent sans aucun discours de raison, comme les langues, l'histoire, la géographie, et généralement tout ce qui ne dépend que de l'expérience seule. Car je suis bien d'accord que la vie d'un homme ne suffirait pas, pour acquérir l'expérience de toutes les choses qui sont au monde ; mais aussi je me persuade que ce serait folie de le désirer, et qu'un honnête homme n'est pas plus obligé de savoir le grec ou le latin, que le suisse ou le bas breton, ni l'histoire de l'Empire, que celle du moindre État qui soit en Europe ; et qu'il doit seulement prendre garde à employer son loisir en choses honnêtes et utiles, et à ne charger sa mémoire que des plus nécessaires. Mais je croirai avoir assez satisfait à ma promesse, si en vous expliquant les vérités qui se peuvent déduire des choses ordinaires et connues à un chacun,

1. X, p. 501.

je vous rends capables de trouver vous-même toutes les autres, lorsqu'il vous plaira prendre peine de les chercher [1]. »

Quel sens nouveau et quelle nouvelle résonance prennent ces paroles, lorsque nous les imaginons adressées à la reine Christine ! Elles apparaissent être maintenant le programme complet de l'enseignement que Descartes veut lui prodiguer : elles contiennent la ferme détermination de ce qu'il doit lui apporter et la ferme détermination de ce qu'elle ne doit pas attendre et espérer de lui. La délimitation à laquelle procède ici Descartes n'est sans doute pas un élément nouveau dans sa philosophie. La distinction entre les deux formes fondamentales du savoir, les formes rationnelle et historique, et la supériorité absolue de la première sur la dernière, constitue l'un des piliers fondamentaux de la doctrine cartésienne. Elle est déjà développée en toute clarté dans le premier des écrits méthodologiques majeurs de Descartes, les *Regulae ad directionem ingenii* [2]. Mais sinon, nulle part ailleurs Descartes n'a donné une telle acuité et un tel relief personnel à cette opposition. Il lui fallait bannir la philologie et l'érudition du cercle de la philosophie ; mais jamais il n'a déclaré de guerre plus ouverte à celles-ci que dans le cas présent ; il ne les avait pas présentées comme quelque chose de malsain et d'irrationnel. Descartes avait des contacts amicaux avec de nombreux et excellents savants de son temps ; et ils ne lui ont pas non plus dénié leur admiration. Mais si ces paroles étaient bien destinées à Christine, nous comprenons alors qu'il ne pouvait jamais tracer de ligne séparatrice assez nette entre philosophie et philologie. Nous avons précédemment renvoyé à cette lettre que Descartes adressa immédiatement après son arrivée à Stockholm à la princesse palatine Élisabeth et dans laquelle il exprime son espoir de réussir avec le temps à détourner la reine des études savantes auxquelles elle se consacre avec prédilection et à la gagner à sa cause, celle de la philosophie pure. « La vertu que je remarque en cette Princesse, m'obligera toujours de préférer l'utilité de son service au désir de lui plaire ; en sorte que cela ne m'empêchera pas de lui dire franchement mes sentimens ; et s'ils manquent de lui être agréables, ce que je ne pense pas, j'en tirerai au moins cet avantage que j'aurai satisfait à mon devoir. » Si notre point de vue et notre datation de la *Recherche de la vérité* sont exacts, c'est donc avec *cet* ouvrage que Descartes voulait accomplir la tâche qu'il avait acceptée en devenant le professeur de Christine. Et il aurait pensé ne pas avoir été à la hauteur de ce dont il était redevable à lui-même et à la reine s'il n'avait pas, dans ce cas, fait valoir un autre point de vue, s'il n'avait pas placé Christine devant une alternative *[Entweder-Oder]* déterminée.

D'un autre point de vue, on ressent clairement que, dans la thèse

1. X, p. 502 s.
2. X, p. 366 s.

fondamentale que défend la *Recherche de la vérité* et qu'elle fait valoir avec tant d'énergie et de pénétration, il ne s'agit pas simplement de délimiter objectivement différents domaines du savoir, mais de répondre à un objectif et à une tendance personnels. Aucun autre écrit de Descartes n'a défendu l'idéal rationaliste, qui est le fondement de sa philosophie, de manière aussi brutale et partiale *[einseitig]* que celui-ci. Car, ici, *tout* ce qui dépend de l'expérience est considéré comme contraire à cet idéal. En dehors du domaine de la déduction logique rationnelle et de la stricte déduction ne doivent subsister qu'un paysage montagneux inaccessible et qu'un désert stérile. Il semble donc que le témoignage de l'expérience doive être carrément rejeté et les recherches empiriques condamnées en bloc. Mais dans sa doctrine de la méthode et dans sa doctrine de la connaissance, Descartes n'a en aucun cas exclu ces recherches. Il n'a pas rejeté le monde empirique *[Empirie]*, mais il voulait le construire sur un nouveau fondement. Dès ses premiers écrits, il garde toujours cette exigence à l'esprit. Les *Regulae ad directionem ingenii* développent une nouvelle conception de la *mathesis universalis* qui doit servir de fondement à toutes les sciences. Mais cette mathématique universelle n'est en aucun cas une mathématique abstraite. Non seulement elle embrasse l'algèbre et la géométrie, mais elle s'étend aussi bien à l'optique qu'à l'astronomie. Et ce n'est, d'après Descartes, qu'à travers ce regard permanent porté sur ses *applications*, que la mathématique cesse d'être un jeu d'esprit vide. Elle serait futile si elle s'occupait simplement de disséquer des concepts abstraits et si elle n'était opérante que dans ce domaine ; si elle n'avait affaire qu'avec les nombres de l'arithmétique ou les pures « formes » de la géométrie. « Je ne ferais point grand cas de ces règles, si elles ne suffisaient qu'à résoudre ces vains problèmes, où les Calculateurs et les Géomètres s'amusent habituellement à perdre leur temps ; car je croirais n'avoir rien gagné d'autre, que de m'être occupé de bagatelles sans avoir été peut-être moins subtil que d'autres. Et bien que j'aie dessein de dire maintes choses des figures et des nombres, puisqu'on ne peut demander à aucunes autres sciences des exemples aussi évidents et aussi certains, pourtant tous ceux qui considéreront attentivement que je pense ici à rien moins qu'à la mathématique commune, mais que j'explique certaine autre discipline, dont ils sont plutôt l'habit que les parties [1]. » Et plus Descartes progresse dans cette voie, plus cet idéal d'une mathématique « concrète » gagne en signification et plus il se rapproche du véritable point central de sa philosophie. Le *premier* écrit avec lequel il pensait se faire connaître n'était pas un ouvrage de mathématique ou de métaphysique, mais de physique. Et il ne devait pas se contenter d'établir certains principes généraux de la philosophie de la nature, mais entrer dans le détail ; il devait contenir l'explication

1. X, p. 373 s.

du cosmos visible et de tous ses phénomènes principaux et fondamentaux. L'ouvrage intitulé *Du monde* devait traiter du ciel et de la terre, des métaux et des plantes, de la formation *[Bildung]* des animaux et des hommes, bref de tous les objets de l'expérience quotidienne [1]. Plus tard, lorsqu'il eut vent de la condamnation de Galilée, Descartes renonça à ce vaste projet d'une doctrine empirique de la nature. Mais lorsqu'il publia le premier exposé de sa méthode dans le *Discours*, il ne se contenta pas de présenter la géométrie comme un exemple typique de celle-ci ; il lui adjoignit la *Dioptrique* et l'ouvrage sur les *Météores*, et c'est ainsi qu'il pensait donner au lecteur une idée de sa véritable signification et de sa fécondité. Même dans l'élaboration de son éthique, Descartes n'a pas procédé de manière purement abstraite. Il s'appuie, là aussi, sur des observations empiriques tout à fait déterminées et, là aussi, il fait constamment appel à des faits concrets. Cet attachement au concret est peut-être le trait le plus singulier et le plus caractéristique de l'éthique cartésienne. Dans l'ouvrage de Descartes sur les passions de l'âme, celui qui s'exprime n'est pas simplement un moraliste qui débute par des principes généraux sur le « bien » et le « mal ». Ce qui est nous donné tout d'abord est une pure description des passions ; leur physique et leur physiologie. Pour chacune d'entre elles, il s'agit de constater les conditions empiriques particulières de sa genèse ; il faut montrer pour chacune d'elles avec quels changements corporels elle intervient et de quelle manière elle influe sur le sang et sur les « esprits animaux ». Descartes avait-il oublié tout cela lorsqu'il rédigea la *Recherche de la vérité*, lorsque, dans cet ouvrage, il mena une attaque violente contre tout savoir empirique ? C'est impossible – car Descartes aurait ainsi sapé le fondement de sa propre philosophie de la nature, de sa psychologie et de son éthique. Mais cette contradiction est levée si nous concevons la *Recherche de la vérité* non pas comme une écrit purement théorique et purement systématique, mais comme un écrit didactique et pédagogique. Et en tant que tel, il contient une déclaration de guerre – et dans la fureur du combat il pouvait arriver que Descartes utilisât des tournures qui, d'un point de vue purement systématique, n'étaient pas conformes à sa pensée. Dans la *Recherche*, celui qui s'exprime n'est pas tant l'austère méthodologue *[Methodiker]*, qui examine soigneusement les différentes sources de la connaissance et cherche à déterminer leurs limites, que le polémiste qui doit détourner de lui-même et de son élève un idéal du savoir qu'il considère comme insuffisant et nocif. Au cours de cette lutte, Descartes sera souvent mené bien au-delà de son dessein. Ce qu'il voulait combattre n'était pas l'empirisme *[Empirie]* en tant que tel, mais cet empirisme *[Empirie]* méthodologique qui se contentait d'accumuler les faits sans poser la question de

1. VI, p. 41 s.

leur ordre et de leurs rapports systémiques. De son point de vue, il est non seulement stérile, mais dangereux et nocif parce qu'il détruit, chez celui qui s'y adonne, le sens de l'ordre et des liaisons strictes entre les connaissances particulières – parce qu'il méconnaît l'unité et la totalité du savoir et ne laisse au lieu de cela que des *disjecta membra*. Descartes récuse donc cette expérience qui ne se veut rien d'autre qu'une accumulation de faits particuliers – une « rhapsodie de perceptions », comme l'appelait Kant. À la place d'un critère extensif, il exige un critère intensif ; au lieu d'un simple agrégat d'observations particulières, il exige un système de connaissances et de jugements en rapport les uns avec les autres. C'est pour cette raison qu'il lui faut rejeter l'expérience simplement « savante » parce que celle-ci, selon sa conviction, n'accumule que grain de sable sur grain de sable et n'accède jamais à un fondement solide et stable du savoir.

Ce point de vue fondamental nous apparaîtrait plus clairement dans la *Recherche de la vérité* si nous possédions cet écrit non pas comme fragment, mais sous la forme dans laquelle Descartes avait envisagé de la développer. Car d'après son plan, cet ouvrage devait également contenir une doctrine empirique de la nature dans laquelle il devait traiter de la cause des changements qui surviennent dans la nature, de la différence de leur éléments et de leurs qualités, bref de « toute l'architecture des choses sensibles [1] ». Comment cela aurait-il été possible sans un recours permanent à l'expérience ? Si l'on peut faire un reproche à la théorie de la nature de Descartes, ce n'est sûrement pas celui d'avoir rejeté l'attestation des perceptions sensibles, mais au contraire celui de s'y être encore trop fié. Au cours de l'élaboration de sa théorie, Descartes s'en tient de trop près à l'observation directe. L'art de l'expérimentation physique qu'avait inventé et pratiqué Galilée lui est étranger ; il se contente le plus souvent de données que peuvent lui livrer l'observation et la description immédiates. Mais ses écrits majeurs et toute sa correspondance nous montrent que non seulement il ne néglige pas ces données, mais qu'au contraire il les recherche avec ardeur. Il ne cesse, en particulier dans les lettres adressées à Mersenne, de prier ce dernier de l'informer de tout ce qui a été accompli dans ce domaine et il part toujours de l'explication des principes généraux pour revenir aux phénomènes particuliers. En tant que véritable maître de l'observation de la nature, il a fait ses preuves en particulier dans le domaine de l'anatomie, et il a toujours réclamé, à la place de la médecine scolastique qui faisait autorité, une médecine purement empirique. Il a exécuté de manière si exacte et décrit de manière si précise certaines expériences anatomiques que l'on a dit de ces descriptions qu'elle rappelaient les plus excellents exemples modernes, par

1. X, p. 506 s.

exemple Claude Bernard [1]. Mais en matière de théorie de la connaissance, Descartes ne s'est bien sûr pas laissé détourner de son idéal de strict rationalisme par la reconnaissance et la valorisation de l'observation empirique. Car, pour lui, il ne faisait aucun doute que l'empirisme *[Empirie]* authentique, l'empirisme purement scientifique, n'était pas simplement l'affaire des sens, mais qu'il était également l'affaire de l'entendement et de la faculté de juger. Tout comme le penser, l'observation nécessite de la discipline et sa valeur épistémologique repose essentiellement sur celle-ci. Il ne faut pas qu'elle tâtonne, il faut la diriger vers des objectifs déterminés, elle ne doit pas passer arbitrairement d'un objet à un autre, mais doit conserver une progression déterminée et constante. Sans formation méthodologique et sans exercice méthodique permanent, il ne peut y avoir ni observation ordonnée, ni penser ordonné. Et l'un des principes fondamentaux majeurs de cette éducation consiste à apprendre à voir avec ses propres yeux, à juger avec son propre entendement. Pour Descartes, ces deux choses forment un tout : l'autonomie du penser et l'autopsie du voir se requièrent mutuellement et se complètent [2]. Et partout où il prenait la parole comme professeur de philosophie, Descartes devait chercher avant tout à déblayer la voie de cette autonomie et de cette autopsie – et, pour cela, il lui fallait protester avec une extrême fermeté contre tout ce qui menaçait de maintenir son élève dans la voie de la tradition et de la foi en l'autorité.

Ce n'est pas seulement dans l'attaque, mais également dans la défense, que la *Recherche de la vérité* use d'un langage nouveau et inhabituel. Le reproche auquel Descartes fut confronté tout au long de sa vie, et qu'il dut sans cesse combattre, disait que sa doctrine mettait en danger les fondements du savoir et de la foi en invoquant le doute contre tous deux et en lui laissant une emprise sans limites. Descartes se heurta souvent à cette objection : il fallait qu'il s'y prépare et qu'il s'arme contre elle. Même un disciple et un admirateur aussi zélé qu'Antoine Arnauld ne put réprimer ce doute lorsqu'il lui adressa ses objections aux *Méditations*. Il craint qu'en poussant le doute aussi loin que Descartes le recommande, les nombreux esprits qui n'auraient pas été capables de s'approprier le contenu positif de la doctrine cartésienne, et qui ne l'auraient pas totalement pénétré, aient quelques difficulté à trouver le chemin du retour :

1. Voir la lettre de Descartes à Plempius datée du 15 février 1638 (I, p. 521 s.). – La comparaison avec Claude Bernard se trouve chez L. LIARD, *Descartes*, p. 114.

2. Voir à ce propos le célèbre récit de S.-J. SORBIÈRE, *Lettres et discours sur diverses matières curieuses*, p. 689 (III, p. 353) : « [...] Il y eût un peu de vanité en ce qu'il respondit à un de mes amis qui fut le visiter à Egmond. Ce gentilhomme le pria de luy dire quels estoient les Livres de Physique dont il faisoit le plus d'estat, et desquels il avoit fait sa plus ordinaire lecture. Je vous les monstreray, luy respondit-il, s'il vous plaist de me suivre, et le menant dans une basse court sur le derriere de son logis, il luy monstra un veau, à la dissection duquel il dit qu'il se devoit occuper le lendemain. »

d'après lui, ils courent le danger d'errer dans le labyrinthe du doute et de ne plus en trouver la sortie. Descartes ne se contente pas de prendre calmement acte de ce genre d'objections, en un certain sens, il les reconnaît comme justifiées : il tente d'établir des restrictions et des corrections qui empêcheraient le « doute hyperbolique [1] ». Descartes n'avait pas un naturel de combattant, et cette passion pour la polémique que l'on retrouve par exemple chez Bayle, chez Voltaire ou bien chez Lessing lui était étrangère. Il n'a ni apprécié ni recherché le conflit en tant que tel. Bien sûr, il est irritable et impulsif ; et lorsqu'il se sent incompris ou attaqué, il a l'habitude de ne pas ménager ceux qu'il considère comme ses adversaires ; mais il ne provoque pas ses contradicteurs. L'attitude qu'il adopte contre de tels reproches dans la *Recherche de la vérité* est tout autre ; elle n'est pas défensive, mais extrêmement agressive. Il veut faire la preuve non seulement de la fiabilité du doute, mais aussi de sa nécessité. Il décrit le doute universel comme un point fixe et immuable et promet à son élève, s'appuyant sur le doute, d'en déduire la connaissance de Dieu, la connaissance de soi-même et de toutes les autres choses [2]. Et il ne s'en tient pas à la seule justification théorique du doute, il en donne également la justification morale ; et même il le transforme en une exigence morale. Le doute ne constitue pas seulement pour lui le point de départ du savoir, c'est avant tout l'impératif du savoir. Ce serait une faiblesse de vouloir s'y soustraire et ce serait une lâcheté de reculer devant lui. Les âmes *[Gemüter]* craintives qui tendent à s'y soustraire ne découvriront jamais la vérité ; car la vérité nécessite non seulement la clarté du penser, mais également la détermination et l'énergie de la volonté. Si nous considérons que cette mise en garde est adressée à Christine, nous pouvons constater qu'elle introduisit la crainte dans son esprit et qu'elle y laissa des traces durables. On trouve encore parmi les maximes qu'elle rédigea à la fin de sa vie une phrase dans laquelle s'expriment le sens et l'esprit authentiques du doute cartésien : « On ne doit croire qu'après avoir osé douter [3]. » Dans la *Recherche de la vérité*, Épistemon, le « philologue » et savant adversaire de Descartes, met en garde l'élève contre cette voie dans laquelle l'entraîne ce dernier. Il serait très dangereux, selon lui, d'emprunter ce chemin : car il conduirait directement au non-savoir *[Nichtwissen]* socratique et à l'incertitude pyrrhonienne. Le doute serait une eau profonde dans laquelle personne ne saurait avoir pied. Mais Eudoxe rejette de telles craintes : « J'avoue qu'il y aurait du danger, pour ceux qui ne connaissent pas le gué, de s'y hasarder sans conduite, et que plusieurs s'y sont perdus ; mais vous ne devez pas craindre d'y passer après moi. Car une semblable timidité a empêché la plupart des gens de lettres, d'acquérir une doctrine qui fût assez

1. VII, p. 247.
2. X, p. 515.
3. CHRISTINE DE SUÈDE, *Pensées...* ; *Ouvrage du loisir...*, n° 271.

solide et assurée pour mériter le nom de science, ils ont bâti sur ce sable, au lieu de creuser plus avant, pour trouver du roc ou de l'argile… Mais, afin que vous ne refusiez pas de passer outre avec plus de courage, je vous avertis que ces doutes, qui vous ont fait peur à l'abord, sont comme des fantômes et vaines images, qui paraissent la nuit à la faveur d'une lumière débile et incertaine : si vous les fuyez, votre crainte vous suivra ; mais si vous approchez comme pour les toucher, vous découvrirez que ce n'est rien, que de l'air et de l'ombre, et en serez à l'avenir plus assuré en pareille rencontre [1]. »

On le voit bien : ce n'est pas seulement le logicien et méthodologue *[Methodiker]* qui parle, mais aussi le pédagogue et le moraliste *[Ethiker]*. Dans le *Discours de la méthode*, le logicien et méthodologue *[Methodiker]* tenait un langage plus serein. Il voulait rendre compte du chemin qu'il avait suivi et exprimait l'espoir que certains pourraient également trouver ce chemin praticable. Mais il poursuivit sa route seul, sans se retourner pour voir si d'autres voudraient ou pourraient le suivre. Dans le *Discours*, Descartes veut rendre compte de manière sereine et objective de ce que lui a enseigné sa méthode ; dans la *Recherche de la vérité*, il veut prévenir et mettre en garde. Il veut, comme il le dit, raconter la fable de sa vie spirituelle : « ne proposant cet écrit que comme une histoire, ou, si vous l'aimez mieux, comme une fable […] j'espère qu'il sera utile à quelques-uns, sans être nuisible à personne […] [2]. » Mais, dans la *Recherche de la vérité*, Descartes sort de sa réserve. Maintenant, il met son élève face à des décisions déterminées parmi lesquelles il devra choisir. Et il ne veut pas l'influencer de manière purement autoritaire, il lui laisse la voie libre. Mais afin de pouvoir trouver cette voie, il lui faut se dégager de toute *autre* autorité, il doit se défaire de tout ce que son enseignement précédent lui avait inculqué comme préjugés et comme erreurs. Et là, il ne peut se passer de la conduite d'un « sage ». Le sage n'exige nulle soumission de la part de son élève et il ne s'attend pas à ce que sa doctrine soit acceptée en toute confiance ; il veut simplement lui montrer les trésors qui sont enfermés dans son propre esprit. « Un honnête homme […] a besoin […] d'un très grand naturel, ou bien des instructions de quelque sage, tant pour se défaire des mauvaises doctrines dont il est préoccupé, que pour jeter les premiers fondements d'une science solide, et découvrir toutes les voies par où il puisse élever sa connaissance jusqu'au plus haut degré qu'elle puisse atteindre [3] ». Là, Descartes ne se contente donc plus de raconter la « fable » de sa propre

1. X, p. 512 s.
2. VI, p. 4.
3. X, p. 495 s. – Même *ce* passage précis, me semble-t-il, exclut toute possibilité de considérer la *Recherche de la vérité* comme un écrit de jeunesse de Descartes – c'est-à-dire un écrit qui appartiendrait à une époque qui précède tous ses ouvrages philosophiques majeurs. Car, à cette époque, Descartes aurait difficilement pu parler de lui comme d'un « sage » par qui on devrait se laisser conduire.

évolution philosophique ; il lui adjoint immédiatement le « fabula *docet* », il lui ajoute son application éthique. Et si nous considérons que l'œuvre de Descartes est destinée à Christine, cette application prend un sens très sérieux. Il propose à son élève une nouvelle tâche ; il l'invite à quitter la voie de l'érudition et à emprunter, au lieu de cela, celle de la sagesse. Si vraiment nous avions raison d'envisager le dialogue de Descartes de *cette* manière, il prendrait alors pour nous une valcur toute particulière ; il représenterait non seulement un important monument de la philosophie, mais aussi un document humain véritablement noble et sublime.

Mais nous pouvons encore tirer de la *Recherche de la vérité* un autre éclaircissement, si tant est qu'il nous soit permis de dater cet écrit de la période de Stockholm. Il pourrait nous livrer une importante indication non seulement d'un point de vue biographique, mais aussi du point de vue de l'*histoire universelle des idées,* et nous permettrait de suivre une nouvelle orientation. Baillet a tenté, dans sa biographie de Descartes, de décrire de manière objective et impartiale les conflits dans lesquels Descartes se retrouva impliqué dès son arrivée à Stockholm. Il rejette comme infondés et insensés les bruits selon lesquels les savants qui officiaient à la cour de Christine seraient complices de la mort de Descartes. Il explique que l'animosité de ces hommes était dirigée contre la philosophie de Descartes et non contre sa personne. Mais, d'un autre côté, il n'a de cesse de présenter les « grammairiens » de la reine, les « Sçavantasses du Palais » comme il les appelle, comme des esprits mesquins et bornés qui se laissent dicter leur conduite par la jalousie et l'envie. Isaak Vossius, en particulier, n'est traité par Baillet que comme un simple maître d'école qui se présentait, de manière follement présomptueuse, comme l'égal de Descartes [1].

Mais nous pouvons accorder à cette querelle une signification tout à fait différente et nous pouvons nous élever du niveau personnel et particulier au niveau supra-personnel et général, si nous prêtons attention aux éléments que nous fournit la *Recherche de la vérité*. Si Descartes a tenu à Stockholm le même discours que dans cet écrit, le conflit entre lui et le savant de la cour tombe sous un nouveau jour. Remémorons-nous qui étaient ces hommes que Christine avait appelés à elle comme professeurs de grec et quels intérêts spirituels ils avaient à représenter. Isaak Vossius et Nicolaus Heinsius n'étaient pas de simples « pédants ». Ils n'étaient pas simplement des savants eux-mêmes très en vue, ils étaient issus d'un domaine de l'éducation qui joua un rôle extrêmement important dans l'histoire des idées du XVIIe siècle. La reine Christine était en étroite relation avec ce cercle et ce n'est pas un hasard si elle choisit pour professeurs les fils de ces hommes qui y occupaient de hautes fonctions.

---

1. A. BAILLET, *La Vie de Monsieur Des-Cartes*, vol. 2, p. 388, 386, 408 s.

Gerhard Johann Vossius, le père d'Isaak Vossius, et Daniel Heinsius, le père de Nicolaus Heinsius, comptent parmi les fondateurs de cette école de philologie hollandaise qui reprit et poursuivit au XVIIe siècle la tâche qu'Érasme avait fixée à la culture européenne au XVIe siècle. Il y régnait encore l'authentique esprit de l'humanisme qui ne se réduisait en aucun cas à un simple intérêt pour l'érudition et l'Antiquité. Ce que l'on recherchait chez ces auteurs, c'était plutôt un idéal philosophique et éthique pour la conduite de la vie. C'était avant tout le renouveau et l'appropriation vivante de la doctrine stoïcienne qui devaient préparer le terrain à cet idéal [1]. Lorsque Descartes déclara que tout ce travail était inutile et erroné, il n'est pas étonnant qu'un tel point de vue apparût à ces hommes, qui avaient été nourris de ces idéaux classiques et qui avaient grandi avec eux, non seulement comme incompréhensible, mais également comme un retour à la « barbarie ». Avec une telle doctrine, ils se voyaient menacés non seulement dans leur position personnelle, mais également dans leur mission spirituelle. Car n'était-ce pas justement cet humanisme-là, n'était-ce pas justement la renaissance de l'antiquité classique qui s'était révélée être un facteur indispensable de l'émancipation de l'esprit *moderne* ? Ce bien péniblement conquis devait-il à nouveau disparaître et se voir livré à la destruction ? Descartes semblait effectivement exiger cela lorsqu'il écrivait dans la *Recherche de la vérité* que l'apprentissage du grec ou du latin n'avait pas de plus grande valeur éducative que l'apprentissage du bas breton ou d'un dialecte quelconque. Pour des hommes comme Vossius et Heinsius, cela devait sembler être la mort de toute éducation vraie et authentique. Mais ce que ces humanistes ne voyaient bien sûr pas, c'était qu'il ne s'agissait pas en premier lieu pour Descartes de détruire, mais de reconstruire. Lorsqu'il se dresse contre l'humanisme, il le fait parce qu'il veut déblayer le chemin pour cet autre idéal de connaissance qu'il incarne et auquel il a d'abord donné un solide fondement philosophique : l'idéal de la *mathesis universalis*. L'esprit de la mathématique moderne et de la science mathématique moderne de la nature livre bataille, au Moyen Âge et à la Renaissance, à la scolastique et à l'humanisme. Ce n'est qu'en replaçant la *Recherche de la vérité* dans ce contexte universel d'histoire des idées que nous pouvons, me semble-t-il, rendre entièrement justice à l'importance *[Bedeutung]* de ce dialogue.

1. L'importance de l'école philologique hollandaise pour l'histoire des idées et la philosophie morale du XVIIe siècle a été particulièrement soulignée par Dilthey ; voir son exposé : « Die Funktion der Anthropologie in der Kultur des 16. und 17. Jahrhunderts », p. 443 s.

DESCARTES ET LA REINE CHRISTINE DE SUÈDE

Une contribution à l'histoire des idées du XVIIe siècle

1

La relation entre Descartes et la reine Christine comme problème d'histoire des idées

Descartes fait partie de ces penseurs dont la vie et la doctrine sont en complète harmonie. C'est la pensée elle-même qui forme ici la vie et détermine son contenu et sa particularité. Car l'esprit méthodique qui, chez Descartes, donne naissance à une nouvelle forme de philosophie et de connaissance scientifique, domine et pénètre également toute sa vie. Rien en elle n'est abandonné à l'arbitraire et au hasard. La vie se construit selon un projet cohérent et solide que Descartes a conçu dès sa prime jeunesse et auquel il s'est ensuite tenu avec fermeté et constance. Ce projet est le même que celui qui conduit sa recherche philosophique et son travail dans le domaine de la mathématique et de la physique. Il s'agit de briser le pouvoir des « représentations obscures » et des mornes passions afin de faire valoir le règne des idées claires et distinctes aussi bien dans le domaine de la connaissance que dans le domaine de la volonté. De même qu'il ne saurait y avoir, selon Descartes, de plus grand danger ni de pire tentation pour la pensée que de se laisser entraîner à aborder tantôt tel problème, tantôt tel autre, de sauter d'une tâche à une autre, de même la vie ne doit pas se disperser en une série de résolutions dictées par des circonstances extérieures, par le penchant du moment ou un besoin passager. Un penser véritable ne peut s'effectuer par sauts ; cela exige un mouvement homogène *[einheitlich]* et constant. Et cette même constance, cette même certitude inébranlable, est également nécessaire au développement du caractère et de la personnalité morale. C'est donc une seule et même décision spirituelle, un seul et même acte de l'intellect et de la volonté qui trace la voie de la recherche et de la vie de Descartes. Le journal philosophique et scientifique qu'il tenait pendant sa jeunesse nous montre comment ces deux tâches forment pour lui une unité insécable ; elles se présentent à lui en même temps et requièrent à ses yeux une solution commune. Nous savons, grâce à ce journal, que ce fut pendant les mois de l'hiver 1619-1620 que Descartes parvint à poser les fondements d'une nouvelle « science merveilleuse ». Mais il rapporte en même temps un rêve dans lequel il fut marqué par les paroles d'un livre qu'il était en train de lire – il s'agissait des poèmes d'Ausone – *Quod vitæ sectabor iter ?* [1]... D'un point de vue théorique et pratique, le règne du doute est ainsi brisé ; c'est le doute lui-même qui fonde une nouvelle certitude et qui ancre la vie et le savoir en un seul et même « point d'Archimède ».

Si l'on s'en tient à cette orientation générale qui nous est donnée, ni la considération de la biographie de Descartes, ni celle de son système scientifique et philosophique ne posent de questions insolubles. Toutes deux nous semblent claires et transparentes *[offen]*. Quelle que soit la richesse des problèmes qu'elles posent d'un point de vue théorique et humain, jamais le développement de ces problèmes ne conduit à des contradictions insolubles – à de véritables antinomies ou à des irrationalités. Sur *un seul* point, cette image claire menace soudain de s'obscurcir. Dans la vie et la doctrine de Descartes, qui se développent toutes deux très tôt de manière conséquente et se modèlent l'une l'autre, il semble que tout à coup une rupture s'opère dans les dernières années de sa vie. Si nous devions considérer cette rupture et l'admettre comme telle, non seulement la représentation que nous nous sommes forgée de l'unité de sa doctrine en serait ébranlée, mais également celle de l'unité de son caractère moral. Cette fameuse indépendance et autosuffisance, cette fameuse autarcie du penser et du vouloir que Descartes pose partout comme le principe fondamental de sa logique et de son éthique, et qu'il a lui-même incarnée, semble réduite à néant lorsque nous considérons sa relation avec son élève princière Christine de Suède. Ce que Christine demandait à Descartes apparaît directement dans la correspondance entre Descartes et Chanut qui précéda son départ pour Stockholm [2]. Elle ne voyait pas seulement en lui le fondateur d'une nouvelle orientation de la recherche théorique. Il lui apparaissait être en même temps un sage qui avait pénétré plus profondément que d'autres le véritable sens de la vie. La *première* question que Christine fit poser à Descartes fut la question de la nature du « souverain bien » – et, lorsqu'elle lut sa réponse, elle déclara à Chanut que Descartes, autant qu'elle pouvait en juger par cet écrit, devait être « le plus heureux de tous les hommes » et que sa

1. Journal de Descartes, 1619-1620, dans la copie faite par Leibniz ; éd. par Foucher de Careil, *Œuvres inédites*, p. 8 ; voir X, p. 216 s.

2. Lettres de Descartes à Christine et à Chanut du 20 novembre 1647 (V, p. 81 s., 86 s.).

vie devait être bien enviable. Christine attendait et espérait donc de Descartes une doctrine morale philosophique : une éthique qui, par sa certitude et sa cohérence internes, n'aurait pas à craindre la comparaison avec la logique et la mathématique qu'il avait refondées.

Mais, à en croire la conception courante qu'on a des rapports entre Descartes et Christine, il aurait gravement déçu cet espoir. Ce qu'il lui a donné aurait été quelque chose de totalement différent. Lui qui d'ordinaire incitait toujours à mener une recherche libre et indépendante, lui qui expliquait qu'il fallait avoir une fois dans sa vie la force de renoncer à toutes les opinions pré-conçues *[Vor-Meinungen]* et à tous les pré-jugés *[Vor-Urteile]*, il se serait présenté dans ce *seul* cas comme un professeur faisant autorité, non comme le professeur d'une philosophie, mais comme le professeur d'un dogme religieux. Il est vrai que Descartes n'a jamais expressément contesté la validité de ce dogme au sein du domaine qui lui incombait, le domaine de la vérité « surnaturelle ». Il n'a jamais laissé publier ses principaux ouvrages philosophiques sans y ajouter l'assurance de son dévouement total à l'Église catholique. Mais se soumettre à une autorité déterminée et donnée factuellement est tout autre chose que prendre soi-même une décision dogmatique dans le domaine de la foi. Car il aurait dû, pour cela, faire un pas qu'il avait toujours catégoriquement refusé et rejeté. Il aurait dû aborder des questions théologiques fondamentales et les disputer avec des arguments théologiques. Si Descartes l'a fait, son attitude paraît étrange et ambiguë. Et autant que je sache, aucune étude historique n'a pu jusqu'à présent le soustraire à ce reproche d'ambiguïté. On peut comprendre que ses contemporains l'aient jugé différemment selon leur propre position vis-à-vis des questions de la foi et que, d'un côté, on lui ait fait les plus grands éloges alors que, de l'autre, on lui assénait les critiques les plus sévères et les plus amères. Arckenholtz – le premier qui a rassemblé de manière systématique toute la documentation qui se rapporte à la relation entre Descartes et Christine – se sent encore obligé de le protéger contre cette accusation qui veut que Descartes ne soit autre qu'un jésuite déguisé qui, sous le masque du gentilhomme, du soldat, de l'érudit et du philosophe, aurait perverti non seulement Christine, mais aussi d'autres hommes et femmes de haut rang comme la princesse palatine Élisabeth et le prince Philippe d'Angleterre [1]. De tels jugements nous apparaissent aujourd'hui comme des inventions fantasques et absurdes ; ils s'évanouissent dès qu'on lit ne serait-ce qu'une seule ligne de l'œuvre de Descartes. Mais nos doutes n'en sont pas dissipés pour autant. Car même si nous prenons de la distance vis-à-vis de toutes les formes d'expression dues à un simple esprit partisan et si nous nous contentons des

---

1. G. Harvey, *Vanities of Philosophy and Physics* ; voir J. Arckenholtz, *Mémoires concernant Christine, reine de Suède*, vol. 1, p. 226.

données que la recherche historique objective met à notre disposition, nous ne parvenons pas à trancher clairement la question. Tandis que Baillet, le biographe de Descartes, et Brucker, le premier auteur d'une *Histoire critique de la philosophie*, considèrent la contribution de Descartes à la conversion de Christine comme un fait établi [1], des auteurs modernes la contestent souvent violemment. Kuno Fischer, par exemple, refuse d'attribuer une quelconque valeur au témoignage de Christine de ce point de vue ; il va jusqu'à déclarer que ce témoignage est inexact et qu'il ne fut donné que sous le coup d'une « frivole complaisance [2] ». Cette tentative pour sauver l'honneur de Descartes semble donc ne pouvoir s'accomplir qu'en faisant porter sur Christine tous les reproches dont on veut le décharger.

Par conséquent, dès le départ, l'historien se retrouve face à une situation épineuse et difficile. Il semble être contraint de porter un jugement de valeur *[werten]* avant même de pouvoir tout comprendre ; il doit décider de porter un jugement moral déterminé sur le caractère de chacun pour combler les lacunes de sa connaissance. Mais un tel procédé ne répond pas au précepte d'objectivité historique. L'historiographe n'admettra évidemment jamais que l'on conteste et que l'on restreigne son droit à une conception et à un jugement personnels ; mais il ne peut exercer ce droit que lorsqu'il a totalement réussi à clarifier les faits et leur interprétation, du point de vue factuel aussi bien que du point de vue psychologique. Toutefois, l'analyse des sources historiques n'offre pas de prise suffisante pour une interprétation vraiment convaincante et univoque. La documentation qui fut tout d'abord rassemblée par Arckenholtz, puis complétée et enrichie par la suite, nous apprend certes dans les détails ce qui s'est passé avant la conversion de Christine et avant son abdication. Mais la question de la motivation, la question des circonstances spirituelles et psychiques qui étaient à l'œuvre et qui furent décisives, demeure sans réponse. La recherche historique moderne, représentée par l'ouvrage de Curt Weibull intitulé *Drottning Christina*, porte un jugement beaucoup plus prudent et réservé que dans les présentations antérieures. Dans sa monographie sur Christine, Grauert considère pour l'essentiel l'influence de Descartes en ce qui concerne sa conversion à l'Église catholique comme un fait établi. Il explique que Descartes n'avait bien sûr pas cherché à la convertir, mais qu'il aurait présenté à la reine, qui poursuivait avec zèle ses recherches, la doctrine de son Église de la manière la plus convaincante possible [3]. En revanche, Weibull considère que la véritable influence de Descartes ne se situe

1. A. BAILLET, *La Vie de Monsieur Des-Cartes*, p. 389 s. ; J. BRUCKER, *Historia critica philosophiae*, vol. 4, p. 243.
2. K. FISCHER, *Descartes' Leben, Werke und Lehre*, p. 266.
3. W. H. GRAUERT, *Christina Königin von Schweden und ihr Hof*, vol. 2, p. 38 s.

pas dans le domaine dogmatique, mais dans le domaine moral. Il fait remarquer à juste titre combien les pensées morales et les maximes dans lesquelles Christine a présenté à la fin de sa vie sa conception fondamentale des problèmes moraux et religieux révèlent l'influence de l'esprit cartésien sur sa formation intellectuelle et sur la formation de son caractère. « Chanut et Descartes, conclut-il, ont éclairé Christine sur la doctrine catholique. La doctrine luthérienne lui était journellement énoncée, heure après heure, par un clergé orthodoxe ; la doctrine catholique, à travers Chanut et Descartes, lui apparut sous sa forme la plus noble [1]. »

La recherche empirique, tant qu'elle ne découvrira pas de sources nouvelles encore inconnues aujourd'hui – et cette perspective semble être bien ténue étant donné le travail approfondi déjà effectué sur cette question – ne pourra pas dépasser ce résultat. Mais il reste une autre voie que personne n'a encore empruntée et qui peut nous mener plus loin : la voie de la pure *histoire des idées* et de l'analyse générale du point de vue de l'histoire des idées. Car pour celle-ci, le problème se pose dès le départ sous un autre angle et se place dans une perspective générale. Il cesse d'être un problème simplement individuel ; il acquiert une signification universelle et caractéristique. Ce qui, dans ce type de considération, attise l'intérêt de l'historien, ce n'est plus un destin individuel, mais d'une certaine manière le destin de la culture spirituelle du XVIIe siècle. Aucun individu, même s'il semble se distinguer des autres par la naissance et le rang, par les dons de l'esprit ou par des prédispositions innées *[ursprünglich]* au génie, ne peut se soustraire à ce destin. Tous deux forment comme un tissu particulier, même là où l'individu a ses propres pensées et prend ses décisions volontairement. Les considérations qui suivent au sujet du problème Descartes-Christine ont pour objet d'éclairer cette contingence *[Bedingtheit]* de l'individuel face à l'universel. Leur rencontre fut autre chose et un peu plus qu'un événement simplement personnel. Ce ne fut pas seulement la rencontre d'une princesse et de l'un des penseurs les plus profonds et les plus érudits de l'époque ; ce fut la rencontre d'esprits dont l'influence ne se laisse saisir qu'à partir de la constellation spirituelle générale qui régnait au XVIIe siècle. Nous allons tenter dans ce qui suit de présenter cette constellation afin de caractériser ce tournant du destin qui ne s'effectua pas seulement en la personne de Christine, mais dans l'époque tout entière. Nous laisserons donc de côté les événements politiques ainsi que les événements individuels et personnels afin d'étudier plutôt le mouvement général des idées dont ces événements nous font part de manière indirecte. Si nous réussissons à rendre visible cet arrière-plan en tant que tel, nous pouvons alors espérer que les personnages et les caractères

---

1. C. WEIBULL, *Drottning Christina*, p. 111.

individuels s'en détacheront plus nettement et nous permettront de jeter un regard nouveau sur la relation entre Descartes et Christine.

2
LE « THÉISME UNIVERSEL » ET LE PROBLÈME DE LA RELIGION NATURELLE AU XVIIe SIÈCLE

Lorsque Descartes arrive à Stockholm, il ne trouve pas en Christine, alors âgée de vingt-trois ans, une élève qui doit être initiée aux notions premières des sciences et de la philosophie. Elle a largement dépassé ces rudiments ; en dépit de sa jeunesse, elle a non seulement acquis une vaste formation, mais elle porte également un jugement indépendant sur le savoir de son temps. En ce qui concerne l'étendue de son savoir, Descartes est presque effrayé par la variété des sujets que Christine maîtrise avec une parfaite assurance. Il ne cache pas qu'il voit dans cette diversité plutôt un danger pour son propre enseignement philosophique qu'une préparation à celui-ci. La forme d'esprit encyclopédique de Christine, qui se saisit du matériau le plus divers et aspire sans cesse à de nouvelles connaissances, suscite chez Descartes de sérieuses réserves. Cette réceptivité presque illimitée ne correspondait pas à l'exigence cartésienne de spontanéité. Mais il espère qu'il réussira peu à peu à mener les études de la reine sur d'autres voies, sur des voies plus « philosophiques [1] ».

Les réserves exprimées ici par Descartes apparaissent tout à fait fondées si l'on considère le type de cursus que Christine a suivi. Elle avait manifesté, dès sa prime jeunesse, un zèle extraordinaire et semble avoir été dotée d'une capacité d'apprentissage presque illimitée. Il n'existe presque aucun domaine du savoir qu'elle n'ait abordé au cours de ses études ; et elle maîtrisait beaucoup de domaines, en particulier celui de la connaissance et de l'usage des langues étrangères. « Son esprit, déclare Gabriel Naudé dans une lettre à Gassendi datée du 19 octobre 1652, est absolument extraordinaire ; je ne flatte pas en disant qu'elle a tout vu, qu'elle a tout lu, qu'elle sait tout [2]. » Vouloir trouver dans cette profusion de connaissances une forme intérieure et une unité cohérente peut tout d'abord paraître un point de départ presque désespéré. Et pourtant la culture *[Bildung]* de Christine n'était pas seulement étendue. Son esprit aspirait, même là où il ne pouvait pas pénétrer la profondeur véritable des problèmes, au moins à l'ordre et à la cohérence systématique. Sans cet attrait pour le système et la méthode *[Methodik]*, Christine n'aurait guère choisi Descartes comme professeur de

1. Voir la lettre de Descartes à la princesse palatine Élisabeth, datée du 9 octobre 1649 (V, p. 430 ; voir ci-dessus, p. 92).

2. Appendix Epistol. Naudaei ad Gassendum, p. 336 s. (voir Arckenholtz, vol. II, Appendice des pièces justificatives, n° XVIII).

philosophie. Mais le centre de ses intérêts intellectuels *[geistig]* se situe évidemment ailleurs. Elle recherche le « point d'Archimède » du savoir, non pas dans le domaine de la connaissance théorique, mais dans celui de la connaissance pratique. Descartes est le philosophe du penser pur et il a trouvé dans le principe du *Cogito, ergo sum* le point de départ de sa doctrine. Mais Christine ne s'est jamais arrêtée à ce domaine. La recherche en tant que telle n'a jamais été pour elle un but en soi. Elle doit être un moyen de répondre à d'autres questions qui lui tiennent particulièrement à cœur ; elle doit lui indiquer le chemin vers ce à quoi l'on doit véritablement aspirer en tout premier lieu, le *summum bonum*. « La plus grande de toutes les sciences – dit Christine dans ses réflexions – est celle de savoir bien vivre et bien mourir ; toutes les autres sont inutiles, si elles n'y contribuent pas [1] ». Cette déclaration date des dernières années de sa vie, mais la maxime en tant que telle devait la préoccuper dès sa prime jeunesse. Les différents efforts, en apparence si divergents, de Christine dans le domaine du savoir théorique visent un seul but déterminé et commun. Ils tournent pour ainsi dire autour de deux foyers : l'intérêt éthique et l'intérêt religieux. Même ses études linguistiques et littéraires sont dirigées vers ces points et s'orientent en fonction d'eux. Car ce n'est pas une simple curiosité intellectuelle qui a fait d'elle, depuis sa plus tendre enfance, une lectrice presque insatiable. Dans ses maximes, elle a maintes fois souligné le fait que la lecture doit atteindre à un but autre et plus élevé ; qu'elle n'était pas une simple distraction, mais un devoir. « La lecture est une espèce de miroir, qui fait connaître les vertus et les défauts [2]. » La première question que nous devons nous poser, si nous voulons comprendre l'évolution spirituelle de Christine, est donc celle de savoir quelle était la nature du miroir qu'elle tenait en face d'elle dans ses lectures philosophiques, scientifiques et poétiques, et ce qu'elle y a vu.

Si nous commençons par le *problème de la religion*, il apparaît d'emblée que Christine est fortement influencée *[ergriffen]* par ce mouvement spirituel qui naquit au milieu du XVᵉ siècle et ne cessa de s'étendre. Ce mouvement est initié par l'œuvre de Nicolas de Cuse, *De pace fidei* (1454), et trouve déjà en elle son empreinte véritablement classique. Le thème de cet ouvrage est la recherche d'un fondement à la certitude religieuse qui soit commun à toutes les confessions, si différentes soient-elles du point de vue du dogme et du rituel. Ce ne sont ni le dogme, ni le rituel qui forment le véritable cœur de la religion et décident de sa valeur morale. Cette valeur est

1. CHRISTINE DE SUÈDE, *Pensées...*, « Sentiment » n° 430 ; voir *Ouvrage du loisir...*, n° 90 : « Tout ce qui ne rend pas l'homme plus sage et plus heureux est inutile en matière de sciences. »

2. CHRISTINE DE SUÈDE, *Ouvrage du loisir...*, n° 155. – Voir *ibid.*, n° 152 : « La lecture est une partie du devoir de l'honnête homme. »

déterminée par quelque chose d'autre : elle dépend seulement et exclusivement de la pureté et de la profondeur de l'idée de Dieu. Il n'existe plus de religion si imparfaite et si primitive qu'elle puisse se passer de l'idée de Dieu ; mais, d'un autre côté, il n'existe pas de religion si élevée qu'elle soit capable de l'exprimer dans sa signification « absolue », dans sa totale pureté. L'homme n'est pas capable d'une telle connaissance absolue du divin ; il doit se contenter de paraboles et d'images. Un reste d'anthropomorphisme est donc le destin de *toute* religion. Nous ne pouvons pas l'extirper ; mais nous pouvons et devons comprendre qu'il ne relève pas de l'essence de la religion, mais qu'il n'en constitue qu'un facteur accidentel. Cette compréhension entraîne également chez Nicolas de Cuse une universalité et une tolérance magnifiques. Il parle en tant que croyant et défenseur de l'Église « catholique », une et universelle ; mais il veut accueillir au sein de cette Église tout ce qui se reconnaît en Dieu et s'unit à lui dans l'amour. Ce n'est pas la reconnaissance d'articles de foi particuliers ou bien l'accomplissement de rituels et de cérémonies déterminés qui représentent pour lui le critère de vérité d'une religion, mais la force et la profondeur de l'*amor Dei*. Et c'est la raison pour laquelle il n'est pas heurté par la diversité et les contradictions des opinions religieuses. Non seulement il tolère cette diversité, mais il la requiert. La diversité fait partie de ces signes qui, en tant que signes sensibles, peuvent prendre différentes formes ; si nous ne nous contentons pas des signes extérieurs, mais au contraire saisissons leur sens et leur signification, l'unité se rétablit. *« Non turbabunt varietates illae rituum, nam ut signa sensibilia veritatis fidei sunt instituta et recepta : signa autem mutationem capiunt, non signatum* [1]. »

Par cette conception, Nicolas de Cuse a posé le fondement d'une nouvelle « philosophie de la religion », il lui a préparé le chemin et lui a fixé un but. Mais pour les deux siècles qui vont suivre, pour l'époque entre 1450 et 1650, ses propositions vont revêtir une signification autre que purement spéculative. À cette époque de guerres de religion, la *pax fidei* signifiait plus qu'un problème théorique ; elle devenait une exigence pratique des plus urgentes. Si on ne parvenait pas à répondre à cette exigence de quelque manière, tout l'ordre moral et social en serait menacé et ébranlé. Le thème philosophique se transformait ainsi en un thème éminemment politique. En ce sens, il est repris par la doctrine de l'État en vigueur au XVIe siècle. Jean Bodin, un des plus importants professeurs de droit public de son temps, est en même temps l'auteur du *Colloquium heptaplomeres* qui représente une nouvelle phase du développement du « théisme universel ». C'est l'époque des guerres contre les Huguenots et l'expérience de la nuit de la Saint-Barthélemy qui donnent naissance

---

1. NICOLAS DE CUES, *De pace fidei*, chap. XV. – Pour plus de détails, voir mon ouvrage intitulé *Individuum und Kosmos in der Philosophie der Renaissance*, p. 29 s.

à cette œuvre. Le *Colloquium heptaplomeres* présente un dialogue dans lequel un catholique, un luthérien et un réformé, mais aussi un juif et le représentant d'une religion purement « naturelle », prennent la parole. Ils ne sont pas départagés de manière dogmatique ; au contraire, le dialogue semble exiger que les adeptes de toutes les religions s'unissent dans un esprit d'humanité et rivalisent de piété. « Qu'est-ce qui nous empêche – déclare Senamus à la fin du dialogue – de demander tous ensemble et tous en même temps, d'un cœur ardent, au Dieu immortel de poursuivre notre route sur le droit chemin [...]. Car comme pour ma part je le crois, tous les hommes reconnaissent Dieu, le père de tous les dieux, et bien que la plupart lient les créatures au créateur en distribuant les honneurs, ils en appellent pourtant au prince *(principem)* que Porphyre et Platon appellent τῶν θεῶν πατέρα καὶ παντοκρατέρα... Mais moi, afin de ne heurter personne, je préfère approuver toutes les religions plutôt que d'exclure celle qui est peut-être la vraie [...]. J'entre dans le temple des chrétiens, des ismaëlites et des juifs et partout où cela est possible, également dans celui des luthériens et des zwingliens, afin de ne heurter personne en passant pour un athée ou de laisser croire que je veux troubler l'ordre public. Mais parmi les dieux, j'attribue tout au tout-puissant et au premier d'entre eux ! Pourquoi ne pas inciter par des prières communes ce créateur commun et père de la nature toute entière à nous conduire tous vers la connaissance de la religion vraie [1]? »

L'œuvre de Bodin ne fut imprimée qu'au XIXe siècle ; mais elle fut diffusée sous forme manuscrite, exerçant la plus vive influence. Christine, à qui rien de ce qui se rapportait à la question de la « religion vraie » et de son fondement philosophique n'échappait, fit preuve du plus vif intérêt pour cette œuvre. Elle chargea un savant français, Sarreau, avec qui elle correspondait, de lui procurer un exemplaire du manuscrit à la bibliothèque du président du parlement de Paris, de Mesme, et comme celui-ci ne pouvait le trouver, elle poursuivit ses recherches par l'intermédiaire d'Isaak Vossius. Il semble qu'elle ne put se procurer au début que le premier livre du *Colloquium*, mais qu'elle serait entrée plus tard en possession de l'œuvre complète [2]. Quoi qu'il en soit, une chose est certaine : le mouvement spirituel qui trouve ici son expression a exercé une influence significative sur la formation de ses conceptions religieuses fondamentales. Ce mouvement n'était pas encore éteint au XVIIe siècle ; il prit au contraire de l'ampleur et s'étendit à toutes les nations et à toutes les doctrines religieuses. Dans ses études sur le « système naturel des sciences de l'esprit au XVIIe siècle », Wilhelm Dilthey a montré de manière précise la place significative qui revient à la pensée de l'universalisme religieux dans l'ensemble de ce

1. Voir l'*Heptaplomeron* de Jean BODIN, p. 156 s.
2. Voir les indications de GUHRAUER dans *ibid.*, Préface, p. LXXV s.

système [1]. Et Christine avait sans doute été préparée et rendue réceptive à cette idée par son éducation religieuse. Cette éducation était aux mains de Johannes Matthiae, qui cherchait à écarter de son enseignement toutes les controverses dogmatiques et à le fonder, au lieu de cela, simplement sur l'étude et l'exégèse de la Bible. L'impression que firent les premières leçons de Matthiae sur Christine semble ne s'être jamais effacée ; vers la fin de sa vie encore, elle se souvenait de lui non pas comme d'un simple professeur, mais comme d'un ami et d'un confident [2]. Elle a ainsi suivi avec beaucoup de zèle et avec la plus vive sympathie tous les projets qui visaient à une union des différentes confessions chrétiennes. Mais son intérêt ne se limitait pas à ces tentatives au sein du christianisme. Dans le *Portrait* qu'il esquissa d'elle, Chanut souligne expressément qu'elle ne s'occupait pas seulement des points litigieux entre protestants et catholiques, mais qu'elle semblait s'efforcer avec plus de zèle encore de prendre connaissance de toutes les objections faites par les philosophes, les juifs et les païens [3]. Cette direction de son esprit dut souvent la conduire aux proches abords d'une religion purement « naturelle ». Elle semble avoir toujours été éloignée du contenu dogmatique de la foi protestante telle qu'elle y fut confrontée à travers la doctrine et la prédication ; enfant déjà, elle avait conçu une vive aversion pour les représentations du Jugement dernier qui lui rendaient suspectes toutes les autres doctrines dogmatiques qui s'y rattachaient [4]. Même après sa conversion au catholicisme, elle n'a jamais pu totalement renier son penchant pour une telle religion naturelle. Lors d'un entretien avec sa mère, juste après son abdication et avant son départ de Suède, elle heurta cette dernière en lui demandant soudain ce qu'elle dirait si elle affirmait que le monde entier pouvait trouver le salut, aussi bien le monde païen que le monde chrétien [5].

Ce n'est qu'au terme de ces considérations préparatoires que nous sommes en mesure d'aborder notre véritable problème. Car nous pouvons maintenant donner à cette question une orientation nouvelle et plus générale : nous pouvons la transposer de la sphère personnelle à la sphère objective et systématique. Dans quelle direction s'est exercée l'influence de Descartes sur Christine ? Cela n'apparaît

1. DILTHEY, « Das natürliche System der Geisteswissenschaften im 17. Jahrhundert », p. 90 s.

2. Voir l'autobiographie de Christine, chap. VIII : « Mon précepteur était mon confident » ; J. ARCKENHOLTZ, *Mémoires concernant Christine, reine de Suède*, vol. 3, p. 55 ; pour plus de détails sur l'influence qu'exerça Johannes Matthiae sur l'éducation de Christine et sur son évolution religieuse, voir C. WEIBULL, *Drottning Christina*, p. 86 s.

3. Voir le portrait de Chanut chez M. WEIBULL, « Om *Mémoires* de Chanut », p. 69.

4. Voir le propre récit de Christine au sujet de son évolution religieuse chez BILDT, *Christine de Suède et le cardinal Azzolino*, p. 12 s.

5. Sur le contenu de cet entretien, voir P.-H. CHANUT, *Mémoires*..., III, p. 358 s., voir également W. H. GRAUERT, *Christina*..., vol. 1, p. 574 et 2, p. 56 s.

clairement que si l'on garde présent à l'esprit la position de Descartes lui-même vis-à-vis de cette question fondamentale qui avait toujours préoccupé et animé Christine. Nous ne connaissons pas les détails de l'enseignement philosophique que Descartes prodigua à Christine – et l'historien n'est pas libre de combler les lacunes de ses sources par de simples conjectures. Mais l'histoire de la philosophie et l'histoire générale des idées se retrouvent dans une situation autre et plus favorable que l'histoire purement politique. Elles n'ont pas seulement affaire avec des personnes et des événements, mais avec des pensées et des idées. Et ces dernières ne sont pas isolées, mais elles ont un ordre systématique déterminé ; elles ont une cohérence et une logique internes. Nous ne pouvons bien sûr pas établir dans le détail ce que Descartes a enseigné à Christine ; mais nous pouvons néanmoins répondre à l'importante question de savoir ce qu'il *pouvait* et ce qu'il *ne pouvait pas* lui enseigner. Nous pouvons admettre, comme certains l'ont fait, que l'une des premières questions que Christine posa à Descartes concernait la position de celui-ci vis-à-vis de la religion. Car tous les récits de l'époque que nous possédons sur Christine s'accordent pour dire qu'elle posait toujours cette question et qu'elle entraînait tous les érudits qui fréquentaient la cour dans des discussions sur des problèmes religieux. Les descriptions de Chanut, de Freinsheim, de Macedo, de Malines et Casati sont, de ce point de vue, unanimes. Mais que pouvait rétorquer Descartes à Christine s'il voulait parler en toute franchise et rester fidèle à l'esprit de son propre système ? Il ne pouvait conforter Christine dans la direction de la « religion naturelle » et du théisme universel. Car il fut, dès le début, tout à fait étranger au mouvement spirituel qui se développait alors et qui gagna en vigueur et en étendue tout au long du XVIIe siècle. L'œuvre fondamentale de Herbert de Cherbury, *De veritate prout distinguitur a revelatione, a verisimili, a possibili et a falso*, une œuvre parue treize ans avant le *Discours de la méthode*, était bien loin des termes de sa problématique et de son état d'esprit philosophiques. Il n'a pas refusé son estime à Herbert de Cherbury ; mais pour lui, son erreur fondamentale consistait à ne pas avoir fait une distinction aiguë entre « foi » et « savoir », et à mêler la vérité révélée aux connaissances accessibles *par le raisonnement naturel*[1]. Pour Descartes, l'idéal d'une religion naturelle, esquissé par Herbert, est et demeure une quadrature du cercle, une hybridation méthodologique. L'existence de Dieu et les prédicats essentiels de la nature divine, la séparation stricte de l'âme et du corps, la simplicité et l'immatérialité de l'âme : tout cela est susceptible d'être démontré de manière strictement rationnelle. En revanche, tout ce qui est au-delà

1. Voir la lettre à Eding datée d'août 1638 (II, p. 346) et la lettre à Mersenne datée du 27 août 1639 (II, p. 570) ; voir également II, p. 647 s. ; pour plus de détails sur le rapport entre Descartes et Herbert de Cherbury, voir ci-dessus, p. 7 s.

reste inaccessible à la raison humaine. Il est oiseux de vouloir y réfléchir ou d'émettre une quelconque hypothèse « rationnelle » – seule la révélation peut avoir le dernier mot au sujet des « mystères » de la foi. L'entendement humain est incapable de porter un jugement : car il ne peut et ne doit juger que sur la base d'idées claires et distinctes. Là où ces idées font défaut, un seul impératif s'impose : l'impératif de la suspension du jugement, l'ἐποχή absolue. Et, d'après Descartes, c'est l'affaire de la volonté que de veiller à ce que l'entendement ne se laisse pas entraîner au-delà de cette position. Bien sûr, l'entendement est naturellement enclin à émettre des jugements, même là où la base, l'appui solide des idées claires et distinctes, lui fait défaut. Mais s'il cède à cette impulsion, il commet non seulement une erreur, mais une faute. Là où les données dont nous disposons ne sont pas suffisantes pour fonder un jugement évident et sûr, c'est un devoir que de renoncer à tout jugement ; car mieux vaut renoncer au savoir que nous laisser leurrer par des apparences trompeuses [1].

Mais si une telle réponse n'a pas satisfait l'esprit de Christine, si elle ne s'est pas arrêtée aux limites de la prudence et de l'abstention critiques, si elle a voulu savoir laquelle parmi les religions positives existantes était la meilleure et la plus conforme à la raison – qu'a bien pu lui répondre Descartes ? En tant que philosophe, en tant que strict penseur, il ne pouvait que lui rester redevable d'une réponse. Mais il y avait évidemment un autre point de vue à partir duquel on pouvait aborder le problème – et dès le début, ce point de vue n'était pas étranger à Descartes. Car, pour lui, non seulement la religion s'inscrivait dans le domaine du questionnement métaphysique, mais elle prenait également une signification éminemment pratique. Elle était liée à l'ordre éthique et politique des choses et indispensable à son maintien. Descartes n'a jamais tenté de mettre en doute *cette* fonction de la religion ou de lui porter atteinte de ce point de vue. Ce n'était pas un révolutionnaire quant aux questions de foi ou aux affaires politico-sociales. La seule réforme à laquelle il aspirait était une réforme purement intellectuelle et privée. « Je ne saurais aucunement approuver, déclare-t-il dans le *Discours de la méthode*, ces humeurs brouillonnes et inquiètes, qui, n'étant appelées ni par leur naissance, ni par leur fortune, au maniement des affaires publiques, ne laissent pas d'y faire toujours, en idée, quelque nouvelle réformation [...]. Jamais mon dessein ne s'est étendu plus avant que de tâcher à réformer mes propres pensées, et de bâtir dans un fonds qui est tout à moi [2] ». Mais une telle restriction à son propre Je et au domaine qui lui est propre n'avait pas lieu d'être pour Christine. Son tempérament et son caractère, sa position et sa vocation la destinaient à quelque chose d'autre. Dès qu'il eut conçu le plan de la

1. Voir *Méditations*, IV, V ; *Principia philosophiae*, Lib. I, sect. 30 s., etc.
2. *Discours de la méthode*, deuxième partie (VI, p. 14 s.).

réforme de la science, il se retira dans sa « retraite hollandaise » ; il déclara que, dans toutes les comédies qui se jouaient sur la scène du monde, il ne voulait plus être acteur, mais spectateur [1]. Par sa naissance et son rang, Christine était destinée à l'action et non à la contemplation, à la vie active et non à la vie contemplative. Tout ce à quoi elle s'attaquait devait nécessairement se transformer en problème politique. Il ne pouvait exister pour elle de séparation entre la vie privée et la vie publique – elle ne pouvait pas davantage considérer la religion sous le seul angle de sa pure intériorité, elle devait en même temps envisager son phénomène visible, son existence *[Dasein]* et son organisation extérieures.

Et si Christine, de ce point de vue, poussait plus avant les pensées de Descartes, à quel résultat devait-elle parvenir ? La doctrine de Descartes lui avait fermé l'accès à la « religion naturelle ». Elle l'avait convaincue non seulement qu'il pouvait, mais qu'il devait exister une forme de religion positive, de religion révélée. Mais quelle était la révélation authentique et existait-il un moyen de la reconnaître et de la distinguer des doctrines religieuses erronées ? C'est de là que part un nouveau raisonnement que nous pouvons clairement reconstituer, même si ce n'est que par la voie de déductions indirectes. Le cartésianisme avait établi *un* signe distinctif et *un* critère fondamental non seulement pour la vérité de la religion, mais pour absolument toute vérité. Rien n'est plus aberrant, déclare Descartes, que de supposer qu'il existe des *parties* de vérité. La vérité est un tout et elle ne peut subsister qu'en tant que tel. Que l'on ne retire qu'une seule pierre de l'édifice de la connaissance et c'est tout l'édifice qui s'écroule. Car tout se tient et s'étaie. Là où c'est différent, là où, au lieu de la stricte cohésion systématique et de l'unité continue, règnent la multiplicité et l'éclatement, nous pouvons être certains que nous ne nous trouvons pas dans le domaine de la vérité, mais dans l'erreur et l'illusion. Cet idéal d'unité constitue la norme et, d'une certaine manière, le point cardinal de toute la doctrine cartésienne de la connaissance [2]. Mais ne pouvons-nous pas étendre encore sa portée ; ne pouvons-nous pas l'appliquer à la religion ? Nous avons vu pourquoi Descartes, en tant que philosophe et théoricien, interdisait une telle application. Il s'était arrêté au seuil de la religion par devoir de réserve et suspension du jugement. Mais quelle forme prend le problème si nous le déplaçons du terrain de la philosophie à celui de la *théologie* ? Le critère d'unité perd-il ainsi sa force ou bien pouvons-nous, là aussi, l'affirmer et le maintenir en un sens déterminé ?

Si nous voulons répondre à cette question, nous n'avons pas besoin de nous appuyer sur des constructions purement théoriques. Nous pouvons trouver la réponse dans l'histoire ; car dans les faits

---

1. *Ibid.*, troisième partie (VI, p. 28).
2. Voir ci-dessus, p. 29 s.

l'histoire de la théologie a procédé, au cours du XVIIe siècle, à la synthèse que nous recherchons ici. *Bossuet* appartient à cette génération de théologiens qui sont remplis de l'esprit cartésien. On ne peut évidemment pas le définir comme cartésien sans quelques restrictions ; mais la méthode de Descartes l'a indéniablement influencé. Il cherche à extraire de la méthode et de la métaphysique cartésiennes les armes avec lesquelles il mènera son combat pour le dogme et pour l'Église une et véritablement universelle [1]. C'est le point de départ de son attaque contre le protestantisme ; et c'est là qu'il pense avoir trouvé le véritable point faible de l'adversaire. Si, avec Descartes, nous faisons de l'unité le critère de la vérité, où se situe cette unité dans les professions de foi évangéliques ? Ne sont-elles pas toutes en conflit les unes avec les autres, ne se combattent-elles pas avec une passion exacerbée ? C'est l'argument le plus important qu'invoque Bossuet contre le protestantisme. L'un de ses principaux écrits, l'*Histoire des variations des Églises protestantes*, est consacré à la présentation et à l'élaboration de cet argument. Bien sûr, dans le contexte de notre problème, le recours à Bossuet semble être un anachronisme. Car la conversion de Christine eut lieu en 1652, tandis que l'ouvrage de Bossuet appartient à la fin du siècle ; il n'est paru qu'en 1688. Mais ce décalage temporel ne doit pas nous induire en erreur lorsqu'il s'agit non pas de constater des influences historiques réelles et concrètes, mais de connaître des contextes d'idées généraux. Effectivement, de très nombreux éléments confirment que dans l'esprit de Christine s'est accompli un processus de pensée et de déduction analogue à celui que nous trouverons plus tard chez Bossuet sous une forme explicite et solide logiquement. Christine ne s'était jamais sentie à l'aise dans le domaine de la stricte orthodoxie. Elle voyait dans les différences dogmatiques des diverses Églises l'œuvre des hommes et non l'œuvre de Dieu. Elle avait longtemps espéré qu'on pourrait mettre un terme à cette diversité ; qu'on réussirait à découvrir une profession de foi commune à toutes les Églises évangéliques. C'est son premier professeur de religion, Johannes Matthiae, qui avait déjà implanté en elle cet espoir. Toute sa vie, il avait œuvré en ce sens et son ouvrage *Idea boni ordinis* fut rédigé dans cet esprit. Mais ce fut le destin de ce vieux professeur d'enseigner à Christine que, dans la situation de l'époque, tous les efforts de réunion à l'intérieur du protestantisme étaient voués à l'échec. Johannes Matthiae fut impliqué par l'orthodoxie suédoise dans un dangereux procès qui se termina par sa condamnation. La reine ne put empêcher cette condamnation ; seule son intervention personnelle put épargner à son professeur les pires

1. Chez Bossuet, le rejet de certaines thèses fondamentales du cartésianisme apparaît en particulier dans sa critique de la doctrine de Malebranche, dans une lettre du 21 mai 1687, tandis que l'influence positive de Descartes se fait jour dans son *Traité de la connaissance de Dieu*.

conséquences [1]. Des expériences de ce genre devaient la conforter dans sa conviction que le différend entre les diverses confessions protestantes était insoluble. Mais elle ne pouvait, ni ne voulait, renoncer à cette exigence d'unité. Elle en était d'autant moins capable qu'elle avait été initiée aux idées fondamentales du cartésianisme selon lesquelles l'unité est le véritable critère de la vérité. Sur cette voie, elle pouvait fort bien être amenée à faire la même conclusion que Bossuet : être convaincue que le salut ne réside qu'en un retour à l'Église une, à l'organisation et à la tradition parachevées du catholicisme.

La pensée *politique* de Christine ne pouvait que la pousser irrémédiablement dans la même direction. Un idéal politique déterminé, dès le début, s'était imposé à Christine. Ce à quoi elle aspirait et ce qu'elle chercha à instaurer de toutes ses forces dès le début de son règne, c'était de fonder et de garantir le pouvoir royal absolu. Toutes ses actions tendent vers ce seul but. Ses rapports avec la noblesse et avec les états qui n'étaient pas nobles, son combat pour assurer à Charles Gustave la succession au trône, toute sa politique intérieure est déterminée par ce seul dessein [2]. Mais lorsqu'elle évaluait la contradiction entre protestantisme et catholicisme, avec toujours ce même but en tête, à quel jugement devait-elle aboutir ? Quelles étaient les tendances politiques du protestantisme et comment avait-il influé sur la construction politique de l'Europe ? Le pouvoir impérial allemand avait été affaibli par la guerre de Trente Ans, et l'Allemagne elle-même offrait l'image d'un déchirement total. La décentralisation de la vie publique et de la vie religieuse avait atteint son apogée ; même au sein des différentes Églises confessionnelles, il y avait de nombreuses différences régionales. En Angleterre, il existait au XVIe siècle un fort pouvoir royal, mais ce furent justement les guerres de religion qui le firent tomber. La révolution anglaise l'avait définitivement balayé : l'esprit du puritanisme avait vaincu la pensée monarchique. Dans ces circonstances, le regard de Christine ne devait-il pas se tourner surtout vers la France et ne devait-elle pas y voir le dernier rempart d'une royauté absolue qui était attaquée et menacée de toutes parts ? Certes, le pouvoir royal faisait encore l'objet de graves conflits. À l'époque de la Fronde, il dut résister à l'assaut simultané de la haute noblesse, du Parlement et de la bourgeoisie. Mais bien que le différend n'eût pas encore trouvé d'issue, le fondement de la monarchie absolue y avait été établi à force d'un travail laborieux et acharné. L'œuvre de Richelieu avait été entérinée et poursuivie par Mazarin. Mais tous deux étaient des cardinaux de l'Église catholique et ils devaient à cette position une large part de leur autorité et de leur influence politiques. « La constante

1. Pour plus de détails sur le procès intenté à Johannes Matthiae, voir C. WEIBULL, *Drottning Kristina*, p. 96 s.

2. Voir à ce propos la présentation de C. WEIBULL, *ibid.*, p. 11 s.

violence de Richelieu, l'habileté rusée de Mazarin – écrit Ranke dans son *Histoire de France* – furent largement soutenues par le prestige que leur conférait la pourpre romaine. Ils consacrèrent tous deux leur zèle religieux à l'administration de l'État. Richelieu défendait la thèse des droits qui revenaient à la couronne avec une conséquence qui n'avait été jusque-là consacrée qu'aux seules idées religieuses. Il créa, pour ainsi dire, une religion de la royauté : Mazarin s'en réclama. Leurs partisans se rassemblèrent autour de ce drapeau [1]. » Christine semble avoir également été vivement saisie et animée par cette idée d'une religion de la royauté. Dans ses écrits théoriques tardifs, elle défend partout l'idée que, pour être vraiment menée à bien et fondée, la thèse de la souveraineté royale a besoin d'être complétée par la thèse d'un pouvoir spirituel absolu. Dans le temporel comme dans le spirituel, elle rejette tout compromis ; elle exige dans ces deux domaines un ordre strictement monarchique [2]. Il n'est nullement invraisemblable que dans l'esprit de Christine cette synthèse se soit accomplie de bonne heure et qu'elle ait constitué un des motifs de sa conversion au catholicisme. Si de tels processus de pensée ont réellement conduit Christine à se convertir, on comprend alors que le cartésianisme ne fut certes pas sans influence, mais qu'il a plutôt joué un rôle *indirect*. Nous devinons cette action indirecte par exemple dans un propos ultérieur de Christine qui est rapporté par Pallavicini. En tout cas, parmi les différentes religions – aurait-elle déclaré – il faut qu'il y en ait une de vraie ; car Dieu serait un tyran s'il avait implanté dans le cœur de l'homme le besoin de religion, tout en lui en refusant la satisfaction véritable [3]. Nous retrouvons ici, même si c'est sous une forme modifiée, une pensée et un argument fondamental de Descartes. La logique et la métaphysique cartésiennes reposent sur l'évidence spontanée *[Selbstgewißheit]* qui revient aux idées claires et distinctes. Nous n'avons pas besoin de nous en assurer de manière déductive ; nous les connaissons par l'intuition immédiate qui naît de la « pure lumière de la raison ». Telle est la position que Descartes défend dans son premier ouvrage méthodique, les *Regulae ad directionem ingenii* [4]. Mais dans le cours de sa pensée, le doute universel va s'aventurer jusqu'au fondement ultime de tout savoir. N'est-il pas possible que cette fameuse évidence, que nous attribuons aux idées claires et distinctes et que, conformément à la prédisposition de notre esprit, nous sommes obligés de leur attribuer, ne garantisse qu'une certitude subjective et non objective ? Cette « pure lumière de la raison »

1. L. VON RANKE, *Französische Geschichte*, Livre XII, chap. Ier, p. 186.
2. Voir CHRISTINE DE SUÈDE, *Pensées*..., « Sentiment » n° 11, etc.
3. PALLAVICINI, *Vita di Alessandro VII*, Annexe ; cité par L. VON RANKE, « Digression über Königin Christina von Schweden », dans *Die römischen Päpste*, vol. 3, p. 59.
4. *Regulae* III (X, p. 368).

qui s'étend à notre connaissance logique, à notre connaissance mathématique et à certaines parties de notre connaissance métaphysique, ne pourrait-elle pas être elle-même assombrie et faussée ? Qu'en serait-il si Dieu avait *voulu* refuser et interdire la vérité à l'homme et s'il l'avait par conséquent condamné à l'errance, même là où il ne se fie pas aux sens et à l'imagination, mais à la pure intuition intellectuelle, à l'*intuitus purus* ? Descartes échappe à ces doutes en invoquant une nouvelle instance ; en s'appuyant non sur l'être divin, mais sur la perfection divine. On ne peut supposer en Dieu la volonté de tromper : car, dans ce cas, il ne serait plus lui-même un Dieu de vérité, mais un Dieu de mensonge. Sa nature ne serait pas une nature parfaite et divine, mais une nature limitée et démoniaque. Afin d'échapper à cette absurdité, nous devons rétablir la « lumière de la pure raison » dans son bon droit ; s'en défier signifierait se défier de Dieu lui-même. Christine a fait passer cet argument cartésien de la *veracitas Dei* du domaine théorique au domaine pratique. Tout comme Descartes rejette la représentation d'un Dieu trompeur, d'un *Deus deceptor*, elle rejette l'idée d'un Dieu tyrannique. Et Dieu serait un tyran s'il avait implanté en l'homme le besoin et le désir *[Drang]* de religion tout en lui interdisant le moyen de satisfaire cette aspiration *[Sehnsucht]*. On voit comment, dans l'esprit vif et dialectique de Christine, se dessine progressivement le problème de la religion et de quelle façon impérieuse il requiert une solution. Il fut une époque où elle tendait vers un scepticisme qui, en tout cas, privait toute religion *positive* d'une quelconque prétention à la certitude. « Tout le respect, l'admiration et l'amour que j'ai eu toute ma vie pour vous, Seigneur – écrit-elle plus tard – ne m'empêchait pas d'être très incrédule et peu dévote. Je ne croyais rien de la Religion dans laquelle je fus nourrie. Tout ce qu'on m'en disait me semblait peu digne de vous. Je crus que les hommes vous faisaient parler à leur mode et qu'ils me voulaient tromper et me faire peur pour me gouverner à la leur [1]. » Mais pour Christine le problème de la religion véritable était progressivement devenu un problème de *théodicée*. Les formes de croyance ne peuvent pas toutes être de simples inventions ; car la faute d'une telle invention ne pourrait pas être imputée à l'homme seul, mais devrait être imputée à Dieu lui-même. Un passage de l'ouvrage de Cicéron intitulé *De natura deorum*, selon lequel les différentes formes de croyance en concurrence ne pouvaient pas être toutes vraies, mais qu'elles pouvaient bien sûr être toutes fausses, avait fait forte impression sur Christine [2]. Cependant, plus elle progressait sur le chemin de la connaissance *philosophique* de la religion, plus elle se fermait à cette

---

1. Biographie de Christine, chap. X ; chez BILDT, *Christine de Suède et le cardinal Azzolino*, p. 23.

2. Rapport de Pallavicini dans sa biographie d'Alexandre VII (voir L. VON RANKE, *Die römischen Päpste*, vol. 3, p. 59).

dernière alternative. Car plus elle pénétrait en profondeur l'esprit du système cartésien, moins elle pouvait douter de l'existence de Dieu et de sa perfection. Le système de Descartes prétendait avoir transformé ces propositions, tirées des simples vérités de foi, en vérités de raison ; il était convaincu de les avoir établies par des preuves métaphysiques solides et inébranlables. Si donc la perfection et la bonté de Dieu sont fermement établies et si, conformément à ces prémisses, *une* religion doit être la vraie – il ne reste plus alors qu'à choisir parmi les formes de croyance existantes. Mais une nature comme celle de Christine ne pouvait être déterminée à faire ce choix de l'extérieur, sous l'effet d'une doctrine faisant autorité ; il lui fallait se fier à sa propre raison et faire un choix en accord avec celle-ci.

La voie que suivirent ses premiers professeurs, les jésuites Malines et Casati, répond tout à fait à cette condition préalable. Ils essayèrent de commencer par l'enseignement catéchistique habituel, maïs ils durent bientôt se convaincre que, pour *cette* élève particulière, un tel enseignement ne pouvait mener au but. À leur grand étonnement, ils trouvèrent en Christine une « philosophe » accomplie ; elle leur sembla « nourrie de la véritable moelle de la philosophie morale ». L'enseignement devait donc prendre, dès le départ, un chemin philosophique, c'est-à-dire, dans ce cas précis, la voie scolastique. Les jésuites cherchèrent surtout à prouver la thèse selon laquelle les vérités fondamentales de la foi catholique s'élevaient au-dessus de la raison, mais qu'elles ne lui étaient pas contraires [1]. C'est la stricte conception *thomiste* ; mais pour l'admettre, Christine n'avait pas besoin de renier ses convictions philosophiques antérieures – elle n'avait pas besoin d'être infidèle à son maître Descartes. Car c'était l'un des points sur lequel Descartes n'avait pas contredit la scolastique, mais l'avait au contraire confirmée. Il ne voulait et ne pouvait être un novateur que dans les domaines de la science et de la métaphysique, tandis que dans le domaine de la foi révélée, il s'interdisait toute tentative d'innovation et même tout examen de celle-ci [2]. Le *Discours* insiste sur le fait que les vérités religieuses échappent au doute méthodique ; qu'elles doivent être « mises de côté » comme quelque chose d'intouchable [3]. Selon Descartes, la force de la raison n'est pas entravée par une telle « mise

1. Voir à ce propos le rapport de Casati au pape Alexandre VII (chez L. VON RANKE, *ibid.*, p. 61).

2. Que de ce point de vue Descartes soit resté thomiste, il l'a maintes fois souligné ; voir par exemple III, p. 215 s., 274 s. et l'entretien avec Burman : *« Possumus quidem et debemus demonstrare Theologicas veritates non repugnare Philosophicis, sed non debemus eas ullo modo examinare »* (V, p. 176).

3. *Discours de la méthode*, troisième partie, VI, p. 28 : « Apres m'être ainsi assuré de ces maximes et les avoir mises à part, avec les vérités de la foi [...], je jugeai que, pour tout le reste de mes opinions, je pouvais librement entreprendre de m'en defaire. »

de côté » ; elle n'est que limitée au domaine qui lui est propre [1]. Guidée par ses professeurs jésuites, Christine a continué dans cette voie. Même si Descartes ne lui en a pas donné l'impulsion, et il ne pouvait pas la lui donner, sa philosophie n'avait cependant pas les moyens de l'en empêcher ; car c'était là un des problèmes que Descartes avait déplacés de la sphère de l'intellect vers celle de la volonté et qu'il avait donc laissés à la décision personnelle.

Si nous examinons une nouvelle fois l'ensemble de nos considérations, il me semble que nous aboutissons à une image à la fois claire et satisfaisante de l'évolution religieuse de Christine et du rôle que Descartes y a joué. Dans le tableau que Christine a elle-même brossé de cette évolution, on trouve une phrase dans laquelle elle dit que, non satisfaite de la doctrine luthérienne au sein de laquelle elle avait grandi, elle s'était créé une religion à elle : « quand je me trouvais un peu aggrandie, je me formais une espèce de Religion à ma mode [2] ». On devra comprendre cette affirmation *cum grano salis* et non la prendre en un sens strictement littéral. Christine était une nature consciente et sûre d'elle-même ; mais son indépendance n'était pas du genre à établir une nouvelle doctrine philosophique ou à « créer » une nouvelle religion. Elle ne pensait pas contre son époque, mais avec son époque ; et sa soif de savoir était si variée qu'elle n'était fermée à aucune des impulsions de son époque. « J'avais un désir insatiable de tout savoir, j'étais capable de tout ; j'entendais tout sans peine » – voilà ce qu'elle dit à propos d'elle-même dans son esquisse autobiographique [3]. Nous pouvons ainsi utiliser les étapes de sa formation comme un miroir où apparaîtraient les unes après les autres les images des plus importants mouvements spirituels qui ont dominé le XVIIe siècle. Son esprit ressemble, pour ainsi dire, à un instrument ultrasensible qui capte les plus fines vibrations de l'atmosphère autour d'elle et en enregistre tous les soubresauts. Le mouvement général des pensées philosophiques du XVIIe siècle, ses tendances morales et religieuses, ses idées et ses idéaux esthétiques, la nouvelle direction que prirent les études scientifiques et humanistes, tout cela a indéniablement influencé Christine. Dans ce tissu complexe, le cartésianisme ne représente qu'un seul fil qui ne se laisse isoler qu'au moyen d'une soigneuse analyse. Une telle analyse

---

1. Descartes a toujours maintenu la distinction entre deux différentes classes de vérités religieuses, dont les premières – comme l'existence de Dieu et la distinction entre l'âme et le corps – sont rigoureusement démontrables, tandis que les autres – comme l'Incarnation ou la Trinité – ne sont en aucun cas contre la raison, mais ne pourront jamais être trouvées, ni complètement comprises par la raison seule, mais nécessitent une révélation particulière. À ma connaissance, cette séparation trouve son expression la plus nette dans la *controverse* avec Regius ; voir VIII, 2, p. 353 s.

2. Communiqué par Galdenblad, voir J. ARCKENHOLTZ, *Mémoires...*, vol. 3, p. 210 s.

3. « La Vie de la reine Christine faite par elle-même », dans *ibid.*, p. 55.

montre que l'enseignement de Descartes, malgré sa brièveté, a laissé chez Christine des traces profondes qui ont perduré jusqu'à sa vieillesse [1]. Mais elle montre en même temps que l'influence de Descartes sur ses vues religieuses a été tout à fait indirecte. De même, les témoignages extérieurs que nous possédons à propos de la conversion de Christine au catholicisme ne contredisent en aucune manière cette conception. Car, d'un côté, nous pouvons y lire qu'elle n'a franchi le pas ultime et décisif que quelques années après la mort de Descartes et en l'absence de son influence personnelle. Mais, d'un autre côté, son témoignage ultérieur sur la part de l'influence de Descartes dans sa conversion ne dit en aucun cas ce qu'on a souvent bien voulu y lire. Nulle part il n'est question d'une tentative de conversion de la part de Descartes ; il est simplement dit que Descartes « a beaucoup contribué » à sa conversion et qu'elle lui en doit *les premières lumières* [2]. Par la suite, dans un entretien privé sur le rôle joué par Descartes dans sa conversion, la reine s'est exprimée plus clairement et de manière moins ambiguë. Car elle a simplement dit que l'enseignement philosophique de Descartes avait balayé certaines difficultés qui lui barraient le chemin et qui l'avaient jusque-là empêchée d'embrasser la religion catholique [3]. Nous avons

---

1. Voir à ce propos les sections 3 et 4 (ci-dessus, p 139 s.).

2. Voir le texte du témoignage dans J. ARCKENHOLTZ, *Mémoires...*, vol. 4, p. 19 (voir XII, 600 s.).

3. « La facilité avec laquelle elle s'était rendue à plusieurs difficultés qui l'éloignoient auparavant de la Religion des Catholiques – comme l'indique la seconde déclaration de Christine – étoit due à certaine chose qu'elle avait oui dire à Mr. Descartes » (N.-J. POISSON, *Rélat. Ms. de son entretien avec la Reine de Suède à Rome en 1677* ; voir A. BAILLET, *La Vie de Monsieur Des-Cartes*, vol. 2, p. 433). – On voit clairement que ces propos sont en désaccord avec le texte de sa déclaration précédente et que les seconds en disent moins que les premiers. La recherche historique est confrontée à la question de savoir à laquelle des deux il faut accorder la plus grande importance et le plus fort pouvoir de démonstration objectif. Jusqu'à présent, les réponses apportées à cette question sont toutes différentes et presque exclusivement déterminées par l'intime conviction des différents auteurs. Kuno Fischer, qui en vint à décharger Descartes de toute participation à la conversion de Christine, joue sur la différence entre les deux textes pour rejeter le témoignage de Christine. « Le témoignage de la Reine – écrit-il – est inexact et fut porté par une complaisance frivole ; en privé, elle s'est exprimée avec suffisamment d'honnêteté à ce sujet » (*Geschichte der neueren Philosophie*, vol. 1, p. 266 ; voir ci-dessus, p. 117). Tout autre est l'avis de Baillet ; car il écrit en qualité de fervent catholique et son objectif est de souligner tout ce qui met en lumière la piété et l'orthodoxie de Descartes. Il déclare que la retenue des déclarations de Christine provient du fait que depuis qu'elle séjournait en Italie, elle avait l'habitude de parler avec une étonnante froideur de tout ce qu'elle estimait le plus. (« Elle affectoit de parler toujours très froidement depuis qu'elle eut fixé sa demeure en Italie », A. BAILLET, *La Vie de Monsieur Des-Cartes*, vol. 2, p. 433.) Ces déclarations sont assez obscures ; car quelle aurait pu être la cause d'une telle « affectation » ? Baillet voulait-il dire que Christine, pour ménager les préjugés nationaux des Italiens, ne voulut pas reconnaître à Descartes, un Français, la gloire d'avoir joué un rôle décisif dans sa conversion ? Mais cela est non seulement peu crédible en soi, mais encore plus invraisemblable, si l'on songe que cette déclaration est tombée au beau milieu d'un

essayé de montrer quelles avaient été ces difficultés et dans quelle direction l'influence de Descartes avait joué. Mais notre étude a également montré que ce furent des raisonnements tout à fait autonomes que Christine associa aux impulsions qu'elle avait reçues de Descartes et que ce sont justement ses conclusions personnelles qui ont été décisives pour sa conversion définitive au catholicisme. Mais nous devons encore porter notre attention sur un autre point. Il pourrait sembler, à première vue, que nous parlons des « raisonnements » de Christine comme étant les seuls responsables de son changement de religion. Car on a l'habitude de concevoir une conversion religieuse de manière différente. On n'y voit pas simplement le résultat d'un processus de pensée ou bien d'un processus déductif ; on attend et on exige que la personnalité tout entière y participe avec toutes les forces de son âme, avec sa sensibilité, son sentiment, sa volonté, son imagination. On ne ressent rien de tout cela chez Christine, ou très peu. Il nous faut confronter l'histoire de sa conversion à celle des grandes et des profondes natures religieuses afin de percevoir toute la différence. Rien n'indique qu'elle ait traversé l'une de ces graves crises intérieures que l'on trouve chez saint Augustin, Luther et Pascal. Chez elle, tout semble s'être déroulé sereinement et logiquement, sans violent ébranlement de l'âme. C'était le seul moyen de renfermer complètement en elle toute cette évolution et de n'en laisser paraître. Son entourage immédiat et même ses amis et confidents les plus proches ne surent et ne ressentirent rien des violents combats de son âme et, pendant toute cette période, elle a mené les affaires de l'État avec la même assurance et la même sérénité qu'auparavant. Cela n'a pu se produire que parce qu'il s'agissait d'une évolution religieuse qui ne reposait ni sur d'obscures pulsions irrationnelles, ni sur un désir *[Sehnsucht]* mystique, mais qui s'accomplissait dans la claire lumière de la « raison » elle-même, sous sa conduite et sous son contrôle. Christine n'a pas « ressenti » soudain que le catholicisme était la seule voie du salut ; elle l'a d'une certaine manière « déduit ». Pour elle, c'était finalement la seule conclusion logique possible à partir d'un ensemble de prémisses intellectuelles *[gedanklich]* et spirituelles très complexes. Nombre

entretien avec P. Poisson, un oratorien français. En vérité, ces deux déclarations de Christine – l'officielle et la privée – s'accordent tout à fait entre elles, si l'on se remémore les circonstances particulières dans lesquelles elles ont été prononcées. Le témoignage officiel n'était pas malhonnête, mais il répondait à un dessein déterminé : il était destiné aux administrations religieuses et devait servir de preuve à l'orthodoxie de Descartes. (Pour plus de détails, voir XII, p. 594 s.) La déclaration *privée*, en revanche, était exempte d'une telle arrière-pensée. D'une certaine manière, elle s'adressait directement à la postérité : car elle fut prononcée lors d'un entretien avec P. Poisson, un homme que Christine pouvait penser être le futur biographe de Descartes, puisqu'elle avait elle-même exprimé le souhait qu'il rédige la biographie de Descartes (voir A. BAILLET, *La Vie de Monsieur Des-Cartes*, Préface, p. XII s.). Dans ces circonstances, on ne peut douter du caractère purement objectif de la déclaration privée, et on devra placer très haut sa valeur historique.

de ces prémisses, comme nous l'avons montré, lui appartiennent en propre et non à la philosophie cartésienne. Et même dans tout ce que nous savons à propos de l'enseignement religieux que Christine reçut des jésuites Malines et Casati, on remarque son indépendance intellectuelle. Elle n'aurait pas été sensible à une conversion provoquée par des influences simplement extérieures, elle s'y serait même violemment opposée. Rien n'était plus étranger à son être *[Wesen]* que de s'en remettre aveuglément à la conduite d'autrui. Depuis sa plus tendre enfance, elle haïssait les sermons, et son aversion ne semble pas avoir peu contribué à l'éloigner de la foi luthérienne [1]. À un pasteur luthérien qui lui demandait plus tard les raisons de sa conversion, elle répondit sèchement que ce furent ses sermons qui l'avaient éloignée et poussée à la conversion [2]. Elle ne put jamais se soumettre inconditionnellement à une quelconque autorité pour la conduire et la diriger dans les choses spirituelles. Même après sa conversion, elle eut des mots durs contre la prétention des prêtres et des confesseurs à une direction absolue [3]. Elle a toujours refusé un « directeur » au sens propre du mot ; le terme même lui paraissait inconvenant [4]. Descartes ne pouvait pas approcher une telle nature comme « convertisseur », même s'il s'en sentait la vocation et la capacité [5]. En revanche, qu'il ait dispensé à Christine certains enseignements qu'elle s'appropria et qu'elle appliqua aux problèmes qui l'occupaient sans relâche, au problème du souverain bien et de la vérité religieuse, cela nous paraît non seulement possible, mais presque nécessaire : comment aurait-il pu en être autrement avec un tel professeur et avec une telle élève ? Descartes ne lui a donc ni fourni, ni imposé de conclusion toute prête – mais il pouvait lui fournir quelques prémisses qu'elle pouvait prolonger et dont elle pouvait tirer ses propres conclusions, en toute indépendance et en toute responsabilité. Et la doctrine de Descartes pouvait encore éveiller chez Christine une autre conviction. La conviction que le combat intellectuel qu'elle menait ne pouvait être ni vain, ni désespéré – qu'elle devrait finalement réussir à trouver une issue et à prendre une décision sûre. Dans le sillage de Descartes, elle n'avait

1. Voir la note de Galdenblad sur la biographie de Christine chez J. ARCKENHOLTZ, *Mémoires...*, vol. 3, p. 209.
2. Voir C. WEIBULL, *Drottnig Christina*, p. 93.
3. Voir CHRISTINE DE SUÈDE, *Pensées...*, « Sentiment » nº 264 et 265.
4. « Le nom de Directeur doit être insupportable à un homme d'esprit. »
5. Dans le document le plus important et le plus riche d'enseignements à propos de son caractère personnel, sa correspondance avec la princesse palatine Élisabeth, on voit à quel point la manière de penser et de sentir de Descartes l'empêchait d'agir comme un « convertisseur ». Ils sont tous deux liés de manière beaucoup plus étroite qu'il ne le sera jamais avec Christine. Il a guidé son éducation et exercé une influence décisive sur sa formation. Le ton de ses lettres et la dédicace de son œuvre majeure, les *Principia philosophiae*, montrent à quel point il était personnellement proche d'elle et combien il l'estimait. Mais jamais Descartes ne tente de détourner Élisabeth de sa foi réformée à laquelle elle était très fidèlement attachée.

aucun besoin de s'abandonner à une quelconque résignation sceptique. Car la philosophie cartésienne n'est sceptique que dans sa méthode, tandis qu'elle est rigoureusement rationaliste dans son résultat. Elle commence par le doute radical pour terminer par le triomphe de la raison et du pur penser. Selon Descartes, ce triomphe ne peut certes pas être immédiatement étendu à la vérité religieuse ; car les propositions qui peuvent être saisies à partir de la raison sont nettement séparées du contenu de la foi révélée. Mais leur séparation n'est pas un abîme infranchissable. Car la véritable doctrine de la *veracitas Dei* empêche toute rechute dans la doctrine d'une double vérité. Certes, la vérité se présente à l'homme sous deux formes différentes et elle provient de sources différentes ; mais elle est néanmoins cohérente et univoque quant à son contenu. Nous pouvons nous assurer de cette cohérence *[Geschlossenheit]* qui est la sienne aussi bien au sein de la connaissance philosophique et scientifique qu'au sein de la connaissance religieuse. Révélation et raison n'entretiennent pas de rapport contradictoire : c'est plutôt la raison elle-même qui est d'espèce et d'origine divines. De cette manière, un esprit comme celui de Christine pouvait accéder à la foi révélée, non pas au moyen d'expériences « mystiques », mais sur le chemin de la stricte réflexion, de la déduction logique, et finalement se forger la conviction que cette foi s'exprimait de la manière la plus pure et la plus claire dans le dogme catholique. Ce raisonnement peut paraître bien étrange et véritablement tortueux ; mais il n'a rien d'étonnant ou d'invraisemblable chez une nature aussi particulière et aussi complexe que Christine. Dans son cas, on peut à peine s'attendre à une évolution qui suivrait un cours habituel, particulièrement si nous prenons en considération les forces extraordinairement variées et concurrentes qui ont contribué, dès sa prime jeunesse, à forger sa personnalité.

À cela s'ajoute un autre facteur qui rend cette évolution bien moins étonnante qu'il n'y paraît peut-être au premier abord. Nous avons évoqué le nom de *Pascal* – et Pascal représente certainement à tout point de vue l'antipode de la pensée de Christine et de sa conception de la religion. Il s'est opposé avec une extrême fermeté à l'intellectualisme cartésien ; il rejette toute tentative de faire des vérités fondamentales de la religion un objet de preuves métaphysiques. Selon lui, ces vérités ne peuvent être ni démontrées, ni comprises, elles ne peuvent être que « saisies » et l'instrument de cette saisie *[Ergreifen]* n'est pas l'entendement humain, mais le cœur de l'homme. C'est pour cette raison qu'il n'existe pas de critère commun pour la vérité religieuse et pour la vérité scientifique ou métaphysique. « Le cœur a son ordre ; l'esprit a le sien, qui est par principe et démonstration ; le cœur en a un autre. C'est le cœur qui sent Dieu et non la raison. Voilà ce que c'est que la foi : Dieu sensible au cœur. » Le projet des *Pensées* de Pascal est de révéler la faiblesse et l'impuissance de la raison, de briser sa fierté et de la plier à la volonté de Dieu. « Humiliez-vous, raison impuissante [...] et entendez de votre maître votre condition véritable, que vous ignorez. Écoutez Dieu. » Et pourtant, même Pascal, dans tout son « pyrrhonisme » et son « irrationalisme », appartient à son époque, il fait partie de ce XVIIe siècle qui a découvert « l'autonomie du penser » et qui a voulu faire de la science, de la philosophie et même de la poésie et de la religion, l'expression de cette autonomie. Pour lui aussi, il est indéniable que le caractère propre et distinctif de l'homme réside dans le penser et que c'est là qu'il faut y voir sa dignité et sa grandeur. « L'homme n'est qu'un roseau, le plus faible de la nature, mais c'est un roseau pensant. Il ne faut pas que l'univers entier s'arme pour l'écraser ; une vapeur, une goutte d'eau suffit pour le tuer. Mais quand l'univers l'écraserait, l'homme serait encore plus noble que ce qui le tue, puisqu'il sait qu'il meurt et l'avantage que l'univers a sur lui. L'univers n'en sait rien. » Il en résulte, pour Pascal, une morale qui rend les honneurs au penser et veut en tirer la plus grande force : « Toute notre dignité consiste donc en la pensée [...]. Travaillons donc à bien penser : voilà le principe de la morale [1]. » Descartes fut au XVIIe siècle le grand professeur de cette morale à laquelle même une nature comme Pascal ne pouvait se soustraire. Christine s'y sentait également attachée et intimement liée – et on devra reconnaître qu'elle ne lui a pas été infidèle, même dans son évolution religieuse.

Si l'on tient compte de tout cela, il me semble que l'on peut parvenir à une présentation et à une compréhension objectives du problème. Nous n'avons pas besoin, pour combler les lacunes de l'explication psychologique, de porter de graves accusations contre le caractère personnel de Christine ou de Descartes. Nous n'avons pas besoin d'émettre l'hypothèse que Descartes a mal compris la tâche qui lui incombait, qu'il est passé du statut de professeur en philosophie à celui de missionnaire du catholicisme – et nous n'avons pas besoin non plus de soupçonner Christine d'avoir livré un faux témoignage, que ce soit par légèreté ou par « complaisance frivole ». Tout cela s'effondre dès que nous réussissons à nous transporter au centre de la *problématique* qui animait Christine intérieurement ; une problématique qui est, bien sûr, fort éloignée de notre mode de penser moderne et qui ne peut être saisie que si l'on envisage les circonstances culturelles particulières à partir desquelles elle s'est développée. Nous ne nous cachons pas que, si l'on admet notre explication, le problème perd beaucoup de l'attrait romantique qui l'a toujours entouré. Christine est toujours passée pour une « énigme vivante [2] ». Un contemporain, qui a décrit l'histoire de sa conversion,

1. PASCAL, *Pensées*, éd. Brunschvicg, sect. VI, n° 347.

2. « Elle a traversé l'Europe comme une énigme vivante, errant quelquefois d'un pays à l'autre sans but apparent, agissant sans faire deviner le motif de ses actions et ne laissant après elle que le souvenir d'une apparition excentrique et mystérieuse » (BILDT, dans la préface à son édition de la correspondance de Christine avec le

dit de cette histoire qu'elle est de facture si ingénieuse qu'elle est plus passionnante et plus intéressante qu'un quelconque roman [1]. Cet intérêt-là s'évanouit lors d'un examen et d'une analyse plus précis ; car la logique n'est pas romantique. Mais le processus intérieur qui a conduit à la conversion de Christine n'en est pas moins important ; au contraire, il gagne en importance si l'on regarde en détail ses motivations psychologique et logique. Ce qu'un tel examen lui fait perdre en magie romantique, il le lui rend en intérêt historique ; car ce dernier réside dans le fait que l'évolution qui s'accomplit ici nous livre un témoignage caractéristique non seulement sur la personnalité de Christine, mais également sur la manière de penser et sur l'état d'esprit de toute son époque.

3

LA RENAISSANCE DU STOÏCISME DANS L'ÉTHIQUE DES XVIe ET XVIIe SIÈCLES

Si la présentation de la singularité intellectuelle de Christine et de son cursus de formation nous confrontait déjà à une tâche difficile, ces difficultés s'accroissent encore de façon considérable lorsque l'on s'interroge sur sa personnalité et sur son caractère. Sur ce dernier point, les différents jugements dont nous disposons se contredisent de manière abrupte et directe. Les différences et divergences qui résultent des partis pris politiques et religieux ont depuis toujours influencé les jugements. La recherche historique moderne a éliminé beaucoup des obstacles et des préjugés qu'il fallait surmonter à cet égard [2], mais elle ne semble pas être parvenue à une conception univoque. Certains jugements tirés de la littérature polémique du XVIIe siècle, riche en déformations et en suspicions sans fondement, se sont imposés jusqu'à nos jours et se sont introduits dans les présentations de l'histoire de la philosophie. Dans sa présentation de la relation entre Descartes et Christine, Kuno Fischer parle des « penchants bizarres, du naturel lunatique et changeant, de la mégalomanie fausse et théâtrale » de la reine, mégalomanie à laquelle, en proie à l'aveuglement et à la frivolité, elle aurait sacrifié son noble destin. Il ne fait aucun doute que cette vision est fausse et partiale – cela contredit non seulement les témoignages

---

cardinal Azzolino, Paris, 1899). – On peut évoquer, à titre de curiosité dans l'histoire de la littérature, la première œuvre en prose que nous possédons d'Ernest Renan consacrée à « l'énigme » que représente la reine Christine. Voir E. RENAN, *Valentine de Milan, Christine de Suède. Deux énigmes historiques*.

1. Une déclaration de Pallavicini ; voir W. H. GRAUERT, *Christina...*, vol. 2, p. 57.
2. Voir en particulier l'exposé de C. WEIBULL, *Drottning Christina*, p. 79 s.

contemporains les plus fiables, mais également l'impression immédiate que nous donnent ses propres écrits. Christine peut paraître à certains égards « bizarre » ; mais son naturel ne peut être simplement qualifié de lunatique et de changeant. Elle pense et agit rarement sous la simple impulsion du moment. C'est une nature réfléchie, qui cherche à rendre compte de ses faits et gestes et qui désire les régler sur des maximes déterminées. Pour rendre justice à une telle personnalité, nous ne devons pas seulement la juger à ses actes, mais également d'après ses maximes. L'historien est libre de rejeter comme faux et erronés les idéaux et les impératifs éthiques par lesquels Christine se laissait guider ; mais il doit d'abord les avoir reconnus comme tels et les avoir compris dans leur véritable sens. Toutes les réflexions éthiques que Christine a élaborées et notées à la fin de sa vie montrent une cohérence interne déterminée. Le *sapere aude* (« Ose savoir ! ») demeure sa véritable devise. Elle exige l'adéquation du penser et de l'agir, l'union de la compréhension claire et du courage moral *[sittlich]* [1]. Une telle nature peut se tromper aussi bien d'un point de vue intellectuel que d'un point de vue éthique, mais elle n'est ni hésitante, ni sans consistance ; elle suit son cheminement jusqu'au bout.

L'éthique de Descartes est fondée sur l'« idéalisme de la liberté ». L'idéalisme théorique qui s'exprime dans le *cogito ergo sum* trouve en elle un écho et parvient, grâce à elle, à son achèvement interne. La force de la raison, qui se manifeste dans la construction de la connaissance pure, dans les domaines de la logique, de la mathématique et de la métaphysique, ne reste pas enfermée dans ce cercle. Elle trouve une nouvelle expression lorsque la raison en vient à diriger la volonté de l'homme vers les buts qu'elle a reconnus comme vrais, authentiques et essentiels. C'est alors seulement qu'est atteint l'achèvement harmonieux du système cartésien. D'une puissance purement intellectuelle, il est devenu une véritable puissance de vie. La raison est déclarée souveraine, non seulement dans le domaine du connaître, mais également dans le domaine de l'agir. « Descartes – déclare Dilthey – est l'incarnation de l'autonomie de l'esprit fondée sur la clarté du penser. En lui s'unissent de manière originale la conscience de la liberté et le sentiment de puissance du penser rationnel. Et c'est en cela que réside le plus haut degré de conscience de la souveraineté auquel un homme se soit jamais élevé [2]. » *Reconnaître* la conscience morale en son essence et en sa véritable origine signifie, pour Descartes, la livrer à elle-même. La raison morale *[sittlich]* se voit bien sûr placée au centre du monde et ne peut pas se soustraire au monde ; elle ne peut pas et ne doit pas

1. CHRISTINE DE SUÈDE, *Ouvrage du loisir*, n° 538, 462 : « Le bon sens ne subsiste pas sans le courage » ; « Il faut vouloir fortement tout ce qu'on veut ».

2. DILTHEY, « Der entwicklungsgeschichtliche Pantheismus... », p. 349.

prendre le chemin de l'ascèse. Mais elle est également appelée à ne pas se laisser abuser par les biens de ce monde, ni aveugler par leur éclat. Elle passe de la simple représentation à la connaissance *[Wissen]* du bien : elle remplace les faux biens et les fausses valeurs conventionnels par les valeurs essentielles. Et comme, pour Descartes, tout savoir théorique se laisse finalement ramener à un *unique* principe suprême, tout savoir pratique est au fond également un. Cela signifie que le bonheur et la valeur de l'homme ne peuvent pas lui venir de l'extérieur, mais qu'il doit les produire lui-même l'un et l'autre. Mais seule la nature noble, seul « l'homme généreux », est capable de les produire. Car il est le seul à réussir cette concentration totale sur sa propre conscience qui le préserve de toute dépendance extérieure vis-à-vis des biens du monde, de ses opinions et de ses préjugés. Descartes a déjà décrit cet idéal dans une lettre célèbre adressée à Christine et datée de 1647 – et dans son ouvrage intitulé *Les Passions de l'âme*, qui fut achevé peu de temps après et transmis à la reine sous forme de manuscrit, il l'a fondé et développé de manière systématique. Le souverain bien réside dans la ferme volonté de faire ce qui est juste et dans l'autosatisfaction qui naît de cette volonté. Ce bien est le seul qui soit totalement en notre pouvoir ; et tout ce qui est d'ordinaire loué comme « vertu » ou comme bonheur en dépend complètement [1].

Presque chaque ligne de ses notes philosophiques montre à quel point cette conception fondamentale a influencé Christine. Elle cherche avant tout à se conformer à l'idéal de « l'homme généreux » qui se détermine librement et par lui-même et qui, fort de ce privilège intérieur, fait peu de cas de tout le reste. La valeur des actions provient de la valeur que la personne sait se donner à elle-même [2]. Partant, chacun doit choisir et déterminer sa propre voie, « il faut avoir en soi-même de quoi glorieusement commencer et finir sa carrière [3] ». Ce que nous appelons la grandeur et la gloire historiques sont inutiles si elles ne résistent pas à cet examen. Les véritables héros de l'histoire universelle ne sont pas ceux qui ont accompli les plus grands exploits, mais ceux qui ont possédé et fait preuve de la plus grande maîtrise intérieure. Car la véritable grandeur ne consiste pas à faire tout ce que l'on veut, mais consiste en ce que la volonté se fixe des buts légitimes et les affirme contre toute résistance [4]. Et pour cela, peu importe la naissance et les conditions particulières dans lesquelles on vit [5]. On peut être libre dans la

1. *Les Passions de l'âme*, art. 154 (XI, p. 446).

2. CHRISTINE DE SUÈDE, *Ouvrage du loisir*, n° 37 : « Le mérite de la personne donne le prix à ses actions. »

3. *Ouvrage du loisir*, chez J. Arckenholtz, Première Centurie, n° 42.

4. « La véritable grandeur consiste non pas à faire tout ce que l'on veut, mais à ne vouloir que ce qu'on doit » (CHRISTINE DE SUÈDE, *Pensées...*, « Sentiment » n° 130. Également *Ouvrage du loisir*, n° 147).

5. « Il importe peu en quel état ou de quelle manière l'on passe cette vie. Elle ne

condition d'esclave – et de l'autre côté, même sur un trône, on n'est roi que lorsque l'on possède un cœur et un esprit de roi. Cyrus, Alexandre, César étaient grands, non pas grâce aux biens que la fortune leur avait accordés, mais par la grandeur et la force de leur âme ; « leurs âmes étaient encore plus grandes que leur grande fortune [1] ». Bien sûr, Christine explique – et ceci est également un trait authentiquement cartésien – que la grandeur d'âme est une prédisposition originelle de l'esprit ; il faut la conquérir, mais on ne la conquiert que si on est en quelque sorte né avec elle. Descartes voulut désigner cette vertu qu'il déclare être la plus grande non pas du nom usuel de « magnanimité », mais de celui de « générosité », afin d'indiquer qu'elle dépend d'une inclination originelle de la volonté qui lui est propre dès la naissance [2]. Les hommes qui sont nés avec cette prédisposition se reconnaissent mutuellement et savent qu'ils ne font qu'un en dépit de toutes les différences liées à leur condition, à leur nation ou à l'époque à laquelle ils sont nés ; ils portent d'une certaine manière une même distinction honorifique *[Orden]* [3]. Très vite, l'ambition de Christine consista à faire partie de cette communauté des « grandes âmes » qui s'étendait à tous les pays et à toutes les époques. Tel était le mérite auquel elle aspirait et qu'elle plaçait plus haut que tous les droits que sa naissance lui avait accordés ; « le mérite personnel, écrit-elle à la fin de sa vie, met la différence entre les rois ; et non pas leurs États [4] ». On peut déceler cet état d'esprit jusque dans les détails, jusque dans sa doctrine concrète de la vertu. Là aussi, on reconnaît la parenté avec Descartes. Celui-ci décrit le sentiment de vengeance comme indigne d'une âme héroïque. Une âme véritablement grande ne pense pas à la vengeance – non parce qu'elle pardonne l'injure qui lui a été faite, mais parce qu'elle ne la ressent pas comme telle. Car elle sait que rien ne peut lui causer du dommage, rien ne peut lui faire injure qu'elle-même et elle sait qu'elle est protégée de toute blessure venant de l'extérieur. Elle n'a pas besoin de lui répondre par la haine ou la vengeance, elle peut lui opposer le mépris [5]. Cette vision aussi est récurrente dans les pensées et maximes éthiques de Christine [6] : la seule vengeance qui

---

vaut pas ni la peine ni les soins qu'on s'en donne, si on la considère simplement en elle-même » (*ibid.*, « Sentiment » nº 30).

1. *Ibid.*, « Sentiment » nº 34.

2. Voir *Les Passions de l'âme*, art. 161 (XI, p. 453). Voir CHRISTINE DE SUÈDE, *Ouvrage du loisir*, nº 17 : « Le mérite naît avec les hommes ; heureux ceux avec lesquels il meurt ». *Ibid.*, nº 15 : « on ne sauroit donner du mérite à ceux qui n'en ont pas » ; « le mérite vaut mieux que les trônes » (nº 2).

3. « Il y a une étoile qui unit les âmes du premier ordre, malgré les lieux et les siècles qui les séparent » (*ibid.*, nº 157).

4. CHRISTINE DE SUÈDE, *Pensées*..., « Sentiment » nº 117.

5. *Les Passions de l'âme*, art. 156, 203, etc. (XI, p. 447 s.).

6. *Ibid.*, art. 203 (XI, p. 481). « Comme il n'y a rien qui rende [l'émotion] plus excessive que l'orgueil, ainsi je crois que la générosité est le meilleur remède contre ses excès : pour ce que, faisant qu'on estime fort peu tous les biens qui peuvent être

sied à une âme héroïque – explique-t-elle – est la vengeance par les bienfaits[1].

Il nous fallait examiner en détail la concordance entre les *Maximes* de Christine et les principes fondamentaux de l'éthique cartésienne ; mais avant d'en tirer d'autres conclusions pour notre problème, nous devons nous arrêter un instant. Il serait prématuré de conclure, sur la base des résultats que nous avons obtenus, que c'est à Descartes et à son enseignement que Christine doit sa philosophie morale. Car ce n'est pas Descartes qui a implanté en Christine les premiers principes de l'action morale et il n'est pas le premier à lui avoir exposé une « philosophie » de la morale. Lors de sa rencontre avec Descartes, Christine n'était pas une simple élève : malgré ses vingt-trois ans, elle avait longuement étudié et approfondi les problèmes fondamentaux de l'éthique. Dès sa prime jeunesse, la question de la nature du « souverain bien » l'avait préoccupée. Le célèbre *Portrait* que fit Chanut de Christine est daté de 1648, il fut donc rédigé avant l'arrivée de Descartes à Stockholm. « Elle se plaist quelquefois de parler comme les stoiciens de cette éminence de la vertu, qui fait nostre souverain bien en cette vie. [...] *c'est un plaisir extreme de luy voir mettre sa Couronne sous les pieds** et publier que la vertu est *l'unique bien où tous les hommes doivent s'attacher indispensablement sans tirer avantage de leurs conditions* [...][2]. » Ce portrait nous montre que l'*éthique stoïcienne* a influencé Christine bien avant l'éthique cartésienne. C'est elle qui donna très tôt une direction déterminée à sa pensée et une empreinte déterminée à sa volonté. Elle était devenue intimement familière de tous les classiques du stoïcisme antique – et certains d'entre eux, surtout Sénèque et Épictète, comptaient parmi ses auteurs favoris. L'étude d'Épictète est attestée par Chanut[3], et Isaak Vossius écrit en 1649 à Nicolas Heinsius que la reine attendait avec impatience l'édition de Sénèque par Gronovius[4]. Mais elle devait être remplie d'amour et d'admiration pour Marc Aurèle. Car, avec ce « stoïcien sur le trône impérial », elle avait sous les yeux un grand et mémorable exemple de tout ce qu'elle exigeait d'elle-même et pour elle-même. Lorsque Freinsheim,

---

ôtés, et qu'au contraire on estime beaucoup la liberté et l'empire absolu sur soi-même, qu'on cesse d'avoir lorsqu'on peut être offensé par quelqu'un, elle fait qu'on n'a que du mépris ou tout au plus de l'indignation pour les injures dont les autres ont coutume de s'offenser. » – Voir CHRISTINE DE SUÈDE, *Pensées...*, « Sentiment » n° 227 : « Rien ne peut nous offenser que nous-mêmes, nous sommes en sûreté de tout ce qui nous vient du dehors. » *Ouvrage du loisir*, p. 24 : « Les mépris vengent noblement les grands cœurs » ; *ibid.*, p. 26 : « Le plaisir de la vengeance n'est pas fait pour les grands cœurs. »

* « Aussi fait-elle gloire d'avoir mis sous ses pieds ce que le res[te] des rois porte sur leurs testes. »

1. CHRISTINE DE SUÈDE, *Pensées...*, « Sentiment » n° 75.
2. Portrait de Chanut ; voir M. WEIBULL, « Om *Mémoires* de Chanut », p. 70.
3. Voir la lettre de Chanut à Mazarin datée du 12 octobre 1648 (XII, p. 530).
4. Voir W. H. GRAUERT, *Christina*, vol. 1, p. 374.

en octobre 1648, au nom de la reine, invite Isaak Vossius à venir à Stockholm, il ajoute qu'il ne devait pas oublier d'apporter avec lui trois exemplaires des *Pensées* de Marc Aurèle qui avaient paru à l'époque dans l'édition de Casaubonus à Londres. Il ne pouvait faire de plus beau cadeau à la reine, puisque le plus noble de tous les princes était son modèle tant admiré [1]. Joachim Gerdes, qui quitta Rostock pour Stockholm où il avait été appelé pour enseigner la littérature grecque à la Reine, rapporte qu'elle était parvenue dans ses études à une grande maîtrise ; qu'elle aimait surtout le Nouveau Testament, Marc Aurèle et Épictète, qui faisaient partie de sa nourriture spirituelle quotidienne [2]. Il ne faut donc pas perdre de vue ce chaînon intermédiaire, si l'on veut tirer au clair le type de « rencontre » spirituelle qui se produisit entre Descartes et Christine dans le domaine de la philosophie morale. Il faut se demander quelles nouvelles vues dans ce domaine Descartes pouvait apporter à cette élève de la Stoa. Car il est expressément attesté que ce furent justement *ces* nouvelles vues que Christine espérait de Descartes. L'invitation de Descartes à Stockholm tient au fait que Christine avait assisté en 1647 à une *disputatio* de Freinsheim au sujet du « souverain bien » et qu'insatisfaite du résultat de cette *disputatio*, elle demanda à Chanut de soumettre la question à Descartes qui saurait la traiter plus en profondeur et la suivre jusque dans ses ultimes fondements [3]. Ce que Christine souhaitait donc avant tout, et qu'elle ne croyait pouvoir trouver chez aucun autre penseur de son temps que chez Descartes, ce n'était pas tant un nouveau contenu de la doctrine de la morale qu'un nouveau fondement méthodique, un fondement de principe. Cependant, pour comprendre ce que Descartes, et lui seul, pouvait lui apporter à cet égard, il nous faut prendre du champ et nous remémorer en détail l'arrière-plan de la philosophie morale au XVIIe siècle du point de vue de l'histoire des idées.

Depuis la Renaissance, la doctrine stoïcienne s'était progressivement imposée. Sous l'influence des idées et des idéaux stoïciens, l'ensemble de la « doctrine de l'homme » revêt une forme nouvelle. Dans ses études sur l'histoire des idées du XVIIe siècle, Dilthey a montré en détail comment s'élabore à l'époque, sur la base de ces idées, la forme d'une nouvelle « anthropologie » – comment anthropologie et théorie de la conduite de la vie prennent leur véritable forme, et en quoi elles rompent avec la scolastique et avec la vision

1. Lettre de Freinsheim à Isaak Vossius d'octobre 1648 (chez J. Arckenholtz, *Mémoires*..., vol. 4, p. 236).

2. « *Eam in Graecis exercitatissimam fuisse atque in delicis praecipuum habuisse Novum Testamentum, M. Antoninum et Epictetum, ut libri isti fuerint quotidie mensae ejus ornamento* » (D'après Plantin, chez J. ARCKENHOLTZ, *Mémoires*..., vol. 1, p. 345).

3. « Après avoir ouï cette harangue, [la reine] avoit dit que ces gens-là *ne faisaient qu'effleurer les matières*, et qu'il en faudroit savoir mon opinion » (Lettre de Descartes à la princesse palatine Élisabeth datée du 20 novembre 1647 ; V, p. 89).

médiévale du monde [1]. Ce mouvement naît en Italie et en Espagne, où il est marqué par des noms comme Telesio, Cardano, Luis Vives. Mais tout cela ne représente qu'un prologue à la véritable renaissance stoïcienne. Ce n'est que dans la France du XVIe siècle, dans les *Essais* de Montaigne, que la Renaissance atteint son apogée et se donne la forme moderne qui lui est appropriée et spécifique. Il ne s'agit plus alors de la simple reprise d'un héritage antique, ni de la tentative d'une recréation au sens strictement théorique. Car Montaigne, en tant que penseur éthique, est également resté fidèle à sa devise : « Que sçais-je ? ». Il ne veut pas établir de dogmes éthiques ; il évite d'exposer une doctrine éthique synthétique. Ce n'est pas non plus un simple intérêt savant qui le ramène aux sources de la sagesse stoïcienne. Les citations tirées de la littérature classique sont bien sûr disséminées dans toute son œuvre et il a dit de son auteur favori, Sénèque, que, comme les Danaïdes, il y avait puisé sans relâche [2]. Mais tout cela est bien loin de la simple imitation ; et cela va bien au-delà des anciennes formes de la réception humaniste des doctrines antiques que Montaigne, dans un chapitre célèbre de ses *Essais*, caractérise de « pédantisme » et qu'il rejette. « Que nous sert-il d'avoir la panse pleine de viande, si elle ne se digère, si elle ne se transforme en nous, si elle ne nous augmente et fortifie ? [...] Nous nous laissons si fort aller sur les bras d'aultruy, que nous anéantissons nos forces [...]. Je n'ayme point cette suffisance relative et mendiée : quand bien nous pourrions estre sçavants du sçavoir d'aultruy, au moins sages ne pouvons nous estre que de notre propre sagesse [3]. » Ces paroles nous exposent le tournant décisif qui s'accomplit avec Montaigne. On pourrait dire que, chez lui, à la place de l'interprétation humaniste de la Stoa qui avait régné jusque-là, entre en jeu, pour la première fois, une interprétation purement « humaine ». Car tout chez lui est placé sous le signe d'une conception tout à fait personnelle, d'une appropriation et d'une interprétation individuelles. Il ne veut pas établir de règles universelles et contraignantes ; il veut simplement se raconter lui-même, se comprendre lui-même : « de l'expérience que j'ay de moy je trouve assez de quoy me faire sage [4] ». Comprise dans le sens du savoir, cette restriction à son propre moi *[Selbst]* semble indiquer un renoncement sceptique ; mais dans un sens éthique, ce renoncement révèle justement la force véritable et fondamentale du Je. Car en se présentant dans sa singularité purement personnelle, c'est la « forme » universelle de l'humain qui s'exprime dans cette singularisation. Montaigne lui-même considérait l'interpénétration de l'individuel,

---

1. Pour plus de détails, voir DILTHEY, « Die Funktion der Anthropologie in der Kultur des 16. und 17. Jahrhunderts », *Gesammelte Schriften*, II, p. 496 s.
2. « De l'institution des enfants », *Essais*, L. I, chap. XXV.
3. « Du Pédantisme », *ibid.*, chap. XXIV.
4. « De l'Expérience », *Essais*, L. III, chap. XIII.

et même du singulier et du fortuit, avec l'universel comme ce qui le distinguait en tant que penseur et en tant qu'écrivain. « Les aucteurs se communiquent au peuple par quelque marque speciale et estrangiere ; moy, le premier, par mon estre universel ; comme Michel de Montaigne, non comme grammairien, ou poète, ou iurisconsulte [1]. »

Pierre Charron, l'ami de Montaigne et son plus proche disciple, fait un pas de plus. L'ouvrage de Charron intitulé *De la sagesse* suit en tous points les traces de Montaigne et on retrouve presque à chacune de ses pages des réminiscences des *Essais*. Mais la forme de l'exposé et le projet qu'il poursuit sont tout autres. Car Charron – quoiqu'il conserve l'attitude sceptique et qu'il souligne sans relâche la faiblesse et l'incertitude de tout savoir humain – aspire bien plus que Montaigne à une systématique interne à ce savoir. Il veut fournir une doctrine des biens et un doctrine des affects cohérentes. Et dans la construction de cette dernière, on perçoit, à côté des influences stoïciennes, l'émergence d'un nouvel esprit théorique. C'est là que résident les prémisses de cette évolution qui trouvera son achèvement dans le traité des passions de l'âme de Descartes. C'est avant tout le rapport entre l'intellect et la volonté qui est conçu d'une manière authentiquement cartésienne. Car, d'un côté, il part du principe que de tout ce que l'homme possède en propre, seule sa volonté lui appartient de manière vraie et absolue. Tout ce qu'il possède d'autre : l'entendement, la mémoire, l'imagination peuvent lui être repris ou bien être gênés par des circonstances extérieures. Dans la volonté, en revanche, se manifeste le véritable et indestructible moi *[Selbst]*, et de celui-ci dépend la valeur spécifique de l'homme [2]. De l'autre côté, il ne fait pour Charron aucun doute que la volonté n'est pas capable de se réaliser elle-même, de passer à l'acte, si elle ne s'en remet pas à la conduite de l'intellect. Le jugement de l'entendement doit éclairer par avance le chemin de la volonté et conduire chacun de ses pas. La volonté ne doit pas prendre de décision avant d'avoir appris à distinguer clairement et sûrement les différents contenus qui peuvent la guider. Cette distinction, cette évaluation de la valeur ou de la non-valeur *[Unwert]* ne peut être accomplie que par la faculté de juger *(le discours)*. Pour garantir la vraie liberté de la volonté, il nous faut d'abord avoir acquis une complète liberté vis-à-vis de cette dernière. Nous devons nous en remettre à nous-mêmes ; nous devons nous débarrasser de tout ce que la convention et l'habitude ont implanté en nous, oser regarder avec nos propres yeux et nous diriger selon notre propre entendement. Il y aura, bien sûr, de nombreux cas où toutes les conditions ne seront pas réunies et où nous ne pourrons trancher clairement entre le pour et contre des différents motifs. Cependant, même dans ce cas, nous pouvons échapper à l'erreur en suspendant notre décision là où

1. « Du Repentir », *Essais*, L. III, chap. II.
2. CHARRON, *De la sagesse*, L. I, chap. XIX, éd. Bastien, I, p. 147 s.

les conditions nécessaires à un jugement sûr font défaut. Car mieux vaut nous abstenir tout à fait que de prendre une décision sur la base d'obscures représentations et de sourdes pulsions *[Triebe]*. Dans cette doctrine, qu'il expose et fonde avec précision [1], Charron ne pense pas faire autre chose que renouveler l'ancienne exigence sceptique de la suspension du jugement ; mais si l'on considère de plus près la manière dont il la fonde, on découvre qu'il fraye un chemin qui devait prolonger le pyrrhonisme de Montaigne et déboucher sur le rationalisme de Descartes. Car dans l'appréciation que fait Charron des différentes facultés de l'esprit humain, c'est l'entendement qui est déclaré être le véritable souverain : de son bon usage dépend la liberté de l'esprit qui est la condition de toute vraie félicité [2].

Dans tout cela, il s'agit de prolonger certains grands motifs spirituels fondamentaux qui portent en eux un contenu si universel qu'ils survivent aux changements des époques. Chaque époque élabore de nouvelles formes en adéquation avec elle ; mais dans toutes ces formes revient un même contenu notionnel déterminé. Il n'y a là ni saut, ni rupture brutale et, à plusieurs siècles de distance, on peut toujours établir une communauté de pensée et une compréhension directe. Cette circonstance explique que la réception du stoïcisme se soit accomplie de manière si discrète et si continue tout au long des XVIe et XVIIe siècles. On ne perçoit tout d'abord pas de luttes intestines ; le mouvement qui naît à ce moment-là s'étend de tous côtés et se déroule pour ainsi dire sans frottements internes. Et pourtant, derrière cette évolution apparemment si linéaire et uniforme, se cache un problème délicat. Car si la nouvelle philosophie, si la psychologie et l'éthique modernes pouvaient sans peine se rattacher à la Stoa, cela ne pouvait manquer de provoquer un sérieux conflit du point de vue de la théologie. La doctrine de la foi ne pouvait pas assimiler le contenu de l'éthique stoïcienne sans ébranler les fondements du système dogmatique médiéval. Ce système reposait sur la doctrine augustinienne de la grâce qui était en opposition brutale avec l'idéal stoïcien de la souveraineté et de l'absolue « autarcie » de la volonté. Bien sûr, les premiers rénovateurs et défenseurs du stoïcisme ont à peine eu conscience de cette contradiction en tant que telle, ou bien ils ne l'ont pas ressentie dans toute sa force. Ce sont pour la plupart des théologiens ; ce sont des ecclésiastiques ou de hauts dignitaires de l'Église. Charron était prêtre ; du Vair, aux écrits

---

1. Voir en particulier *De la Sagesse*, L. II, chap. II.

2. « Ainsy en l'homme l'entendement est le souverain, qui a sous soy une puissance estimative et imaginatifve comme un magistrat pour cognoistre et juger par le rapport des sens de toutes choses qui se presenteront et mouvoir nos affections pour l'execution. Pour sa conduite et reiglement en l'exercice de sa charge la loy et lumiere de la nature luy a esté donnée : et puis il a moyen en tout doubte de recourir au conseil de son superieur et souverain, l'entendement : voylà l'ordre de son estre heureux » (*ibid.*, chap. XX). Voir à ce propos DU VAIR, « La philosophie morale des stoïques », p. 282 s.

moraux duquel il se référait et qui, par ses écrits et ses traductions d'Épictète, contribua le plus à la propagation des idées stoïciennes en France, était évêque. Une quelconque tendance polémique à l'égard de l'Église leur était étrangère à tous deux ; ils croient plutôt en la possibilité d'une complète harmonisation et veulent lui préparer le terrain [1]. Pourtant, dans l'évolution de l'œuvre de Charron, le conflit latent qui en constitue le fond explose involontairement. Car là où Charron développe son propre idéal, il ne peut éviter de constater que celui-ci est en contradiction avec certaines au moins des représentations conventionnelles et traditionnelles de la morale théologique. Cette morale doit fonder tous les préceptes moraux *[Sittlichkeit]* sur la volonté de Dieu : le bien n'est bien que dans la mesure où il est voulu et sanctionné par Dieu. Mais Charron élève la plus vive objection contre cette conception. Pour lui, la véritable sagesse coïncide avec la liberté intérieure, et celle-ci n'est donnée et garantie que là où la compréhension et la volonté se donnent leur propre loi au lieu de la recevoir de l'extérieur. Dans le conflit entre l'« hétéronomie » religieuse et l'autonomie éthique, Charron est sans conteste du côté de cette dernière. Une morale qui nécessiterait un fondement transcendant et qui, ne serait-ce que pour se maintenir, dépendrait du soutien d'un dogme, n'est pour lui qu'une simple chimère. « La vraye preud'homie, que je requiers en celuy qui veut estre sage, est libre et franche, masle et genereuse, riante et joyeuse, egale, uniforme, et constante, qui marche d'un pas ferme, fier et hautain, allant tousjours son train, sans regarder de costé ny derriere, sans s'arrester et alterer son pas et ses alleures pour le vent, le temps, les occasions, qui se changent, mais non pas elle, j'entends en jugement et en volonté, c'est-à-dire l'ame, où reside et a son siege la preud'homie. Or le ressort, de *cette* preud'homie, c'est la loy de nature, c'est-à-dire l'equité et raison universelle, qui luist et esclaire en un chacun de nous [...]. Que vas tu chercher ailleurs loy ou reigle au monde ? Que te peut on dire ou alleguer que tu n'ayes chès toi et au dedans, si tu te voulois taster et escouter ? Toutes les tables de droict, et les deux de Moyse, et les douze des Romains, et toutes les bonnes loix du monde, ne sont que des copies et des extraicts produicts en jugement, contre toy qui tiens caché l'original [...]. Voicy donc une preud'homie essentielle, radicale et fondamentale, née en nous de ses propres racines, par la semence de raison universelle, qui est en l'ame, comme le ressort et balancier en

1. Au sein de l'orthodoxie théologique, de telles tentatives d'harmonisation furent bien entendu toujours combattues, et l'ouvrage de Charron intitulé *De la sagesse* fut dès lors considéré comme une œuvre dangereuse, « athée et libertine ». À ce sujet sont très caractéristiques les violentes invectives dirigées contre celle-ci, non seulement par Fr. Garasse dans *La Doctrine curieuse des beaux esprits de ce temps*, mais également par Mersenne dans *L'Impiété des déistes, athées et libertins de ce temps*, qui, dès le titre, placent Charron aux côtés de Cardanus, Giordano Bruno et de la doctrine des déistes.

l'horloge [...]. N'ont ny vraye religion, ny vraye preud'homie, [...] ceux qui veulent que la probité suyve et serve à la religion, et ne recognoissent autre preud'homie, que celle qui se remue par le ressort de la religion [...]. Je veux que sans paradis et enfer, l'on soit homme de bien : ces mots me sont horribles et abominables, si je n'estois Chrestien, si je ne craignois Dieu et d'estre damné, je ferois cela : O chetif et miserable, quel gré te faut-il sçavoir de tout ce que tu fais ? Tu n'es meschant, car tu n'oses, et crains d'estre battu : je veux que tu oses, mais que tu ne vueilles [...]. Tu fais l'homme de bien , afin que l'on paye, et l'on t'en dise grand mercy, je veux que tu le sois, quand l'on en devroit rien sçavoir : Je veux que tu sois homme de bien, pource que nature et la raison (c'est Dieu) le veut : l'ordre et la police generale du monde, dont tu es une piece, le requiert ainsi [...]. Je veux aussi la pieté et la religion, non qui face, cause, ou engendre la preud'homie née en toy, et avec toy, plantée de nature, mais qui l'approuve, l'authorise, et la couronne. La religion est postérieure à la preud'homie ; [...] et ainsi ne la peut pas causer. Ce seroit plustost la preud'homie qui devroit causer et engendrer la religion, car elle est premiere, plus ancienne et naturelle [...]. Ceux donc pervertissent tout ordre, qui font suyvre et servir la probité à la religion [1]. »

L'ouvrage de Charron intitulé *De la sagesse* naît à l'aube du XVIIe siècle ; sa première édition parut à Bordeaux en l'an 1601. On y trouve l'empreinte du véritable esprit de la Renaissance française et l'ouvrage fait en même temps office d'annonciateur et d'éclaireur de la philosophie cartésienne. Cette transition préparatoire, qui ne provient pas seulement du domaine de la spéculation philosophique, mais aussi du domaine de la spéculation religieuse et théologique, explique l'extraordinaire influence qu'exerça dès ses débuts le cartésianisme sur l'ensemble de la culture *[Bildung]* spirituelle française. Toutes les attaques de la part de l'orthodoxie ne purent affaiblir cette influence ; la nouvelle doctrine trouva des défenseurs et des alliés au sein même de la théologie et de l'Église. Dès lors naquit une nouvelle génération de théologiens qui cherchait non pas à contester le cartésianisme, mais au contraire à extraire de la logique et de la métaphysique de Descartes les armes pour combattre l'incroyance. Et pourtant, ce lien entre philosophie et théologie repose dès le départ sur un terrain meuble. Car il exige la reconnaissance de l'autonomie et de la souveraineté de la raison qui ne peut être admise sans toucher à la doctrine centrale de la religion, la doctrine de la grâce, dans ses déterminations fondamentales et essentielles. La doctrine

---

1. *De la sagesse*, L. II, chap. III et V : ce passage se réfère pour l'essentiel à MONTAIGNE, *Essais*, L. III, chap. XII : « De la physionomie ». Tous deux, Montaigne et Charron, subissent l'influence de Pietro Pomponazzi, qui fut le premier à oser énoncer dans le monde moderne le postulat d'une moralité « autonome ». Voir à ce sujet mon ouvrage *Das Erkenntnisproblem...*, p. 114 s. et H. BUSSON, *Les Sources et le Développement du rationalisme dans la littérature française*.

de la grâce d'Augustin avait déjà été au centre de tous les combats qui furent menés au XVIe siècle, de la Renaissance à la Réforme, entre l'éthique humaniste et l'éthique religieuse. La grande querelle entre Luther et Érasme sur le thème de la « libre volonté » en est l'exemple typique. Cette opposition couvait encore au sein du catholicisme ; on aspirait à un équilibre et à un compromis. Mais toutes ces tentatives pour trouver une solution s'avérèrent inapplicables dès que l'on commença à saisir le problème dans toute son acuité. En rétablissant, dans son œuvre sur Augustin (1640), la doctrine augustinienne de la grâce et en l'élevant au rang de dogme fondamental dans sa forme *[Gestalt]* la plus radicale, Jansenius a coupé les ponts entre philosophie et théologie. À partir de ce moment-là, tout concourt à un affrontement des plus brutaux et à une dernière grande querelle entre raison et révélation, entre savoir et foi, entre nature et grâce. Non seulement le penser théorique, mais également le penser pratique et politique, non seulement la religion, mais également toute forme de vie devaient se voir influencer et déterminer par la position défendue au sein de ces grandes oppositions.

Lorsque Descartes arriva à Stockholm en 1649, ces conflits en étaient encore à leur début. L'acuité de ces oppositions n'avait encore été reconnue par aucun de deux partis. Descartes lui-même était en étroite relation avec les hommes qui devinrent les premiers professeurs et défenseurs du jansénisme. Antoine Arnauld faisait partie de ces savants à qui Descartes avait soumis ses *Méditations* avant leur parution, et il ajouta leurs objections à son ouvrage. Et la discussion autour de ces objections se déroulait dans des formes objectivement sereines et personnellement amicales. Plus tard, la *Logique de Port-Royal*, esquissée par Arnauld et poursuivie par Nicole, pouvait devenir un manuel du cartésianisme. Contre les attaques de l'orthodoxie envers Descartes, Arnauld prit expressément Descartes sous sa protection et défendit son orthodoxie [1]. Et pourtant, c'était une alliance peu naturelle qui avait été scellée entre deux puissances spirituelles tout à fait différentes – une alliance qui, à la longue, ne pouvait persister. Ce qu'Arnauld et Nicole avaient encore tenté de concilier fut peu après tranché d'un coup net par Pascal. Pascal est un logicien et un mathématicien, et en cela il est cartésien ; mais il perçoit d'emblée l'abîme qui sépare non seulement le cartésianisme, mais toute « philosophie », toute doctrine de la raison, de la doctrine de la grâce d'Augustin et du jansénisme. Entre cette doctrine et la thèse de la souveraineté et de l'autarcie de la raison humaine, il n'existe pas de médiation. Dans son *Entretien avec Monsieur de Saci*, Pascal avait tellement creusé la brèche qui séparait les deux doctrines, et sur laquelle on avait tenté jusqu'alors de jeter un pont, que l'on ne pouvait plus la colmater ; il plaça la

1. Voir A. ARNAULD, *Examen d'un écrit qui a pour titre : Traité de l'essence des corps....*

philosophie de la morale et la philosophie de la religion face à une décision déterminée, une alternative *[Entweder-Oder]* à laquelle nul ne pouvait échapper [1].

Quelle aurait été la décision de Descartes et quelle aurait été celle de Christine si le problème s'était présenté à eux sous cette forme ? La réponse à cette question, pour Descartes, ne fait aucun doute. Par rapport au contenu de sa philosophie, Descartes était prêt à faire certaines concessions pour éviter un conflit avec l'Église. Mais dans les questions touchant à la doctrine de la méthode et à la doctrine des principes de la connaissance, il n'y avait pas de retour en arrière possible. Toutes deux présentent un très violent contraste et une continuelle protestation vis-à-vis des prémisses sur lesquelles Pascal fait reposer toutes ses déductions philosophiques et théologiques : contre l'hypothèse de la *raison corrompue*. Le système de Descartes est entièrement construit sur l'hypothèse selon laquelle la raison est capable d'accéder à la vérité absolue et de l'atteindre par ses propres forces là où elle s'en tient aux limites qui lui ont été prescrites et là où elle s'appuie exclusivement sur ses idées claires et distinctes. Et cette même autarcie absolue est reconnue à la volonté morale [2]. Descartes avait déjà exposé cette doctrine à Christine dans la première lettre qu'il lui avait adressée et ce fut elle qui l'adopta immédiatement avec enthousiasme. Car, sur ce point, elle se situait dès le départ sur le même terrain que Descartes. Elle n'avait jamais pu se plier au dogme théologique d'une volonté non libre. Plus tard, elle a toujours rejeté le jansénisme et elle ressentait une vive et intime aversion pour la doctrine calviniste de la prédestination [3]. Mais dans la forme du catholicisme qu'elle apprit tout d'abord à

1. Voir PASCAL, *Entretien avec Monsieur de Saci* ; *Pensées*, éd. E. Havet, t. I, p. CXXI s. Quant au tournant de l'histoire des idées qui s'exprime dans ces entretiens, voir SAINTE-BEUVE, *Port-Royal*, L. III, chap. Ier, vol. 2, p. 379 s.

2. Descartes à Christine, le 20 novembre 1647 (V, p. 85). – En ce qui concerne la question théologique de la compatibilité de la liberté de la volonté humaine avec la Providence divine, Descartes, fidèle à sa maxime d'écarter tous les problèmes purement théologiques, a évité de s'exprimer sur ce sujet dans ses œuvres majeures. Pour reconstituer son point de vue sur cette question, il faut donc nous reporter aux documents purement biographiques, à sa correspondance et à ses entretiens. Comme l'a montré Gilson dans son ouvrage intitulé *La Liberté chez Descartes et la théologie*, on ne peut en déduire de position univoque. Il s'agit simplement de déclarations occasionnelles, déterminées à chaque fois par une situation particulière et par des égards personnels. Le point de vue de Gilson a récemment été remis en cause par J. Laporte dans un article intitulé « La liberté selon Descartes », mais, à ce qu'il me semble, pas sérieusement ébranlé. Je ne réussis pas à déduire des textes cités par Laporte que Descartes ait eu un point de vue univoque, s'y soit tenu et que sa doctrine ait eu une orientation strictement « antimoliniste ». Pour plus de détails sur ce point, voir R. AMERIO, « Arbitrarismo divino, Libertà umana e implicanze teologiche nella dottrina di Cartesio », en particulier p. 33 s.

3. Voir à ce propos le portrait de Chanut chez M. WEIBULL, « Om *Mémoires* de Chanut », p. 69.

connaître, elle ne retrouva pas ce dogme. Tous ses professeurs étaient des jésuites ; ils appartenaient donc à cette tendance religieuse qui, à l'époque et plus tard encore, combattait de toutes ses forces la doctrine de la volonté non libre. Sur ce point, elle ne voyait pas de rupture avec les antiques idéaux stoïciens. À cela s'ajoutait le fait que Rome avait dès le début reconnu clairement le problème. Dans les instructions que Malines et Casati reçurent pour l'enseignement de Christine, il était expressément dit que la reine portait le plus vif intérêt à la littérature grecque et à la philosophie antique ; les deux pères devaient par conséquent, lors de leur voyage, se consacrer à des études de grec afin de se préparer à leur mission particulière [1]. Christine n'a donc jamais vraiment ressenti la différence entre l'éthique stoïcienne et l'éthique chrétienne ; et elle pensait même pouvoir dépasser son modèle Marc Aurèle en unissant les doctrines de philosophie morale de celui-ci au christianisme [2].

Bien sûr, nous avons aujourd'hui l'impression que Descartes et Christine, s'ils crurent à une telle harmonie entre les exigences de la raison et celles de la doctrine dogmatique de l'Église, simplifiaient trop le problème et cédaient ainsi à une illusion à première vue extrêmement surprenante chez un penseur aussi perspicace et doué d'esprit critique que Descartes. Mais cela s'éclaire aussi si on prend en considération les circonstances particulières qu'offrait la situation dans la première moitié du XVIIe siècle du point de vue de l'histoire des idées. Nulle part encore une séparation nette ne s'était opérée entre les deux fronts qui allaient désormais s'opposer sur cette question. Ce n'est pas Descartes, mais Bayle qui trace la véritable ligne de séparation ; ce n'est pas le *Discours de la méthode*, mais le *Dictionnaire historique et critique* qui, pour la première fois, et de manière encore plus stricte et plus radicale, a séparé l'un de l'autre savoir et foi. Cela pouvait donc conduire à ce résultat paradoxal : pour trouver une issue à ses doutes, Descartes fit vœu d'effectuer un pèlerinage à Lorette, et s'étant assuré de son nouveau cheminement, il le réalisa effectivement. On le lui a souvent sévèrement reproché ; on l'a accusé de malhonnêteté intellectuelle ou, du moins, de manque de cohérence *[Halbheit]*. Mais un tel jugement, considéré d'un point de vue historique et psychologique, n'est pas juste ; il applique à Descartes un critère qui a certes été *développé* à partir de sa philosophie, mais qui n'existait pas encore pour le philosophe lui-même. Il nous faut ici distinguer entre la personnalité et la doctrine ; nous n'avons pas le droit d'attendre que Descartes ait tiré pour

---

1. « Instruzione ai due Padri da mandarsi nella Svezia » ; cité d'après M. WEIBULL, *ibid.*, p. 116.

2. Voir la lettre de Freinsheim citée plus haut et datée d'octobre 1648, J. ARCKENHOLTZ, *Mémoires*, vol. 4, p. 236 : *« Sic illa Principem omnium praestantissimum, ut studeat aemulari : sic aemulatur, ut studeat supergredi, quod a se postulari posse ait, quum Christiana sit. »*

lui-même toutes les conséquences implicitement contenues dans les prémisses de son système [1]. Si nous voulons replacer Descartes dans l'époque qui était la sienne, nous ne devons pas faire abstraction de certains liens en vigueur à cette époque, et il nous faut apprendre à connaître et à comprendre la nature *[Art]* de ces liens si nous voulons porter un jugement historique objectif.

4

LE TRAITÉ DES PASSIONS DE DESCARTES ET SA SIGNIFICATION DU POINT DE VUE DE L'HISTOIRE DES IDÉES

C'est aussi comme moraliste *[Ethiker]* que Descartes veut montrer une nouvelle voie. Dans ce domaine également, il ne veut plus s'en remettre à une quelconque autorité et il pensait avoir définitivement coupé les ponts qui le reliaient à la philosophie antique et médiévale. « Il n'y a rien en quoi paraisse mieux combien les sciences que nous avons des Anciens sont défectueuses – ainsi débute son traité intitulé *Les Passions de l'âme* – qu'en ce qu'ils ont écrit des Passions. Car bien que ce soit une matière dont la connaissance a toujours été fort recherchée [...] toutefois ce que les Anciens en ont enseigné est si peu de chose, et pour la plupart si peu croyable, que je ne puis avoir aucune espérance d'approcher de la vérité, qu'en m'éloignant des chemins qu'ils ont suivis. C'est pourquoi je serai obligé d'écrire ici en même façon, que si je traitais d'une matière que jamais personne avant moi n'eût touchée [2]. » Mais sur quoi peut bien reposer cette croyance de Descartes en l'originalité absolue de son éthique ? Elle ne peut pas reposer sur son *contenu* ; car, sur ce point, le rapprochement avec la Stoa est indéniable. Ce qui constitue la véritable nouveauté, et ce sur quoi il met un accent décisif, n'est pas la teneur des différentes propositions, mais la manière de les fonder. Là, il emprunte effectivement de nouvelles voies ; car ce fondement repose sur des hypothèses de la philosophie de la nature et de la métaphysique qui étaient étrangères à la Stoa. Descartes pouvait d'autant moins se soustraire à la tradition stoïcienne qu'elle jouissait au XVIIe siècle d'une force toute nouvelle. Elle l'encerclait de toutes parts et détermina très tôt l'atmosphère spirituelle et morale dans laquelle Descartes vécut et grandit. Son séjour hollandais ne pouvait que renforcer et approfondir ces impressions de jeunesse. Car à cette époque la Hollande était le pays où le stoïcisme jouissait d'une seconde floraison humaniste. D'un point de vue philosophique,

---

1. H. Gouhier a particulièrement insisté sur la nécessité de distinguer entre Descartes et le « cartésianisme » ; voir son ouvrage intitulé *La Pensée religieuse de Descartes* et « Descartes et la religion... », p. 417 s.

2. *Les Passions de l'âme*, art. 1 (XI, p. 327 s.).

la grande école hollandaise de philologie du XVIIe siècle joua un rôle important. Justus Lipsius, Gerard Vossius, Scioppius et Heinsius sont les fers de lance de cette école. Ils vont d'une certaine manière refondre l'héritage stoïcien ; ils vont le saisir de telle manière qu'il pourra être immédiatement intégré au cursus de formation générale et prendre ainsi une empreinte nouvelle et spécifiquement moderne. L'ouvrage de Justus Lispius intitulé *De constantia* (1584), son *Manuductio ad Stoicam philosophiam*, sa *Physiologia Stoicorum* ont agi en ce sens ; on peut ajouter à cette liste l'ouvrage de Gerard Vossius intitulé *De theologia gentili* et les *Elementa philosophiae Stoicae moralis* de Scioppius. « Les idées morales – déclare Dilthey – acquirent grâce à ce mouvement une puissance extraordinaire. Se fit jour le désir de le fonder universellement. La "lumière de la nature", que la philosophie romaine honorait, se retrouvait dans la doctrine stoïcienne, dans l'idéalisme chrétien, et même dans toutes les grandes philosophies, présentée comme une lumière commune et suffisante. C'est ainsi que se produisit là aussi [...] un accès approfondi *[Vertiefung]* de l'homme à lui-même, dans la plus profonde intimité de son être *[Wesen]* [1]. »

Ainsi disposons-nous d'un nouvel et important chaînon intermédiaire entre le monde des idées de Descartes et celui de Christine. Car Christine aussi était en liaison étroite avec le cercle des philologues et humanistes hollandais qui cherchaient un renouvellement moral et philosophique sur la voie d'une reconstruction de la Stoa romaine. En ce qui concerne Justus Lipsius, Christine a pour ainsi dire grandi avec ses œuvres. La *Politique* de Lipsius, qui cherchait à exposer les maximes du véritable art de gouverner à l'aune des historiographes antiques, comptait au XVIIe siècle parmi les livres et les manuels les plus répandus. Ce livre fut présenté à Christine par son professeur Johannes Matthiae dès 1641, alors qu'elle n'avait que quinze ans [2]. Une nouvelle édition fut établie la même année par Joh. Freinsheim – donc par ce même savant qui, depuis 1642, était professeur à Uppsala et en relation constante avec Christine, laquelle avait fait de lui son bibliothécaire [3]. En ce qui concerne Vossius, Christine prit également connaissance de sa *Rhétorique* dans l'enseignement prodigué par Joh. Matthiae [4]. Par la suite, elle correspondra avec lui [5]. Tous ces détails pourraient sembler assez insignifiants ; mais ils

1. DILTHEY, *Der entwicklungsgeschichtliche Pantheismus*, Œuvres complètes, vol. II, p. 449 s.

2. Voir le rapport de Joh. Matthiae sur l'enseignement de Christine chez J. ARCKENHOLTZ, *Mémoires...*, vol. 4, p. 196.

3. *Justi lipsi politicorum libri sex*, éd. J. Freinsheim, Argentorati, 1641.

4. Le rapport de Matthiae indique : *« Ger. Jo. Vossii Elementa Rhetorica oratoriis ejusdem partitionibus accomodata. »*

5. Vossius avait l'intention de dédier à Christine son ouvrage intitulé *De historicis Graecis* et n'en fut empêché que par son décès prématuré ; voir W. H. GRAUERT, *Christina*, vol. 2, Supplément, p. 433.

démontrent à quel point les liens objectifs et personnels qui unissaient des esprits aussi apparentés étaient étroits au XVIIe siècle. C'est un trait caractéristique de toute l'époque. Cette époque est, comme peu d'autres, mue par les oppositions les plus passionnées. Dans la vie politique et religieuse règnent partout les plus vives tensions. Depuis la Réforme, l'unité de la religion est irrémédiablement perdue – et le conflit n'implique pas seulement catholiques et protestants, au sein même du protestantisme les différentes confessions se font la guerre mutuellement. Les Nations sont déchirées par les guerres civiles et s'affrontent dans un combat qui ne veut plus finir. Mais tout cela semble s'arrêter lorsque nous nous transportons dans le domaine du penser théorique. Là aussi, il s'agit pour le XVIIe siècle de livrer des combats et de prendre des décisions de principe. Mais c'est à la raison et à la connaissance objective qu'incombent ces décisions. C'est en leur sein et sous leur protection que doit se rétablir l'unité perdue. Au-dessus des déchirures politiques, sociales et religieuses s'élève la voûte du pur éther de la pensée. Les hommes qui possèdent la volonté et la force de s'élever jusqu'à cette sphère sont liés intérieurement et ressentent cette union comme un bien authentique et inaliénable [1]. En elle, ils possèdent l'authentique *humanitas* qui est au fondement de toute leur attitude morale et spirituelle et qui leur procure cette liberté intérieure qui leur paraît être le souverain bien. C'est la raison pour laquelle ces mouvements spirituels ne connaissent pas de frontières nationales, sociales ou confessionnelles [2]. Où qu'ils apparaissent, ils sont toujours acceptés avec bonne grâce et peuvent se répandre dans toutes les directions, certes au beau milieu de combats incessants, mais sans frictions internes. Telle était l'atmosphère dans laquelle Christine grandit et fut élevée – grâce à elle, la princesse protestante put entrer en relation avec le plus grand penseur catholique de l'époque, cette relation n'était pas le fait d'un moment, Christine y était intérieurement préparée.

Dans ce contexte, nous pouvons indiquer le point précis où intervient l'influence de la doctrine cartésienne et nous pouvons comprendre dans quelle mesure cette doctrine ne pouvait jouer qu'un rôle décisif pour Christine. Comme nous l'avons vu, elle se sentit dès sa jeunesse proche du stoïcisme et elle n'autorisait pas qu'on en remette en cause les fondements. Mais avec la conception de Descartes, elle était confrontée à une importante transformation, à une modification de principe du stoïcisme. La doctrine des affects de Descartes, ainsi que son évaluation de ces affects, n'est pas

---

1. CHRISTINE DE SUÈDE, *Ouvrage du loisir...*, n° 157 ; voir ci-dessus, p. 141.

2. Pour Christine, voir en particulier le rapport de P. Mannerschied daté de 1653, chez J. ARCKENHOLTZ, *Mémoires*, vol. 1, p. 427 s. : « Elle dit que le monde n'est composé que de deux Nations, l'une celle des honnêtes gens, l'autre celle des méchants ; qu'elle aime la première en détestant l'autre, sans avoir aucun égard aux différents noms, par lesquels on distingue autrement les divers peuples, dont la terre est habitée. »

semblable à celle du stoïcisme classique. Ce que ce dernier exige, ce qu'il élève au rang d'idéal, c'est le mépris des affects. L'impassibilité, l'authentique « ataraxie », ne peut provenir que de la totale « apathie ». Mais, pour Descartes, une *telle* exigence est une chimère – un but fantaisiste et inaccessible. Car il ne regarde pas les passions avec les yeux du moraliste, mais avec ceux du naturaliste. Elles sont pour lui de simples événements naturels, en tant que tels soumis aux lois de la nécessité mécanique. Elles naissent de l'action combinée de l'âme et du corps et doivent par conséquent être considérées – si nous partons de l'hypothèse de l'organisation psycho-physique de l'homme – comme immuables, conformément à leur existence factuelle. Descartes ne parle pas d'abord en tant que professeur d'une morale déterminée ; il parle plutôt en tant que physicien et physiologue. Il pose la question des conditions générales et particulières de la genèse des affects ; il examine leurs fondements corporels et psychiques. Les passions sont des mouvements déterminés, qui prennent naissance dans le corps, qui sont conduits par les nerfs dans cette partie du cerveau où siège l'âme. Pour Descartes, vouloir s'opposer à ces mouvements ne serait pas meilleur que de vouloir s'empêcher de respirer, d'empêcher notre cœur de battre, notre sang de circuler. Dans tout cela, on ne peut pas poser la question du devoir *[Sollen]* ; nous devons nous contenter de la simple nécessité *[Müssen]*. Descartes tente de démontrer une telle nécessité *[Muß]* pour chaque passion particulière, une nécessité stricte et mécanique. Toute action corporelle ébranle le sang d'une manière déterminée et se propage ainsi aux « esprits animaux » ; et l'âme doit répondre à chaque événement de ce genre d'une manière qu'elle-même ne maîtrise pas. Les passions sont des *phénomènes vitaux* et leur répression équivaudrait par conséquent à une extinction de la vie [1].

À partir de ces hypothèses de la doctrine cartésienne, on comprend mieux pourquoi Descartes contredit l'exigence stoïcienne de l'apathie. Selon lui, la morale ne peut pas nous montrer un seul chemin qui nous permettrait d'échapper aux passions ; en revanche, elle peut nous apprendre à les utiliser, à les réguler et à les diriger, afin de les mettre au service des buts de la raison morale. Et ceci ne peut se produire que si la raison sait utiliser à son profit le jeu des affects eux-mêmes invoquant un affect pour en contrer un autre. « Nos passions ne peuvent pas [...] directement être excitées ni ôtées par l'action de notre volonté, mais elles peuvent l'être indirectement par la représentation des choses qui ont coutume d'être jointes avec les passions que nous voulons avoir, et qui sont contraires à celles que nous voulons rejeter. Ainsi, pour exciter en soi la hardiesse et ôter la peur, il ne suffit pas d'en avoir la volonté, mais il faut s'appliquer à considérer les raisons, les objets, ou les exemples, qui persuadent que le péril n'est pas grand ; qu'il y a tousjours plus de sureté en la

1. Voir à ce propos le chapitre « Descartes et Corneille », p. 49 s.

défense qu'en la fuite ; qu'on aura de la gloire et de la joie d'avoir vaincu, au lieu qu'on ne peut attendre que du regret et de la honte d'avoir fui, et choses semblables [1]. » Ainsi, la pensée raisonnable a la force de transformer les passions qui sont les adversaires de l'âme en armes de l'âme. Les âmes sont fortes ou faibles, selon qu'elles savent ou non faire usage de ces armes. Mais à côté de ces armes que la passion elle-même nous offre, il en existe évidemment d'autres que nous pouvons appeler les véritables armes de l'âme. Ce sont les jugements solides et déterminés, fondés sur la vraie nature du bien et du mal, sur ce qui est vraiment digne d'être recherché ou sur ce qu'il faut fuir. Quiconque est parvenu à de tels jugements, et sait les préserver fermement et sûrement, n'échappera certes pas aux passions, mais il n'a pas besoin de les craindre plus longtemps ; il sait qu'elles ne peuvent ébranler ni sa pensée, ni sa volonté.

On mesure facilement l'impression que dut produire une telle doctrine sur une nature telle que Christine. Grâce à celle-ci, elle se voyait libérée d'un dilemme qui devait lui paraître insoluble tant qu'elle demeurait sur le terrain du strict stoïcisme. Christine aspirait à l'idéal du sage stoïcien. Mais cet idéal restait pour elle absolument inaccessible tant qu'elle était attachée à la condition de l'*apathie*. C'était une nature passionnée, mue par de puissantes contradictions internes, et elle ne pouvait ni ne voulait renier cette prédisposition fondamentale qui était la sienne. Elle aspirait à la maîtrise d'elle-même, mais elle ne voulait ni réprimer, ni sacrifier sa vie pulsionnelle *[Triebleben]*. La conception cartésienne du sens et de la nature des affects l'exemptait de cette exigence. Descartes enseigne expressément que les passions en tant que telles ne sont ni bonnes ni mauvaises ; seul l'usage qu'on en fait décide de leur valeur. Quand elles sont au service d'un intellect clair et d'une volonté forte, elles ne peuvent pas nuire, mieux, elles sont significatives et précieuses [2]. « Les hommes qu'elles peuvent le plus émouvoir, sont capables de goûter le plus de douceur en cette vie. Il est vrai qu'ils y peuvent aussi trouver le plus d'amertume, lors qu'ils ne les savent pas bien employer, et que la fortune leur est contraire. Mais la sagesse est principalement utile en ce point, qu'elle enseigne à s'en rendre tellement maître, et à les ménager avec tant d'adresse, que les maux qu'elles causent sont fort supportables, et même qu'on tire de la joie de tous [3]. » C'est également la conception de Christine, qui se retrouve partout dans ses maximes. On trouve dans ces maximes une phrase hautement significative et très marquante qui éclaire sa conception fondamentale. Nous nous souvenons que l'*Enchiridion* d'Épictète faisait partie, dès sa prime jeunesse, des livres préférés de

1. *Les Passions de l'âme*, art. 45-50 (XI, p. 362 s.). Voir en particulier Descartes à Chanut, IV, p. 538.

2. *Les Passions de l'âme*, art. 161 (XI, p. 454).

3. *Ibid.*, art. 212 (XI, p. 488).

Christine, et elle a tout au long de sa vie nourri, de manière immuable et constante, de l'admiration pour le caractère d'Épictète. Épictète, qui était né esclave – explique-t-elle – se comporta dans cet état de telle manière et acquit une telle gloire qu'il a rendu ses chaînes plus glorieuses que certains rois leur couronne. Mais voilà qu'elle ajoute de manière caractéristique : « Toutefois on ne peut pardonner à ce philosophe esclave la patience qu'il eut avec son brutal de maître, qui pour se divertir lui rompit une jambe. Pour moi, je lui aurais cassé la tête à la barbe de la philosophie [1]. » Nous trouvons ici la révolte ouverte d'un tempérament vif et passionné contre certaines doctrines d'école qui lui deviennent trop étroites et dont elle cherche à se défaire de la contrainte doctrinaire. Les passions – explique Christine – ne sont pas seulement en elles-mêmes naturelles et innocentes ; elles sont aussi le sel de la vie, sans lequel celle-ci serait insipide. Exiger de s'abstenir de toute excitation *[Erregung]* et de s'en détacher complètement n'est donc pas un véritable idéal, c'est un leurre, une « belle chimère [2] ». Mais grâce à Descartes, Christine a fait la connaissance d'une autre forme d'idéalisme éthique qui ne contrevenait pas à sa propre nature réaliste. Cet idéalisme lui permettait de se maintenir au centre de la vie et de s'adonner librement à toutes ses impulsions *[Antriebe]*, tout en maîtrisant ces impulsions par la force d'une « volonté de raison » univoque. La phrase : *Libero io nacqui e vissi e morro sciolto*, comptait parmi les devises préférées de Christine [3] ; et elle va dans le sens de Descartes qui plaçait l'idéal de la liberté intérieure au-dessus de tout le reste et qui modelait sa philosophie et sa vie sur celui-ci.

Mais pour rendre justice à la signification de l'éthique de Descartes, il nous faut interpréter la doctrine cartésienne comme l'expression et le symptôme d'un mouvement spirituel *universel*. Quel tournant représente la philosophie de Descartes dans l'évolution de l'esprit moderne ? Il n'est pas suffisant de la présenter comme une refonte des conceptions du monde et de la vie par rapport au Moyen Âge ; elle représente également une refonte par rapport à la Renaissance, elle signifie même à de nombreux égards une rupture décisive avec les conceptions et les aspirations fondamentales de la

1. CHRISTINE DE SUÈDE, *Pensées*..., « Sentiment » nº 437.

2. ID., *Ouvrage du Loisir*, nº 360-362 : « Les passions sont en elles-mêmes innocentes et naturelles. – Les passions sont le sel de la vie, qui est insipide sans elles. – Cette tranquillité tant vantée des philosophes est un état fade et insipide. » Voir *Pensées*, « Sentiment » nº 180-181 : « Les passions sont le sel de la vie ; on n'est heureux ni malheureux qu'à proportion qu'on les a violentes. » « Les passions ne sont ni injustes ni criminelles, mais les objets qu'on leur donne, les rendent ou coupables ou légitimes. » De même, l'expression suivante est authentiquement cartésienne : « Les passions triomphent les unes des autres » (*Ouvrage du loisir*..., nº 400 ; voir DESCARTES, *Les Passions de l'âme*, art. 45 ; XI, p. 362 s.).

3. Une pièce de monnaie qu'elle fit frapper avec cette devise est reproduite dans J. ARCKENHOLTZ, *Mémoires*..., vol. 2, p. 309.

Renaissance. On trouve cela aussi bien du côté de la *philosophie de la nature* que du côté de l'*éthique*. Du point de vue de la première, on perçoit d'emblée que le mot « nature » a pris pour Descartes une consonance et un sens tout autres que ceux que possédait la philosophie de la nature au XVIe siècle. Nous ne percevons rien chez lui de cette immersion *[Versenkung]* enthousiaste dans la nature, de cet abandon amoureux en elle, qui sont autant de caractéristiques de la Renaissance et dont on trouve l'expression philosophique dans les dialogues de Giordano Bruno. Il ne se perd pas dans le foisonnement *[Fülle]* de la nature et ne s'enivre pas de son infinitude. Car, pour lui, la nature n'est pas, comme chez Bruno, la source éternelle et intarissable de la *vie*. La vie a fui la nature pour se retirer complètement en l'homme. Toute vie végétale ou animale est un automate sans âme dont les mouvements sont soumis à des lois purement mécaniques. C'est pourquoi la nature en tant que telle ne mérite ni amour, ni admiration. Elle n'est rien d'autre qu'une étendue en longueur, en largeur et en profondeur : et comment pourrait-on admirer et aimer la simple étendue ? Ce qui est véritablement digne d'admiration, ce n'est pas la nature comme objet de connaissance, mais la connaissance elle-même et la force qui lui est inhérente et qui lui permet de comprendre l'univers mathématiquement. On trouve quelque chose d'analogue lorsque l'on considère la nature éthique de l'homme. La Renaissance s'était insurgée contre la discipline chrétienne et médiévale imposée à la nature sensible de l'homme. Elle voulait libérer les sens de la contrainte de cette discipline ; elle voulait laisser libre cours aux passions et vit naître, dans cette émancipation des passions, une nouvelle conception de la vie et un nouveau bonheur de vivre pour l'homme. En France, cette atmosphère renaissante est incarnée en philosophie par Montaigne et dans la littérature par Rabelais. Tous deux veulent décharger la nature de toutes les accusations que la pensée chrétienne et médiévale avait portées contre elle, et ils la libèrent de toute notion de péché *[Sündenhaftigkeit]*. Pour eux, elle n'est plus la racine du mal ; ils en font plutôt la source originelle de toute beauté et de toute perfection [1]. Et ils en déduisent que l'homme peut et doit s'adonner librement et spontanément à toutes ses pulsions *[Antriebe]* naturelles. Ce qu'il doit craindre, ce ne sont pas ces pulsions elles-mêmes, ce ne sont pas ses instincts et ses passions, mais la dénaturation *[Verfälschung]* de cette prédisposition originelle par l'artifice et la convention. Ce sont ces deux derniers éléments qui sont coupables de tous les défauts du monde des hommes. Si nous éliminons leur pouvoir, nous retournerons à la simplicité et à la « naïveté » de la nature, et l'ordre et l'harmonie véritables se rétabliront. Montaigne honore Socrate comme le maître de cette simplicité et de cette harmonie. Il le célèbre pour avoir rendu

---

1. RABELAIS, *Pantagruel*, L. IV, chap. XXXII : « Physis c'est Nature, en sa première portée enfanta Beaulté et Harmonie. »

à la nature humaine un grand service : lui avoir montré ce dont elle était elle-même capable. Mais entre sa propre morale et celle de Socrate, Montaigne trace à nouveau une ligne de séparation nette. Car il rejette non seulement la contrainte du dogme théologique, mais aussi la contrainte de la raison ; il exige le « laisser aller » libre et sans contrainte. « Je n'ai pas corrigé, comme Socrate, par force de la raison, mes complexions naturelles, et n'ai aucunement troublé, par art, mon inclination : je me laisse aller, comme je suis venu ; je ne combats rien ; mes deux maîtresses pièces vivent, de leur grâce, en paix et bon accord : mais le lait de ma nourrice a été, Dieu merci ! médiocrement sain et temperé [1]. » Ainsi, pour Montaigne comme pour Rabelais, la devise des Thélémites, le *Fay ce que vouldras* deviendra la devise de la vie morale [2]. Descartes accepte l'hypothèse de départ des deux hommes ; mais il n'en tire pas la même conclusion logique. Lui non plus ne demande pas que l'on se détourne du monde sensible et que l'on réprime avec violence ses passions. Il rejette toute espèce d'ascèse ; il enseigne et recommande une libre jouissance de la vie. Mais le souverain bien ne réside pas pour lui dans cette jouissance de la vie, mais dans la force de la raison et dans son bon usage. Car ce n'est que par là que l'homme atteint selon lui sa propre et véritable nature. Descartes est un optimiste ; mais ce n'est pas un optimiste de la nature, c'est un optimiste de la raison. Pour lui, la véritable liberté et le vrai bonheur ne résident pas dans l'émancipation des sens, mais dans leur maîtrise par la volonté consciente et responsable d'elle-même. Il exige ainsi une discipline qui n'est en soi pas moins stricte que celle du Moyen Âge, même si elle repose sur d'autres hypothèses théoriques et éthiques. Ce n'est pas la foi révélée ou l'Église, mais l'homme lui-même qui doit exercer cette discipline. Descartes fait confiance non seulement à la nature raisonnable, mais également à la nature sensible de l'homme ; il ne voit en elle plus rien d'absolument mauvais. Pour lui, la sensibilité n'est en aucun cas quelque chose de méprisable, quelque chose dont l'homme doive avoir honte. Elle est quelque chose de nécessaire – mais le problème et la tâche de l'éthique consistent à transformer cette nécessité en liberté. Ainsi, le traité de Descartes s'oppose aussi bien à la conception dogmatique médiévale qu'à la conception stoïcienne antique. Pour la première, la passion était un péché ; elle était l'expression et la conséquence du péché originel, de la perte de l'origine divine de l'homme. Pour le stoïcisme, les passions sont des maladies ; elles mènent à une suspension *[Aufhebung]* de la raison qui ressemble presque à de la folie. L'éthique de Descartes rejette ces deux extrêmes. Il ne considère pas les passions comme des fins et des biens autonomes, mais comme de simples moyens. En tant que prédispositions et phénomènes naturels, elles ne

1. MONTAIGNE, *Essais*, L. III, chap. XII : « De la Physionomie ».
2. Voir RABELAIS, *Gargantua*, chap. LVII.

lui paraissent ni suspectes, ni condamnables. Dans chacune d'elles, même dans les plus dangereuses, il sait encore déceler un bon côté. Dans son traité, Descartes procède pas à pas et avec l'acuité méthodique habituelle à cette légitimation des passions. Existe-t-il vraiment un affect – se demande-t-il – que l'on pourrait qualifier, de manière absolue et sans restriction, de « mauvais » ? Et il répond à cette question par la négative. « Maintenant que nous les connaissons toutes – telle est la conclusion du traité – nous avons beaucoup moins de sujet de les craindre, que nous n'avions auparavant. Car nous voyons qu'elles sont toutes bonnes de leur nature, et que nous n'avons rien à éviter que leurs mauvais usages ou leurs excès ; contre lesquels les remèdes que j'ai expliqués pourraient suffire, si chacun avait assez de soin de les pratiquer[1]. » Ainsi équipé, l'homme n'a plus besoin d'éviter les passions ou de s'épuiser à leur livrer un combat qui de toute façon resterait vain. Il les ressent désormais plutôt comme le bonheur de sa vie, mais il doit se rendre digne de ce bonheur en les utilisant de manière juste. Il découvre ainsi une nouvelle manière de s'affirmer lui-même et d'affirmer le monde. Le processus de libération de l'esprit humain qui naît avec la Renaissance est passé à un nouveau stade décisif. L'idéal héroïque agit encore dans toute sa force : l'homme se fie à sa propre essence et veut l'affirmer contre toutes les résistances et toutes les limitations purement extérieures. Mais la tempête des passions est apaisée ; leur fureur est modérée et leur violente explosion empêchée. On ne perçoit plus aucune trace de cette impétuosité des passions qui, à la Renaissance, s'était même emparée de la philosophie et s'était frayé un chemin dans le dialogue de Bruno intitulé *Degli eroici furori*. La philosophie est redevenue maîtresse d'elle-même ; elle exhorte au retour sur soi *[Selbstbesinnung]* et devient le plus important *organon* de ce retour. Elle ne craint pas les passions et ne les divinise pas ; elle veut les comprendre. L'exaltation sauvage de la Renaissance mène tout droit au monde des formes pures du classicisme dans lequel le Je trouve sa mesure et sa paix intérieure. Christine aussi est profondément saisie par ce nouvel idéal. Même après sa conversion, elle ne s'est pas tournée vers l'éthique théologique médiévale et elle a également renié l'idéal stoïcien antique qui, à une certaine époque, avait été pour elle théoriquement irréfutable. Elle est passée sur le terrain de la nouvelle éthique cartésienne et croit avoir trouvé en elle le moyen d'unir le « bonheur des sens » et la « paix de l'âme ».

1. *Les Passions de l'âme*, art. 211, 212 (XI, p. 485 s., 488).

5

LA REINE CHRISTINE ET L'IDÉAL HÉROÏQUE DU XVIIe SIÈCLE

Afin de saisir le rapport entre Descartes et Christine dans sa véritable signification, nous avons dû élargir la problématique. Nous avons tenté d'élever le problème du niveau personnel au niveau général en cherchant à rendre compte de son arrière-plan du point de vue de l'histoire universelle des idées. Si originale et si autonome soit-elle, la doctrine de Descartes n'apparaît être de ce point de vue qu'un moment dans un grand ensemble – et c'est cet ensemble qui devait nous fournir les critères de comparaison. Mais il manque encore dans ce tableau spirituel du XVIIe siècle – que nous n'avons tenté d'esquisser que dans ses grandes lignes – un élément essentiel. Cette esquisse reste imparfaite tant que nous ne prenons en considération que le monde des idées philosophiques et religieuses, politiques et éthiques. Il ne fait aucun doute que c'est ce monde des idées qui détermine le caractère fondamental du XVIIe siècle. Mais ce tableau du XVIIe siècle ne gagnera concrètement et véritablement en précision et en clarté que si, au-delà des problèmes théoriques et pratiques, nous prenons en considération les tendances et les idéaux *artistiques* de l'époque. Lorsque Voltaire écrivit son *Siècle de Louis XIV*, une œuvre qui présente le premier exemple classique d'une considération universelle de l'histoire des idées, il aborda à la fin de l'ouvrage l'*art* du XVIIe siècle. Et ce fut là, et non dans la philosophie, qu'il vit la plus grande réussite de la culture française. « La saine philosophie – écrit-il – ne fit pas en France d'aussi grands progrès qu'en Angleterre [...]. Mais dans l'éloquence, dans la poésie, dans la littérature, dans les livres de morale et d'agrément, les Français furent les législateurs de l'Europe. » Et tout cela se résume pour lui à un seul nom ; au nom du « grand Corneille » : « Il y a grande apparence que, sans Pierre Corneille, le génie des prosateurs ne se serait pas développé [1]. »

Peut-on également établir un lien entre ce facteur fondamental de la culture du XVIIe siècle et la reine Christine ? Existe-t-il non seulement entre elle et Descartes, mais aussi entre elle et Corneille, un rapport idéel ? Avant de pouvoir donner une réponse précise à cette question, nous devons tenter de délimiter plus nettement son sens. Il ne peut et ne doit pas s'agir ici de simplement suivre les *influences* qu'a exercées l'art tragique de Corneille sur la formation spirituelle et morale de Christine. Si l'on saisit ce problème en *ce* sens précis, on ne pourra y répondre que par un *non liquet* (« Ce n'est pas clair ! »). Car les sources dont nous disposons ne contiennent, à ma connaissance, aucune information précise à ce sujet. Il nous sera bien sûr

1. VOLTAIRE, *Le Siècle de Louis XIV*, chap. XXXII.

permis de supposer qu'il s'agit d'une lacune fortuite dans ce qui nous a été transmis. Car tout ce que nous savons de la formation de Christine indique qu'elle ne peut pas être passée à côté de la poésie de Corneille. Elle lisait et écrivait le français comme sa langue maternelle et elle avait grandi dans l'admiration de la culture française. Très tôt, elle avait manifesté le plus vif intérêt pour la poésie, un intérêt qui ne se limitait pas à la littérature antique. Dans le portrait que le jésuite Mannerschied fit d'elle en 1653, il est dit qu'elle semblait connaître par cœur la poésie moderne, aussi bien française qu'italienne [1]. Les grandes tragédies de Corneille, *Horace*, *Cinna*, *Polyeucte*, *Pompée*, furent écrites entre 1639 et 1641. C'était la jeunesse de Christine, l'époque où commençait à s'ouvrir à son esprit précoce le monde de l'érudition, de la philosophie et de la poésie, l'époque où elle tentait d'attirer à elle, sous le coup d'une violente impulsion, tout ce qui se présentait. Dans ces conditions, on ne peut supposer que le plus grand tragique de son temps lui soit resté étranger. Mais il ne s'agit pas pour nous de trancher cette question réservée à l'histoire de la littérature. Le problème que nous avons sous les yeux ne concerne pas la causalité historique, mais touche d'une certaine manière à la *substance* historique ; il concerne la *structure* intellectuelle générale du XVIIe siècle. Et, à cet égard, il ne nous paraît pas fortuit que Christine ait donné pour titre aux réflexions qu'elle rédigea à la fin de sa vie *Les Sentiments héroïques* [2]. Ce qu'elle y expose, c'est un certain idéal héroïque – et celui-ci est extrêmement proche des idéaux de la tragédie classique. C'est jusque dans les détails, jusque dans les tournures langagières et stylistiques particulières, que l'on ressent cette parenté d'âme et d'esprit. Nous y lisons à de nombreuses reprises les mots « vertu », « gloire », « honneur », « devoir », « grandeur », « mérite » : et ce sont les impératifs auxquels elle tente de conformer sa propre vie et ses propres actes.

Rien ne nous autorise, me semble-t-il, à supposer que le fort pathos que Christine a l'habitude de mettre dans ces paroles soit un pathos simplement rhétorique. Elle aime personnellement le grand geste – et en cela elle ne peut pas renier l'époque à laquelle elle appartient, l'époque « baroque ». Pour elle comme pour Corneille, le sublime de l'expression n'est pas séparé de l'emphase et de la pompe. Ainsi, beaucoup de ce qu'elle dit et de ce qu'elle fait est marqué par un attrait décisif pour le théâtral [3]. Mais sa seule fierté lui

---

1. *« Poetas omnes veteres legit et callet ; novos sive Italicos sive Gallicos videtur posse de memoria »*, Mannerschied, chez J. ARCKENHOLTZ, *Mémoires*, vol. 2, Appendice no XLVIII, p. 96.

2. Voir BILDT, Préface à CHRISTINE DE SUÈDE, *Pensées...*, p. 8.

3. L'amour pour le théâtre fut toujours l'une des plus grandes passions de Christine et, lors de son séjour à la cour de Rome, elle fit régulièrement organiser des représentations théâtrales. Elle a également défendu la valeur morale du théâtre dans ses maximes, voir *Ouvrage du loisir*, no 564 : « Peu de plaisirs sont plus utiles qu'une bonne comédie » ; *ibid.*, no 566 : « Les spectacles sont nécessaires et utiles

aurait interdit de simplement affecter une attitude déterminée afin de paraître ce qu'elle n'était pas. Le contexte auquel nous sommes renvoyés ne dit rien d'autre que cela : Christine appartenait à cette « réalité » dont le théâtre classique français était un miroir idéel. Beaucoup de choses dans ce théâtre nous paraissent aujourd'hui creuses et conventionnelles, si nous les mesurons à l'aune nos critères actuels. Mais à sa manière, Corneille a également répondu à cette exigence universelle que Hamlet impose à l'art dramatique. Lui aussi pense que la mission du théâtre consiste pour ainsi dire à placer un miroir devant la nature : *« to show virtue her own feature, scorn her own image, and the very age and body of the time his form and pressure ».* Toutefois, sa tragédie devait être plus qu'une présentation de mœurs et de situations individuelles et datées ; elle voulait nous présenter quelque chose d'universellement valide *[verbindlich]* et d'universellement humain. Par la suite, la critique, en particulier la critique de Lessing, a détruit pour nous cette illusion. Lessing a mis à nu les artifices de la tragédie française et les a opposés au véritable grand art, à l'art de Shakespeare. « Si la pompe et l'étiquette – écrit-il dans *La Dramaturgie de Hambourg* – font de l'homme une machine, la tâche du poète est de faire à nouveau de ces machines des hommes. » Mais si nous voulons rendre justice à Corneille et à l'époque qui l'admirait comme le plus grand poète tragique, nous ne devons pas oublier qu'ils visaient également à la « vérité de nature » – même s'ils voulaient peindre non la nature commune, mais une nature héroïsée. En ce sens, Corneille, qui nous paraît être aujourd'hui le modèle du poète raisonneur et « sentimental », pensait être un poète « naïf » – dans ses écrits théoriques sur le théâtre, il a expressément établi comme une exigence la « naïveté » de la peinture des mœurs [1]. Là où Corneille pensait dépeindre la nature et, pour ainsi dire, l'essence de l'homme, libérée de toutes les impuretés et de tous les accidents, nous autres aujourd'hui ne voyons évidemment plus qu'un type d'homme et qu'une culture déterminés, une classe sociale particulière avec les éléments propres à son mode de pensée, à ses sentiments, à son expression, et même avec toutes ses « idiosyncrasies », avec les détails de ses costumes, de sa langue et de sa gestuelle. Mais ce que le théâtre de Corneille a ainsi perdu en universalité, il l'a regagné pour nous en signification historique. Nous ne pouvons en tirer ni de

---

dans les Cours. » On sait à quel point elle pouvait être émue et emportée par tout ce qui se passait sur une scène grâce à un intéressant rapport de madame de Motteville qui décrivit son attitude lors de représentations théâtrales (voir J. ARCKENHOLTZ, vol. 1, p. 545).

1. « L'utilité du poème dramatique – déclare-t-il dans le *Discours de l'utilité et des parties du poème dramatique* – se rencontre en la naïve peinture des vices et des vertus, qui ne manque jamais à faire son effet, quand elle est bien achevée et que les traits en sont si reconnaissables, qu'on ne les peut confondre l'un dans l'autre et prendre le vice pour vertu » (*Œuvres*, I, p. 20).

canon éthique, ni même de canon poétique ; au lieu de cela, il devient, pour nous, l'incomparable et éternel témoin de son temps et des personnalités qui ont marqué cette époque.

C'est en *ce* sens précis que nous voulons aborder le théâtre de Corneille et l'utiliser d'une certaine manière comme un *organon* de la connaissance historique. Nous l'utiliserons comme une grille de lecture qui nous permettra d'expliquer et d'éclairer certains traits de la personnalité de Christine qui nous paraissent à première vue étrangers et incompréhensibles. Si nous appliquons nos critères contemporains, beaucoup de choses, sinon l'ensemble du mode de pensée et d'action de Christine, nous apparaîtront étranges et contradictoires, bizarres et excentriques. Même la recherche historique moderne a souvent porté des jugements de ce type. Bildt, qui a découvert de nouvelles sources de documentation sur l'histoire de sa vie et qui a publié ses lettres au cardinal Azzolino ainsi que ses *Pensées*, la qualifie d'« égoïste névropathe ». Il explique les contradictions de sa nature à partir d'une prédisposition à la névrose qui fut encore accrue par l'éducation inadaptée qu'elle reçut. Une telle vision des choses peut contribuer à résoudre certaines énigmes que nous pose le comportement de Christine, « pourtant une nouvelle énigme se noue ». Car les sautes d'humeur et la faiblesse sont des traits qui ne s'accordent pas du tout avec l'image que nous avons du caractère de Christine. Au cours de son bref règne, elle a non seulement fait preuve de son extraordinaire talent intellectuel, mais également de sa volonté forte et sûre de soi, qui vise fermement et poursuit sans relâche le but qu'elle s'est fixé. Les ambassadeurs étrangers à la cour de Stockholm s'étonnaient de voir avec quelle énergie la reine prenait en main les affaires du royaume et avec quelle indépendance elle les dirigeait [1]. Le premier but qu'elle se fixa semble avoir été le rétablissement de la paix ; et c'est surtout grâce à elle que la paix a été finalement rétablie malgré toutes les résistances qu'elle affronta dans son entourage. C'est également avec beaucoup de prévoyance et d'intelligence qu'elle s'est assurée de la succession au trône de Charles Gustave. Si incompréhensible que soit souvent son comportement, on ne trouve rien en elle qui ressemble à du caprice ou à de l'arbitraire. Chaque pas qu'elle faisait était le résultat et l'expression d'un plan soigneusement conçu et réalisé avec obstination [2]. Christine est certainement une nature déséquilibrée, mue par de violentes contradictions intérieures – mais son esprit ne manque pas de suite ni sa volonté de cohérence. Mais pour saisir ces deux aspects, il ne faut

---

1. Voir en particulier le portrait de Chanut daté de 1648 : « Il est incroyable comment elle est puissante dans son Conseil ; car elle ajoute à la qualité de reine, la grâce, le crédit, les bienfaits et la force de persuader » (M. WEIBULL, « Om *Mémoires* de Chanut », p. 72).

2. Je renvoie sur ce point à l'exposé approfondi et au jugement de C. WEIBULL, *Drottnig Christina*, p. 29 s.

bien sûr pas l'aborder avec des critères modernes. Elle apparaît dans une lumière autre et plus claire si nous déplaçons la *source lumineuse*. Les considérations qui suivent tentent d'utiliser le théâtre cornélien comme une telle source lumineuse. Il ne faut pas le moins du monde en déduire que Christine lui aurait emprunté les règles et les impératifs de ses actes, qu'elle se serait consciemment « modelée » sur lui. Nous voulons seulement faire en sorte de pouvoir mesurer ses faits et gestes aux critères « immanents » qui étaient en vigueur à son époque. Les hommes du XVIIe siècle que peint le théâtre classique de Corneille – déclare G. Lanson – ne s'adonnent pas à la rêverie et sont dénués de toute sentimentalité *[Empfindsamkeit]*. « Ses passions sont de violentes impulsions vers des objets déterminés ; il ne jouit pas de leur agitation ; il n'en fait pas une volupté ; elles lui donnent des fins et des forces pour l'action [...]. Il n'admire rien tant que la raison, qui tient en bride les passions, les lâche ou les retient, et qui sait profiter ou se préserver des circonstances : la parfaite maîtrise de soi est l'idéal qu'il s'efforce de réaliser dans sa vie. Tous les grands hommes de l'époque, ou presque tous, sont des hommes de volonté : un Richelieu, à un âge où l'on ne rêve que de bagatelles ou de plaisirs, se fixe pour but le ministère, et y marche obstinément pendant douze ou quinze ans ; un Retz qui suit le même but plus tard, mais le manque, politique que jamais une passion n'a dérangé ni précipité, capable d'exprimer avec vérité et de quitter avec facilité tous les sentiments selon le besoin des affaires, disposant de son âme avec une étonnante aisance dans toutes les fortunes [1]. » Christine fait également partie du cercle de ces gens-là. Le politique est également son élément. Elle est aussi une nature foncièrement virile. Elle a de son vivant souffert du conflit qu'elle éprouvait entre ses propres prédispositions originelles et le destin qui la fit naître femme. Mais elle se consolait en considérant qu'il n'y avait pas de différence de sexe du point de vue des véritables qualités fondamentales de l'âme qui constituent le cœur de la personnalité : « L'âme n'a point de sexe [2]. » Ainsi n'a-t-elle jamais perdu la foi en son propre don et en sa vocation politiques ; car elle se prêtait un esprit foncièrement viril [3]. Elle pouvait certes renoncer au trône, mais sûrement pas à la politique ; elle vivait au milieu d'intérêts et d'entrelacs diplomatiques, et elle était passée maître dans l'art de l'intrigue politique. Mais au-dessus encore du bonheur d'ordonner et de gouverner, il y avait sa propre indépendance : « Ne devoir obéir à personne – disait-elle – est un

---

1. G. LANSON, *Corneille*, p. 174 s., voir *Hommes et livres*, p. 131 s.
2. CHRISTINE DE SUÈDE, *Ouvrage du loisir...*, n° 636.
3. « Vous m'avez fait la grâce, Seigneur, de n'avoir fait passer aucune foiblesse de mon Sexe dans mon âme, que vous avez rendue par votre grâce toute virile, aussi bien que le reste de mon corps » (*Vie de Christine par elle-même*, dans J. ARCKENHOLTZ, *Mémoires*, vol. 3, p. 23).

plus grand bonheur que de commander à toute la terre [1]. » Partant de ce sentiment, elle a également toujours rejeté la pensée du mariage. Dans sa biographie, elle raconte qu'elle se serait sans aucun doute mariée si elle avait senti en elle la moindre faiblesse [2]. Elle se représentait toujours le mariage comme une contrainte oppressante à laquelle elle ne pouvait se soumettre [3].

Si étrange que nous paraisse souvent son attitude, Christine se situe donc bien sur le terrain de cette réalité que Corneille a dessinée dans son théâtre et qu'il a poétiquement transfigurée. Corneille n'est pas un poète de l'amour, mais il veut être un poète de la grande politique. Il n'a jamais ni représenté, ni glorifié l'amour pour lui-même. Il ne serait évidemment pas un artiste, et surtout pas un grand dramaturge, s'il méconnaissait son pouvoir – mais il ne se soumet pas à ce pouvoir. Il connaît la profondeur et la force de la « sympathie » qui règne entre les amants ; et lui, le grand analyste et rationaliste, doit bien avouer qu'il y a dans cette « sympathie » quelque chose d'imprévisible et d'insondable, un « je ne sais quoi* ». Mais il exige que le véritable héros, chez qui la raison doit dominer la passion, ne se laisse pas guider dans ses actions par ce sentiment « irrationnel ». C'est pourquoi, dans le théâtre de Corneille, l'amour n'est jamais le sujet poétique ; il n'est qu'un motif indispensable à la tension dramatique, l'un des ressorts qui maintient le cours de l'action et conduit au conflit tragique. Parmi tous les critiques et interprètes de l'œuvre de Corneille, il s'en trouve évidemment *un* qui a contredit cette conception. C'est Voltaire qui déclara que Corneille, et non Racine,

---

* *Rodogune*, I, 5 : « Il est des nœuds secrets, il est des sympathies, / Dont par le doux rapport les âmes assorties / S'attachent l'une à l'autre, et se laissent piquer / Par ces je ne sais quoi qu'on ne peut expliquer. » – *Médée*, II, 5 : « Souvent je ne sais quoi qu'on ne peut exprimer / Nous surprend, nous emporte, et nous force d'aimer. »

1. CHRISTINE DE SUÈDE, *Ouvrage du loisir*, n° 469.

2. *Vie de Christine par elle-même*, dans J. ARCKENHOLTZ, *Mémoires*, vol. 3, p. 57.

3. Dans une déclaration que fit Christine à propos de la question du choix du roi de Pologne (1668), elle dit qu'elle devrait absolument rejeter ce choix s'il était lié à la condition du mariage. « Mon naturel est un tel ennemi mortel de cet insupportable joug que je ne pourrais m'y soumettre, même si je devais, grâce à lui, régner sur le monde entier » (*ibid.*, p. 361 s.). Un coup d'œil sur la littérature romanesque de l'époque nous enseigne que Christine représentait le type et l'idéal de la femme familiers du XVIIe siècle, défendus et même encensés par la littérature. Dans le dixième volume de son grand roman intitulé *Le Grand Cyrus*, Mlle de Scudéry a fait son propre portrait sous les traits de la poétesse Sapho. (Pour plus de détails, voir V. COUSIN, *La Société française au XVIIe siècle d'après « Le Grand Cyrus » de Mlle de Scudéry*.) On y trouve également un entretien de Sapho avec son admirateur et adorateur au sujet du mariage. « Il faut sans doute, lui dit-il, que vous ne regardiez pas le mariage comme un bien. Il est vrai, répondit Sapho, que je le regarde comme un long esclavage. – Vous regardez donc tous les hommes comme des tyrans ? – Je les regarde du moins comme le pouvant devenir… Dès que je les regarde comme maris, je les regarde comme des maîtres, et comme des maîtres si propres à devenir tyrans, qu'il n'est pas impossible que je ne les haïsse dans cet instant-là et que je ne rende grâce aux dieux de m'avoir donné une inclination fort opposée au mariage. »

était le véritable poète de l'amour [1]. Or, cela est démenti non seulement par l'impression immédiate que produit le théâtre de Corneille, mais également par les déclarations du poète lui-même. « La dignité de la tragédie – dit-il – demande quelque grand intérêt d'État, ou quelque passion plus noble et plus mâle que l'amour, telles que sont l'ambition ou la vengeance [...]. Il est à propos d'y mêler l'amour, parce qu'il a toujours beaucoup d'agrément, et peut servir de fondement à ces intérêts et à ces autres passions dont je parle ; mais il faut qu'il se contente du second rang dans le poème, et leur laisse le premier [2]. » Ce jugement tiré de la poétique de Corneille provient au fond de son éthique et se trouve en total accord avec elle. La poésie ne peut attribuer à l'amour une valeur plus élevée parce qu'elle ne peut revendiquer un rang plus élevé dans la vie – tout au moins dans ce domaine de la vie qui représente le seul objet digne de la tragédie. Là, dans le monde des grands enjeux politiques, ce sont d'autres forces, des forces plus puissantes, qui doivent dominer l'action, émouvoir et emporter le spectateur*. C'est donc comme parure et ornement – comme *agrément*, dit Corneille – que l'amour sera utilisé au théâtre ; mais jamais il ne pourra constituer son contenu essentiel. Là où l'amour entre en conflit avec le commandement du bien de l'État et avec celui de l'honneur, les héros et héroïnes de Corneille ne sauraient balancer. Lorsque Rodrigue dans le *Cid* pleure la perte de l'aimée, son père, don Diègue, vient à sa rencontre :

D'un cœur magnanime éloigne ces foiblesses,
Nous n'avons qu'un honneur, il est tant de maîtresses.
L'amour n'est qu'un plaisir, l'honneur est un devoir [3].

À ma connaissance, il n'y a qu'*un seul* personnage *[Gestalt]* dans le théâtre de Corneille qui déroge à cette règle, qui s'en remet purement et exclusivement à ses sentiments et qui s'élève contre le rigide

---

* Voir par exemple le dialogue entre Laelius et Massinissa dans *Sophonisbe*, IV, 3 : « Vous parlez tant d'amour, qu'il faut que je confesse, / Que j'ai honte pour vous de voir tant de foiblesse... / Mais, quand à cette ardeur un Monarque défère / Il s'en fait un plaisir, et non pas une affaire, / Il repousse l'amour comme un lâche attentat, / Dès qu'il veut prévaloir sur la raison d'État. / Et son cœur, au-dessus de ces basses amorces / Laisse à cette raison toujours toutes ses forces. »

1. Voir VOLTAIRE, *Commentaires sur Corneille*, à propos de *Rodogune*, Acte I, sc. 5, p. 18.

2. CORNEILLE, *Discours du poème dramatique*, dans *Œuvres* I, p. 24.

3. *Le Cid*, III, 6. De même, le vieil Horace dit à Camille qui se lamente sur la mort de son amant : « Ma fille, il n'est plus temps de répandre des pleurs, / Il sied mal d'en verser où l'on voit tant d'honneurs ; / On pleure injustement des pertes domestiques / Quand on en voit sortir des victoires publiques. / Rome triomphe d'Albe, et c'est assez pour nous ; / Tout nos maux à ce prix doivent nous être doux. / En la mort d'un amant vous ne perdez qu'un homme, / Dont la perte est aisée à réparer dans Rome » (*Horace*, IV, 3).

concept d'honneur. Camille, dans *Horace*, déclare qu'elle renoncera à la vertu romaine si celle-ci exige d'elle l'impossible et l'inhumain*. Mais le poète tragique la condamne ; elle doit expier ce sentiment par la mort, et le poème glorifie non pas Camille, mais son frère Horace qui exécute sa condamnation. L'amour doit s'effacer non seulement devant un grand intérêt politique, mais également devant les exigences du rang. Lorsque, chez Corneille, les princesses refusent un mariage inférieur à leur rang, elles ne pensent pas suivre en cela une convenance, mais sont convaincues d'agir conformément à leur devoir et de suivre un précepte objectif de la morale. On rejette la « mésalliance » non pour des raisons sociales, mais pour des raisons éthiques ; une femme de sang royal « se doit » d'épouser un roi. Devant de telles exigences de la volonté, il faut que tout ce qui provient uniquement des sens et de la sensation se taise**. « Il n'y a point d'homme, dit Corneille***, au sortir de la représentation du *Cid*, qui voulût avoir tué, comme lui, le père de sa maîtresse, pour en recevoir de pareilles douceurs, ni de fille qui souhaitât que son amant eût tué son père, pour avoir la joie de l'aimer en poursuivant sa mort. Les tendresses de l'amour content sont d'une autre nature, et c'est ce qui m'oblige à les éviter. »

Dans le drame intitulé *Pulchérie*, l'héroïne aime Léon et souhaite le prendre pour époux. Mais elle renonce immédiatement à ce vœu dès que le sénat la nomme impératrice. Dès lors, elle ne peut plus être une femme aimante, elle ne veut et ne peut plus être que la souveraine ; car elle est désormais soumise à un autre impératif inflexible : l'impératif de « gloire ». Ce qu'avait promis Pulchérie, l'impératrice ne peut le tenir ; ce que la femme avait ardemment désiré doit céder devant un dessein plus élevé****. Car la vocation d'impératrice ne se laisse pas concilier avec celle de femme aimante. Celle-là exige une totale indépendance extérieure et intérieure, celle-ci

---

* Horace IV, 4 : « Leur brutale vertu veut qu'on s'estime heureux, / Et si l'on n'est barbare, on n'est point généreux. / Dégénérons, mon cœur, d'un si vertueux père ; / Soyons indigne sœur d'un si généreux frère : / C'est gloire de passer pour un cœur abattu, / Quand la brutalité fait la haute vertu. »

** Voir l'Infante dans *Le Cid*, I, 2 : « J'épandrai mon sang / Avant que je m'abaisse à démentir mon rang… / Et je me dis toujours qu'étant fille de roi / Tout autre qu'un monarque est indigne de moi. » – *Rodogune*, IV, 1 : « Prince, en votre faveur je ne puis davantage : / L'orgueil de ma naissance enfle encore mon courage, / Et quelque grand pouvoir que l'amour ait sur moi, / Je n'oublierai jamais que je me dois un roi. »

*** *Attila* (1667), Préface, dans *Œuvres*, VII, p. 106 s.

**** *Pulchérie*, III, 1 : « MARTIAN : Mais vous avez promis, et la foi qui vous lie… / PULCHÉRIE : Je suis impératrice, et j'étois Pulchérie / De ce trône, ennemi de mes plus doux souhaits, / Je regarde l'Amour comme un de mes sujets. / Je veux que le respect qu'il doit à ma couronne, / Repousse l'attentat qu'il fait sur ma personne. / Je veux qu'il m'obéisse au lieu de me trahir / Je veux qu'il donne à tous l'exemple d'obéir / Et jalouse déjà de mon pouvoir suprême / Pour l'affermir sur tous je le prends sur moi-même. »

impose la soumission. Et Pulchérie ne se contente pas de son propre renoncement ; elle exige que Léon se tourne vers une autre femme. Lorsqu'il explose en lamentations passionnées, lorsqu'il l'assaille de tendresse, elle le repousse sévèrement :

Ne vous abaissez pas à la honte des larmes :
Contre un devoir si fort, ce sont de foibles armes,
Et si de tels secours vous couronnoient ailleurs,
*J'aurois pitié d'un sceptre acheté par des pleurs.**

Il est étrange de constater à quel point cette scène correspond à un événement qui s'est déroulé dans la vie personnelle de Christine et qui y a joué un rôle important. Elle avait rompu ses fiançailles avec Charles Gustave et, au cours d'un entretien avec lui, elle avait tenté de lui expliquer sa démarche ; elle lui affirma qu'elle ne pourrait jamais devenir son épouse. Lorsque Charles Gustave lui redonna tous les gages de son amour et déclara qu'il quitterait la Suède pour toujours s'il n'atteignait pas son but suprême, c'est-à-dire son mariage avec elle, elle s'en détourna agacée ; elle déclara que tout ceci n'était que « fanfaronnades » et tournures dignes d'un roman. Elle lui dit qu'il n'était pas simplement une personne privée, que Dieu aurait destinée à rester chez elle pour s'asseoir sur les biens de son père ; mais que Dieu l'avait choisi pour une mission plus élevée et qu'il ne devait pas s'opposer à sa volonté**. Cette discussion entre Christine et Charles Gustave eut lieu en 1648 ; le drame de Corneille *Pulchérie* fut rédigé vingt-cinq ans plus tard, en 1673. Il est manifestement impossible de supposer un quelconque rapport réel entre ces deux éléments, si indirect soit-il. Mais moins un tel rapport est attestable, plus la coïncidence qui est établie gagne en valeur symbolique. Car il s'agit pour nous, comme nous l'avons déjà fait remarquer, de démontrer l'existence d'un rapport non pas factuel, mais idéel – non pas de constater des influences historiques, mais de caractériser ce que nous pouvons nommer la « substance historique de l'époque ». Dans le dialogue réel entre Christine et Charles Gustave et dans le dialogue poétique de Corneille, il règne la même atmosphère spirituelle et éthique. Ce qui saute aux yeux dans les deux cas, c'est un état d'esprit déterminé que Christine a aussi peu emprunté à Corneille que ce dernier n'a imité de quelconques modèles réels ; ils n'avaient pas besoin de cela, car dans cet état

---

* *Pulchérie*, III, 3.

** Voir le dialogue entre Léon et Pulchérie (*Pulchérie*, V, 6) : « LÉON : « Mais ne vous aimer plus ! Vous voler tous mes vœux ! / PULCHÉRIE : Aimez-moi, j'y consens ; je dis plus, je le veux. / Mais comme impératrice, et non plus comme amante / Que la passion cesse et que le zèle augmente / […] / Et laissez-vous conduire à qui sait mieux que vous / Les chemins de vous faire un sort illustre et doux. » – Sur le contenu de la discussion entre Christine et Charles Gustave, voir C. WEIBULL, *Drottning Christina*, p. 34 s.

d'esprit s'exprime un seul et même idéal de vie, l'idéal « héroïque » du XVIIe siècle.

Et nous n'avons nul besoin de nous arrêter à ce seul trait particulier ; nous pouvons l'augmenter de cas similaires non moins significatifs. Ce qui distingue les héros et les héroïnes de Corneille, c'est la prédominance de la réflexion sur la passion. Tous, ils possèdent et exercent l'art que Descartes, dans son traité *Les Passions de l'âme*, a loué comme étant le plus grand – l'art de faire appel aux « propres armes de l'âme » pour lutter contre les passions. Et ces armes sont là aussi les « représentations claires et distinctes » et les jugements qui en découlent. De tels jugements sont inébranlables ; la décision prise sur la base de ceux-ci n'a pas besoin d'être remise en cause. Descartes explique qu'il existe une grande différence entre les décisions qui reposent sur une quelconque opinion fausse et celles qui se fondent sur la connaissance de la vérité. Si l'on suit ces dernières, on peut être sûr de ne jamais le regretter, tandis qu'on ne peut que regretter d'avoir suivi les premières, sitôt qu'on découvre son erreur [1]. C'est aussi l'attitude des héros de Corneille. Ils ne cèdent jamais à une simple impulsion, à un transport éphémère. Ils prennent leur décision après une mûre réflexion qui tourne son objet dans tous les sens et ils s'y tiennent, quelles que soient les conséquences qu'elle entraîne. Ils ne reculent pas devant l'extrême et le pire – ils assurent à tout ce qui les menace qu'ils ne reviendront pas sur leur première décision. Cet état d'esprit est si courant dans le théâtre de Corneille que même dans son *expression*, il reste fidèle à lui-même. On retrouve la phrase : « Je le ferais encore, si j'avois à le faire », aussi bien dans le *Cid* que dans *Polyeucte* [2]. Pour Christine aussi, cette « invincible ténacité » qui ne recule devant rien est un idéal éthique absolu – elle aussi, une fois sa décision prise, refuse tout pas en arrière. En tout cas, le regret lui paraît être un signe de faiblesse : « les scrupules sont des faiblesses de l'âme dont il se faut guérir [3]. »

Et Christine ne se contente pas de mots, car même dans les plus graves crises de sa vie, elle a agi selon cette maxime. Dans l'ensemble de sa vie, il n'est pas de trait plus incompréhensible que son attitude envers Monaldesco. Son époque et la postérité l'ont également jugée de la même manière, qualifiant son attitude de barbare et cruelle. Elle est à la fois accusatrice et juge, et elle exécute le verdict juste après l'avoir prononcé. Aucune supplication pour un recours en grâce, aucune prière du prêtre ne peuvent l'ébranler ; même la considération qu'elle se trouve en pays étranger, dans un château où la

1. *Les Passions de l'âme*, art. 49 (XI, p. 368). Voir ci-dessus, p. 64 s. – Voir en particulier la lettre de Descartes à la princesse palatine Élisabeth, datée du 6 octobre 1645 (IV, p. 307).

2. *Le Cid*, III, 4 ; *Polyeucte*, V, 3.

3. CHRISTINE DE SUÈDE, *Pensées*..., « Sentiment » n° 269 ; voir *Ouvrage du loisir*..., n° 148 : « Quand une bonne action rendrait malheureux pour le reste de la vie, on ne doit ni s'en abstenir, ni s'en repentir jamais. »

reçoit le roi de France, ne l'émeut pas. Quand le prêtre qui assista Monaldesco avant sa mort lui rend visite encore une fois pour la solliciter en faveur du condamné, il trouve – ainsi qu'il l'a rapporté – la reine tout à fait calme, comme si de rien n'était. Elle l'écoute avec beaucoup de patience, mais résiste à toutes ses prières. Elle leur oppose un refus décidé, puis fait exécuter la sentence. Et alors même que se manifestent les conséquences de cette action, lorsque Mazarin par l'intermédiaire de Chanut les lui fait envisager avec insistance, elle ne recule pas. « Je vous prie d'assurer M. le Cardinal – écrit-elle à Chanut – que je suis capable de tout faire pour lui et pour le roi son maître, hormis de craindre et de repentir. » Dans une lettre adressée à Mazarin lui-même, elle s'exprime plus fortement encore : « Pour l'action que j'ai faite avec Monaldeschi – écrit-elle – je vous dis que si je ne l'avois fait que je ne me coucherois pas ce soir sans la faire, et je n'ai nulle raison de m'en repentir, mais que j'en ai plus de cent mille d'en être ravie [1]. » Ceci ne nous est compréhensible que si nous nous rappelons qu'elle défendait non seulement son pouvoir et sa dignité royale, mais également sa conviction de ce qu'elle estimait être juste et injuste. Elle n'a pas douté un seul instant que même après son abdication, elle conservait un droit de souveraineté absolu sur tous ceux qui appartenaient à sa cour ; dans son acte d'abdication, elle s'était expressément réservé ce droit [2]. Tout aussi inébranlable était pour elle le principe selon lequel le souverain absolu n'est responsable devant personne sur cette terre si ce n'est devant soi et devant Dieu [3]. À cet égard, il n'y avait dans son cas pas plus d'hésitation possible que chez Corneille et ses héros. Pour Corneille aussi, il ne fait aucun doute que le monarque absolu peut certes se tromper, mais que sa décision est dans tous les cas inattaquable*. Tous deux s'accordent en ce qu'ils exigent que le pouvoir absolu qui est conféré au monarque s'exerce non seulement vers l'extérieur, mais aussi vers l'intérieur. Son droit à régner sur d'autres doit être acquis au prix d'une stricte maîtrise de soi**. Ce n'est que lorsque ces deux éléments s'unissent que la royauté peut être affirmée non seulement

---

* *Le Cid*, I, 3 : « Mais on doit ce respect au pouvoir absolu, / De n'examiner rien quand un roi l'a voulu. »

** *Agésilas*, V, 6 : « Mais enfin il est beau de triompher de soi / Quand on peut hautement donner à tous la loi / Un roi né pour l'éclat des grandes actions / Dompte jusqu'à ses passions / Et ne se croit point roi, s'il ne fait sur lui-même / Le plus illustre essai de son pouvoir suprême. »

1. Voir le dossier sur la mort de Monaldesco rassemblé et publié par C. WEIBULL, « Monaldescos Död, Aktstycken och Berättelser », 1937.

2. Sur ce point, voir C. WEIBULL, *Drottning Christina och Monaldesco*, p. 89 s.

3. *« Non vi affaticate di giustificare le mie azioni appresso nessuno* – écrit Christine le 17 novembre 1657 de Fontainebleau à Santinelli. *Io non pretendo darne conto ad altro che a Dio solo, il quale mi avrebbere punito lui, s'io avessi perdonato il traditore il suo enorme dilitto »*, chez C. WEIBULL, « Monaldescos Död… », p. 10 ; voir le rapport du père Le Bel, *ibid.*, p. 21.

comme un idéal politique, mais comme un idéal éthique : et c'est même sous *cette* forme précise qu'elle devient le modèle et la ligne directrice de toute conduite morale*. Christine n'a pas dérogé à cette maxime, même dans son attitude envers Monaldesco. Car même si on la juge sévère et si on récuse catégoriquement sa décision, ses faits et gestes n'ont pas été dictés par une passion aveugle. Elle n'a pas agi sous le coup d'un brutal transport de colère, mais elle a examiné et jugé le cas de manière objective et en toute sérénité. Elle a entendu la défense de Monaldesco et l'a obligé à avouer sa faute ; elle avait même auparavant poussé l'affaire si loin qu'il s'était lui-même condamné [1]. Elle ne pouvait pas admettre qu'il existât pour elle, en tant que femme, des critères autres et moins sévères : elle aurait perçu un tel aveu comme une preuve de faiblesse. C'est à bon droit que l'on a remarqué que le mot « vertu », tel qu'il est utilisé dans la tragédie classique française, doit être compris en un sens différent et plus marqué que celui que nous avons l'habitude d'associer aujourd'hui au mot « vertu ». Il est beaucoup plus proche du latin *« virtus »* et de l'italien *« virtù »* qui renvoient fondamentalement, par leur étymologie, à un certain idéal de « virilité ». Cette manière virile de ressentir et les exigences qui en découlent dominent et pénètrent tout le théâtre de Corneille. Même ses personnages féminins se distinguent par leur force de volonté ; ils agissent parfois sous le coup d'une sorte d'ivresse de la volonté. À l'instar de Cléopâtre dans *Rodogune* ou de Marulle dans *Théodore*, elles se promettent manifestement l'impossible, afin de se prouver à elles-mêmes que rien ne leur est vraiment impossible et qu'elles sont capables de briser toute résistance. Cet idéal de femme n'est pas seulement propre à la tragédie classique française ; il investit toute la littérature. Georges Scudéry a écrit un ouvrage intitulé *Les Femmes illustres ou les Harangues héroïques* [2] dans lequel, suivant le goût de l'époque, il fait intervenir les femmes célèbres de l'Antiquité : Cléopâtre, Portia, Lucrèce, Calpurnia, etc., qui expriment leur état d'esprit héroïque à l'occasion d'un grand malheur ou dans les vicissitudes de la vie. À cette époque, le roman français, avec La Calprenède et Mlle de Scudéry, prend également une tournure de plus en plus héroïque et historique [3]. Quant à Corneille, il explique expressément qu'il assumait volontiers le reproche qu'on lui faisait de peindre ses personnages féminins de manière trop héroïque. Le poète tragique n'avait pas à craindre un tel reproche – ce qu'il devait craindre, c'était le reproche contraire, le fait d'avoir donné à ses héros des

---

* La plus forte expression de cette conception inhérente au théâtre de Corneille se trouve, apparemment, dans les paroles du vieil Horace (*Horace*, V, 3).

1. Voir le propre rapport de Christine sur la mort de Monaldesco dans C. WEIBULL, « Monaldescos Död… », p. 10 s.

2. Paris, 1661.

3. Pour plus de détails, voir F. BRUNETIÈRE, *Alexandre Hardy. Le roman français au XVIIe siècle*, p. 27 s.

traits trop doux et trop féminins [1]. Ces personnages féminins livrent la clé du caractère de Christine ; on se rend immédiatement compte que, malgré toute sa « bizarrerie », elle n'est pas en marge de sa propre époque et qu'elle se sent intérieurement attirée par un idéal déterminé par cette même époque.

Une considération analogue pourra peut-être nous aider à envisager sans préjugés et avec la justice historique qui lui revient l'une des questions les plus difficiles et les plus obscures de la vie de Christine. Le destin de Christine voulut que l'action même qu'elle considérait comme la plus héroïque de toute sa vie fît l'objet de la plus sévère condamnation de la part de ses contemporains et de la postérité. L'acte de son abdication parut déjà à ses contemporains non pas absolument répréhensible, mais pour le moins incompréhensible et ambigu. Un tel acte ne pouvait être dû, pensait-on, qu'à de la légèreté et à de la vanité. « La première princesse nordique, qui pouvait, grâce à son importance politique et personnelle le rester – disait-on –, devint volontairement une femme vagabonde et aventurière qui fit tout pour être indigne de son père [2]. » Mais il me semble que nous obtiendrons une réponse plus claire et plus satisfaisante du point de vue psychologique et moral, si nous transposons le problème du niveau simplement individuel au niveau général. Et là encore, le théâtre de Corneille peut nous servir de point de comparaison pour cette transposition ; car pour la psychologie du XVIIe siècle, en particulier pour la psychologie politique, il représente une source presque intarissable. Aucun autre auteur n'est aussi inventif que lui dans la présentation d'entrelacs politiques et nul autre mieux que lui ne nous dévoile le réseau secret des passions politiques. Dans son théâtre tardif, cet intérêt qui surpasse tous les autres agit si fortement que l'œuvre en est presque devenue un simple artifice. Dans la tragédie *Othon*, par exemple, les différents personnages du drame comme Othon, Vinius, Galba, Camille et Plautine ne font presque plus l'effet d'être des personnalités déterminées, des caractères aux qualités définies ; le poète les utilise comme de simples pièces d'échiquier dans le grand jeu d'intrigues qu'il nous présente, et il les déplace d'une case à l'autre selon les besoins du jeu. Ainsi Corneille fait de l'ambition le thème principal et fondamental de son drame. Mais dans la grande tragédie de sa

1. Préface à *Sophonisbe*, dans *Œuvres*, VI, p. 469. Dans ce contexte, il est utile d'évoquer le fait que Christine entretenait des relations étroites avec ce cercle littéraire qui représentait à l'époque le nouvel idéal « héroïque » au sein de la littérature française. Georges Scudéry lui a dédié son poème épique intitulé *Alaric* (1654), et sa sœur Madeleine de Scudéry a inséré un portrait de Christine dans son ouvrage intitulé *Le Grand Cyrus* qui, sous la forme du roman historique, présente un grand nombre de descriptions d'hommes et de femmes de la cour de France et de la société parisienne qui se rapprochent du portrait. (Pour plus de détails, voir l'ouvrage de V. COUSIN, *La Société française au XVIIe siècle*, I, p. 210 s.)

2. K. FISCHER, *Descartes*, p. 253.

jeunesse joue encore un autre ressort qui non seulement venait contrebalancer l'ambition, mais pouvait la retourner et la changer en son contraire. Les hommes que Corneille y représente aspirent au pouvoir, mais c'est plus sa conquête que son exercice qui les fait avancer. Ce sont des gens de volonté, non des jouisseurs ; et en tant que tels, ils veulent la peine et non le fruit. Ainsi peut-il arriver que le pouvoir une fois conquis commence à leur paraître morne et vide. Le plus grand et le plus célèbre exemple de ce genre est Auguste dans *Cinna*. Il n'a négligé aucun moyen de s'arroger un pouvoir illimité, mais il ressent ensuite qu'il ne saurait apaiser son ambition *[Streben]*. En possession de la plus haute puissance souveraine, il décide de renoncer. Soudain, tout lui paraît clair, il lui faut prendre le chemin opposé afin d'être véritablement libre. Après l'ascension, il lui faut redescendre :

Cet empire absolu sur la terre et sur l'onde,
Ce pouvoir souverain que j'ai sur tout le monde
N'est que de ces beautés dont l'éclat éblouit
Et qu'on cesse d'aimer sitôt qu'on en jouit.
L'ambition déplaît quand elle est assouvie
D'une contraire ardeur son ardeur est suivie ;
Et comme notre esprit, jusqu'au dernier soupir,
Toujours vers quelque objet pousse quelque désir,
Il se ramène en soi, n'ayant plus où se prendre
et monté sur le faîte, il aspire à descendre [1].

Nous apercevons ici, dans le miroir du poème tragique, le destin et le mode de pensée de Christine. Elle aussi croyait, en abdiquant, remporter une victoire sur elle-même ; et elle fut fière d'avoir été capable de remporter une telle victoire, fière d'avoir été en mesure de déposer à ses pieds la couronne que d'autres monarques posent sur leur tête [2]. Car la couronne ne signifiait rien pour elle, si elle n'était pas liée à un « cœur de roi [3] » ; et ce cœur ne doit pas seulement être capable de conquérir et d'accroître son pouvoir, il doit aussi être capable d'y renoncer [4]. Était-ce par la surenchère ou par l'exagération maladive de « l'idéalisme de la liberté » stoïco-cartésien que Christine pensait et sentait de la sorte ? Il faut nous garder de tels

1. *Cinna*, II, 1.

2. Note manuscrite de Christine dans la marge du *Portrait* de Chanut daté de 1648 : « Ausi faite elle gloire d'avoir mis sous ses pies ce qui le reste (des) rois porte sur leur testes » ; cf. M. WEIBULL, « Om Mémoires de Chanut », *Hist. Tidskrift*, VII, 1887, p. 70.

3. *Ouvrage du Loisir*, Bildt, 901 : « Quand le cœur n'est pas royal, on n'est jamais roi. »

4. Cf. Antiochus dans *Rodogune* I, 3 :
« Un grand cœur cède un trône, et le cède avec gloire,
Cet effort de vertu couronne sa mémoire. »

jugements ; il faut se rappeler que d'autres natures foncièrement « réalistes » du XVIIe siècle étaient capables d'un tel sentiment. Parmi les hommes de la génération de Corneille – cette génération qui, selon le jugement de Lanson, a fourni le modèle de sa poésie –, Lanson cite également le cardinal de Retz. Il fait partie de ce cercle d'ambitieux dont la vie tout entière fut mise au service du combat politique pour le pouvoir. Mais sa carrière se termine d'une étrange façon. En 1675, il prit soudain la décision de quitter sa robe de pourpre et de renoncer au monde. Ses amis tentèrent en vain de le convaincre qu'il n'avait pas besoin de renoncer à sa dignité de cardinal pour mener une vie religieuse ; il renvoya son chapeau rouge de cardinal au pape. Les contemporains de Retz ont porté des jugements très différents sur son attitude. Quelques-uns ne virent rien d'autre dans cette démission solennelle qu'un grand geste né du vœu de faire parler de soi à tout prix. La Rochefoucauld écrivit à madame de Sévigné que le retrait de Retz était l'acte le plus éclatant et le plus erroné de sa vie. « C'est un sacrifice qu'il fait à son orgueil, sous prétexte de dévotion : il quitte la cour, où il ne peut s'attacher, et il s'éloigne du monde qui s'éloigne de lui. » Mais madame de Sévigné défendit Retz contre de tels reproches. « Son âme est d'un ordre si supérieur, écrit-elle à sa fille, qu'il ne fallait pas attendre une fin de lui toute commune, comme des autres hommes. Quand on a pour règle de faire toujours ce qu'il y a de plus grand et de plus héroïque, on place sa retraite en son temps, et l'on laisse pleurer ses amis [1]. » Les jugements de madame de Sévigné sont presque toujours particulièrement caractéristiques et révélateurs de l'état d'esprit et du mode de pensée de son époque. On peut ainsi conclure à partir de ce jugement que le XVIIe siècle comprenait « l'héroïsme » dans un autre sens que celui que nous avons l'habitude d'entendre aujourd'hui. Ce siècle avait érigé pour l'art un strict idéal de la *forme* et, pour l'éthique surtout, un idéal de la *mesure*. Conformément à cet impératif éthico-esthétique, l'époque ne voyait pas la véritable grandeur de l'homme dans une surenchère sans limite de ses désirs et de ses actions. Elle exigeait la capacité et le courage de s'arrêter et d'observer une pause à un moment déterminé. Elle n'honorait pas la simple expression et l'explosion sans retenue de la force, elle exigeait au contraire de la force authentique qu'elle se limitât et qu'elle se modérât elle-même. Il n'existait donc pas seulement un héroïsme de l'action, mais également un héroïsme du renoncement. Nous trouvons aussi des exemples de cet état d'esprit dans un

1. Lettre de madame de Sévigné à sa fille, le 5 juin 1675. – Les informations sur la démission du cardinal de Retz sont tirées d'un article intitulé *Le Cardinal de Retz et les Jansénistes*, rédigé par R. DE CHANTELAUZE et publié par SAINTE-BEUVE comme appendice au cinquième volume de son ouvrage sur *Port-Royal*. Sur les relations entre Christine et le cardinal de Retz, voir R. DE CHANTELAUZE, *Le Cardinal de Retz et ses missions diplomatiques à Rome*, p. 416 s.

domaine purement spirituel. Là aussi, il y a des hommes qui, au sommet de leur gloire, par une décision subite, ont tourné le dos à cette gloire. Tout comme Christine a renoncé à son trône et le cardinal de Retz à sa pourpre, Racine, parvenu au sommet de sa créativité artistique, renonce après *Iphigénie* et *Phèdre* à la couronne de lauriers des poètes et à la scène. Il faut toujours garder présents à l'esprit de tels phénomènes si l'on veut trouver le critère adéquat à l'état d'esprit et aux agissements de Christine. Christine appartenait bel et bien à son époque ; elle y a puisé toute son éducation intellectuelle et morale et ne peut nulle part la renier. Si l'on considère l'ensemble de ses convictions théoriques et éthiques, ainsi que la manière dont elles se sont développées, si l'on tient compte de son rapport à la Stoa et à Descartes et si, enfin, on se plonge dans l'étude de ses propres écrits, on ne trouve rien qui pourrait renvoyer à de la simple légèreté ou à de la « fausse mégalomanie théâtrale ». Tout porte plutôt la marque caractéristique de l'honnêteté et d'une authentique aspiration à la vérité. Le destin tragique de Christine fut qu'elle ne réussit jamais à mettre à l'unisson le vouloir et l'agir, la connaissance et la vie. L'idéal de la liberté intérieure qu'elle avait emprunté à la Stoa l'attirait irrésistiblement. Mais ce « contentement de soi » qui aurait consisté à renoncer aux biens extérieurs de la vie, elle ne sut le conquérir. Dès le début, toute sa vie avait été réglée sur le lustre et la débauche de richesses extérieures auxquels elle ne pouvait ni ne voulait renoncer. C'était une nature trop clairvoyante et trop amoureuse de la vérité pour se cacher cette dualité, et elle était d'autre part une nature trop énergique et passionnée pour pouvoir se contenter d'un simple compromis. Les paroles d'Angelus Silesius :

> *Devant chacun se trouve l'image de ce qu'il deviendra,*
> *Tant qu'il ne l'est pas devenu, son bonheur n'est pas complet,*

peuvent nous fournir la clé du caractère et de la vie de Christine. L'idéal héroïque qu'elle s'était forgé très tôt et qui s'était renforcé à la lecture de la philosophie antique et grâce à l'enseignement de Descartes, elle ne pouvait ni y renoncer, ni le réaliser totalement. Elle en accusa la faiblesse féminine dont elle ne se sentait en aucun cas exempte et dont elle ne voulait pas se séparer [1]. On voit bien que cette explication n'est pas suffisante. Ce furent des raisons autres et plus profondes qui condamnèrent Christine à cette agitation et à cette inquiétude qui caractérisent sa vie extérieure et intérieure. Elle fait partie de ces « natures problématiques » dont Goethe dit qu'elle ne sont jamais à la hauteur de la situation dans laquelle elles se trouvent et qu'aucune ne les satisfait [2] pleinement. Le caractère de Christine

1. Voir l'autobiographie de Christine dans J. ARCKENHOLTZ, *Mémoires*, vol. 3, p. 68.

2. GOETHE, *Maximen und Reflexionen*, n° 134.

ne manque en aucun cas de constance et elle a fait preuve, dans les nombreuses crises qui marquèrent sa vie, de ce courage et de cette « invincible ténacité » qu'elle tenait en si haute estime [1]. Et pourtant, malgré toute l'obstination avec laquelle elle savait poursuivre le dessein qu'elle s'était fixé, quelque chose d'instable la caractérise qu'elle n'a jamais été capable de maîtriser. Sa vie spirituelle, qui avait débuté sous des auspices si heureux et si prometteurs, se désagrégea ; son énergique activité politique se termina finalement en un simple affairement [2]. Ainsi lui fut-il de plus en plus difficile de donner à sa vie extérieure et intérieure une forme *[Gestalt]* stable. Elle n'en reste pas moins une personnalité intéressante et importante, non seulement pour elle-même, mais également parce qu'elle est le reflet fidèle, malgré une réflexion souvent singulière, de tous les grands idéaux du siècle auquel elle appartient.

1. Voir CHRISTINE DE SUÈDE, *Ouvrage du loisir*…, nº 125 : « L'invincible courage ne s'étonne de rien. »

2. On a cette impression surtout à partir de la correspondance entre Christine et le cardinal Azzolino pendant les années 1666-1668, éditée par Bildt.

Bibliographie

Cette bibliographie ne présente que les ouvrages et les éditions indiqués expressis verbis *par Cassirer. Elle ne reprend donc pas tous les ouvrages mis à contribution par celui-ci. Lorsque Cassirer ne donne pas d'édition particulière, nous en citons une.*

ADAM, Charles, *Vie et œuvre de Descartes. Étude historique*, Paris, Léopold Cerf, 1910.

ALLERS, Rudolf, « Bemerkungen zur Anthropologie und Willenslehre des Descartes », *Rivista di Filosofia Neo-Scolastica*. Supplément spécial au volume 29, Milan, 1937, p. 1-12.

AMERIO, Romano, « Arbitrarismo divino, libertà umana e implicanze teologiche nella dottrina di Cartesio », *Rivista di Filosofia Neo-Scolastica*. Supplément spécial au volume 29, Milan, 1937, p. 13-39.

ANNERSTEDT, Claes, *Uppsala universitets historia. Enligt uppdrag författad*, 2 vol. et Supplément, Uppsala, Akad. Bokförl. i distr., 1908-1910.

ARCKENHOLTZ, Johan, *Mémoires concernant Christine, reine de Suède*, 4 vol., Amsterdam-Leipzig, J. Schreuder, P. Mortier, 1751-1760.

ARNAULD, Antoine, *Examen d'un écrit qui a pour titre : Traité de l'essence du corps, et de l'union de l'âme avec le corps, contre la philosophie de M. Descartes* [1680], dans *Œuvres*, vol. 38, Paris-Lausanne, S. d'Arnay, 1780, p. 89-176.

ARNAULD, Antoine et NICOLE, Pierre, *L'Art de penser. La Logique de Port-Royal* [1662], éd. Bruno baron von Freytag-Löringhoff et Herbert E. Brekle, 2 vol., Stuttgart-Bad Cannstatt, Frommann-Holzboog, 1965-1967.

–, *L'Art de penser. La Logique de Port-Royal contenant, outre les règles communes, plusieurs observations nouvelles, propres à former le jugement*, éd. critique P. Clair et Fr. Girbel, Paris, PUF, 1965 (« Le mouvement des idées au XVIIe siècle », 3).

AUGUSTINUS, Aurelius, *Selbstgespräche. Von der Unsterblichkeit der Seele*, éd. bilingue latin-allemand, texte latin établi par

H. Fuchs, Introduction, traduction, explications et notes par H. Müller, Munich-Zurich, Artemis, coll. « Tusculum »,1986².

AUSONIUS, Decimus, *Poèmes*, dans *Corpus omnium veterum poetarum latinorum*... Lyon, H. A. Porta, J. Degabiano, S. Girard, 1603. [Descartes lut les poèmes d'Ausonius à Ulm dans cette édition ; voir Descartes, *Œuvres*, éd. Adam-Tannery, X, p. 182 s.]

BACON, Francis, *Novum organon*, éd. bilingue latin-allemand, éd., trad. et Introduction par Wolfgang Krohn, Hambourg, F. Meiner, coll. « Philosophische Bibliothek », nº 400 a/b.

BAILLET, Adrien, *La Vie de Monsieur Des-Cartes*, 2 vol., Paris, D. Hortemels, 1691 (réimpr. Genève, Slatkine, 1970).

BARBIER, Antoine-Alexandre, *Dictionnaire des ouvrages anonymes*, 3ᵉ éd. revue et augmentée par O. Barbier, R. et P. Billard ; vol. 2, Paris, Daffis, 1874 (réimpr. Hildesheim, Olms, 1963).

BASCH, Victor, « Y a-t-il une esthétique cartésienne ? », dans *Travaux du IXᵉ Congrès international de philosophie*, Congrès Descartes, publié par les soins de R. Bayer, vol. 2, Paris, coll. « Actualités scientifiques et industrielles », nº 531, 1937, p. 67-76.

BAYLE, Pierre, *Dictionnaire historique et critique*, 2 vol., Rotterdam, Leers, 1697.

–, *Historisches und Critisches Wörterbuch*, traduit en allemand d'après la dernière édition de 1740 par Leibniz et M. Maturin La Veissière La Croze, avec différentes remarques, en particulier pour les passages difficiles, par Johann Christoph Gottscheder, 4 vol. Leipzig, Breitkopf, 1741-1744.

BERNOULLI, Jakob, *Ars conjectandi, opus posthumum. Acc. Tractatus de seriebus infinitis et epistola Gallice scripta De ludo pilae reticularis*, Bâle, Thrunsius, 1713.

BILDT, DE, voir CHRISTINE DE SUÈDE.

BODIN, Jean, *Colloquium heptaplomeres de rerum sublimium arcanis abditis* [1593], E codicibus manuscriptis... curavit Ludovicus Noack, Schwerin-Mecklenburg, Baerensprung, 1857.

–, *Colloquium of the Seven about Secrets of the Sublime*, trad., Introduction, notes et commentaires par M. L. D. Kuntz, Princeton-Londres, Princeton University Press, 1975.

–, *Das Heptaplomeron. Zur Geschichte der Cultur und Literatur im Jahrhundert der Reformation*, éd. E. Gurhauer, avec un courrier à l'éditeur de M. Noander, Berlin, Eichler, 1841.

BOILEAU-DESPRÉAUX, Nicolas, *L'Art poétique*, dans ID., *Œuvres complètes*. Introduction par A. Adam, textes établis et annotés par Fr. Escal, Paris, Gallimard, coll. « Bibliothèque de la Pléiade », 1966, p. 157-185.

BOSSUET, Jacques Bénigne, *Histoire des variations des églises protestantes*, 2 vol., Paris, Mabre-Cramoisy, 1688.

–, *Introduction à la philosophie, ou de la connaissance de Dieu et de soi-même*, Paris, Amaulry, 1722.

–, *Traité de la connaissance de Dieu et de soi-même*, avec une introduction et des notes par M. L. Rossigneux, Paris, Lecoffre, 1900.

BRAY, René, *La Formation de la doctrine classique en France* (thèse), Paris, 1927 ; Lausanne, Payot, 1931.

BRÉHIER, Émile, « La création des vérités éternelles dans le système de Descartes », *Revue philosophique de la France et de l'Étranger*, vol. 123 (année 62), 1937, p. 15*-29*.

BRING [Lagerbring], Sven, *Samling af Ätskilliga handlingar och paminnelser swenska historien*, 3 vol., Lund, Berling, 1754-1758.

BRUCKER, Jakob, *Historia critica philosophiae a mundi incunabilis ad nostram usque aetatem deducta*, 5 vol., Leipzig, Weidmann, 1742-1744.

BRUNETIÈRE, Ferdinand, *Études critiques sur l'histoire de la littérature française*, 4e série : *Alexandre Hardy. Le Roman français au XVIIe siècle*, Paris, Hachette, 1891.

BRUNO, Giordano, *De gli heroici furori*, dans ID., *Dialoghi italiani. Metafisici e dialoghi morali*. Nouvellement réédité avec des notes de G. Gentile. 3e éd. par G. Aquilecchia, Florence, Sansoni, coll. « Classici de la filosofia », n° 8, 1958, p. 925-1178.

–, *Von den heroischen Leidenschaften*, trad. et éd. Chr. Backmeister, Introduction par F. Fellmann, Hambourg, F. Meiner, coll. « Philosophische Bibliothek », n° 398, 1989.

BUSSON, Henri, *Les Sources et le Développement du rationalisme dans la littérature française de la renaissance (1533-1601)*, Paris, Letouzey et Ané, 1922.

CANTECOR, G., « À quelle date Descartes a-t-il écrit la *Recherche de la vérité* ? », *Revue d'histoire de la philosophie*, n° 2, 1928, p. 254-289.

CANTOR, Moritz, *Vorlesungen über Geschichte der Mathematik*, vol. 3, *Vom Jahre 1668 bis zum Jahre 1758*, Leipzig, Teubner, 1898 (réimpr. de la seconde édition de 1901, New York-Stuttgart, Johnson-Teubner, 1965).

CASSIRER, Ernst, *Descartes' Dialog « Recherche de la vértié par la lumière naturelle » und seine Stellung im Ganzen der cartesischen Philosophie. Ein Interpretations-Versuch*, dans *Lychnos*. Lärdomshistoriska samfundets arsbok. Annual of the Swedish History of Science Society. Annuaire de la Société suédoise d'histoire des sciences. Jahrbuch der Schwedischen Gesellschaft für Geschichte der Wissenschaften, Uppsala et Stockholm, Almquist & Wiksells boktryckeri-A.B, 1938, p. 139-179.

–, « Eidos und Eidolon. Das Problem des Schönen und der Kunst in Platons Dialogen », dans *Vorträge der Bibliothek Warburg*, n° 2, 1922-1923, partie 1 ; p. 1-27.

–, *Das Erkenntnisproblem in der Philosophie und Wissenschaft der neueren Zeit*, vol. 1, 3e éd., Berlin, B. Cassirer, 1922 (réimpr. Darmstadt, Wisseschaftliche Buchgesellschaft, 1974).

–, *Individuum und Kosmos in der Philosophie der Renaissance*, Leipzig-Berlin, Teubner, coll. « Studien der Bibliothek Warburg », nº 10, 1927 ; Darmstadt, Wissenschaftliche Buchgesellschaft, 1987[6].

–, « Über Bedeutung und Abfassungszeit von Descartes' *Recherche de la vérité par la lumière naturelle*. Eine kritische Betrachtung », dans *Theoria* nº 4, Göteborg, 1938, p. 193-234.

CHANTELAUZE, Régis DE, *Le Cardinal de Retz et les Jansénistes*, Paris, Didier, 1867 ; repris dans SAINTE-BEUVE, Charles-Augustin, *Port-Royal*, vol. 5, p. 526-605.

–, *Le Cardinal de Retz et ses missions diplomatiques à Rome*, Paris, Didier, 1879.

CHANUT, Pierre-Hector, *Mémoires de ce qui s'est passé en Suède et aux provinces voisines depuis l'année 1652 jusque en l'année 1655*, Paris, Barbin, 1675 ; Cologne, Du Marteau, 1677.

CHARRON, Pierre, *De la sagesse*, Bordeaux, Millanges, 1601 ; Paris, Bastien, 1783 ; repris dans ID., *Toutes les Œuvres*, dernière éd. revue, corrigée et augmentée, vol. 1, Paris, Villery, 1635 (réimpr. Genève, 1970).

CHRISTINE DE SUÈDE, *Christine de Suède et le cardinal Azzolino, Lettres inédites* (1666-1668), avec une introduction et des notes par le baron de Bildt, Paris, Plon, 1899.

–, *Instruzione ai due Padri da mandarsi nella Svezia* [cité d'après WEIBULL, Curt, *Drottning Christina*].

–, *Ouvrage du loisir, ou maximes et sentences de Christine, Reine de Suède, écrites par elle-même et précédées d'une Préface de l'auteur*, dans J. Arckenholtz : *Mémoires concernant Christine, reine de Suède*, vol. 2, pièce V, 1751.

–, *Pensées de Christine, reine de Suède*, Préface par de Bildt, Stockholm, Norstedt, 1906.

CICÉRON, Marcus Tullius, *Vom Wesen der Götter*, éd. bilingue latin-allemand, éd., trad. et commentaire par W. Gerlach et K. Bayer, 3 vol., Munich-Zurich, Artemis, coll. « Tusculum », 1990[3].

CONRING, Hermann, *De Hermetica Aegyptorum vetere et Paracelsiorum nova medicina*, Helmstedt, Müller, Richter, 1648.

–, (Dissertatio) « De sanguinis generatione et motu naturali », Helmstedt, Rixner-Müller, 1643.

–, *Opera*, éd. J. W. Goebelio, 7 vol., Brunswick, 1730.

CONRING, Hermann et Antonii Guntheri Billichii, *De fermentatione libri duo*, Leyde, 1646.

CORNEILLE, Pierre, *Œuvres*, nouvelle édition, revue sur les plus anciennes impressions et les autographes… par Ch. Marty-Laveaux, 12 vol., Paris, Hachette, coll. « Les grands écrivains de la France. Nouvelles éditions », 1862-1868.

COUSIN, Victor, *La Société française au* XVIIe *siècle d'après « Le Grand Cyrus » de Mlle de Scudéry*, Paris, Didier, 1858.

COUTURAT, Louis, *La Logique de Leibniz d'après des documents inédits*, Paris, Alcan, « Collection historique des grands philosophes », 1901.

DESCARTES, René, *Correspondence of Descartes and Constantyn Huygens. 1635-1647*, éd. L. Roth, Oxford, Clarendon, 1926.

–, *Discours de la méthode*, texte et commentaire par É. Gilson, Paris, Vrin, 1925 ; rééd. coll. « Bibliothèque des textes philosophiques », 1967[4].

–, *Œuvres*, éd. Ch. Adam et P. Tannery, 11 vol., Paris, Léopold Cerf, 1897-1910. Vol. 1-5 : « Correspondance ».

–, *Œuvres inédites*, précédées d'une introduction sur la méthode par Foucher de Careil, Paris, Durand, 1859.

–, *Opuscula posthuma, physica et mathematica*, Amsterdam, Blaev-Janssonio-Waesbergios-Boom & Goethals, 1701.

DILTHEY, Wilhelm, « Die Autonomie des Denkens, der konstruktive Rationalismus und der pantheistische Monismus nach ihrem Zusammenhang im 17. Jahrhundert », dans ID., *Gesammelte Schriften*, vol. 2, *Weltanschauung und Analyse des Menschen seit Renaissance und Reformation*, Leipzig, Teubner, 1914, p. 246-296 ; Stuttgart-Göttingen, Teubner-Vandenhoek & Ruprecht, 1977[10].

–, « Der entwicklungsgeschichtliche Pantheismus nach seinem geschichtlichen Zusammenhang mit den älteren pantheistischen Systemen », dans *Gesammelte Schriften*, vol. 2, p. 312-390.

–, « Die Funktion der Anthropologie in der kultur des 16. und 17. Jahrhunderts », dans *Gesammelte Schriften*, vol. 2, p. 416-492.

–, « Das natürliche System der Geisteswissenschaften im 17. Jahrhundert », dans *Gesammelte Schriften*, vol. 2, p. 90-245.

DUHEM, Pierre, *Études sur Léonard de Vinci, ceux qu'il a lus et ceux qui l'ont lu*, 2e série, Paris, Hermann, 1909.

DU VAIR, Guillaume, *De la constance et consolation ès calamitez publiques*, Paris, L'Angelier, 1595 ; repris dans *Œuvres*, dernière édition, revue, corrigée et augmentée, Paris, Cramoisy, 1641, p. 311-386 (réimpr. Genève, Slatkine, 1970).

–, « La philosophie morale des stoiques », dans ID., *La Saincte Philosophie, avec plusieurs traitez de piété.* Dernière édition. *Méditation sur des pseaumes de la pénitence, de David... La Philosophie morale des stoiques*, Rouen, Malassis, 1603 ; repris dans *Œuvres*, p. 255-288.

ÉPICTÈTE, *Handbüchlein der Moral*, éd. bilingue grec-allemand, éd. et trad. K. Steinmann, Stuttgart, Reclam, coll. « Universalbibliothek » nº 8788, 1992.

FAGUET, Émile, *Dix-Septième siècle. Études littéraires*, Paris, Boivino, coll. « Nouvelle bibliothèque littéraire », s.d.

FÉNELON, *Demonstration de l'existence de Dieu tirée de la*

connoissance de la nature et proportionnée à la faible intelligence des plus simples, Paris, Estienne, 1713.

–, *Œuvres complètes*, précédées de son histoire littéraire par M. Gosselin, vol. 1, Paris, Méquignon et Leroux, 1851-1852 (réimpr. Genève, Slatkine, 1971).

FISCHER, Kuno, *Geschichte der neueren Philosophie*, vol. 1, *Descartes' Leben, Werke und Lehre*, 4e éd. revue, Heidelberg, Winter, 1897.

GARASSE, Françoise, *La Doctrine curieuse des beaux esprits de ce temps*, Paris, Chapelet, 1623.

GERVAISE DE MONTPELLIER, *Histoire de la Conjuration faite à Stokolm contre Monsieur Descartes*, Paris, Boudot, 1695.

GILSON, Étienne Henry, *Études sur le rôle de la pensée médiévale dans la formation du système cartésien*, Paris, Vrin, coll. « Études de philosophie médiévale », 13, 1930.

–, *Index scolastico-cartésien*, Paris, Alcan, 1913.

–, *La Liberté chez Descartes et la théologie*, Paris, Alcan, 1913.

GOETHE, Johann Wolfgang VON, *Maximen und Reflexionen*, d'après le manuscrit des archives Goethe-und-Schiller, éd. M. Hecker, Weimar, Goethe-Gesellschaft, coll. « Schriften der Goethe-Gesellschaft », 21, 1907.

–, « Zum Shäkespeares Tag », Discours du 14 octobre 1771, dans ID., *Werke* [Weimarer Ausgabe], vol. 37, Weimar, Böhlau, 1896, p. 129-135. [Autre source] *Gedenkausgabe der Werke, Briefe und Gespräche*, 28 août 1949, éd. E. Beutler, vol. 4, Zurich, Artemis, 1953, p. 122-126.

GOUHIER, Henri, « Descartes et la religion. Note méthodologique », *Rivista di Filosofia Neo-Scolastica*. Supplément spécial du volume 29, Milan, 1937, p. 417-424.

–, *La Pensée religieuse de Descartes*, Paris, Vrin, coll. « Études de philosophie médiévale », 6, 1924.

GRAUERT, Wilhelm Heinrich, *Christina Königin von Schweden und ihr Hof*, 2 vol., Bonn, Weber, 1836-1842.

HARNACK, Adolf VON, *Lehrbuch der Dogmengeschichte*, 3e éd. revue et augmentée, vol. 3, *Die Entwicklung des kirchlichen Dogmas*, Fribourg-en-Brisgau, Mohr, 1897.

HARVEY, Gidon, *The Vanities of Philosophy and Physick*, Londres, Roper, Basset, 1699 ; 1702[3].

HERBERT, Edward (Herbert de Cherbury) : *De Veritate prout distinguitur a revelatione, a verisimili, a possibili, et a falso*, Paris, 1624.

–, *Exc. Lutetiae Parisiorum MDCXXIV. Iam denuo… sed auctius et emendatius recud*, Londres, Matthaeus, 1633.

–, *De la vérité, en tant qu'elle est distincte de la Révélation, du Vraysemblable, du Possible et du Faux*, 3e éd., revue et augmentée, Londres (?), 1639.

HUSSERL, Edmund, « Die Krisis der europäischen Wissenschaften und die transzendentale Phänomenologie », dans *Philosophia*, éd. A. Liebert, vol. 1, Belgrade, 1936 ; repris dans ID., *Gesammelte Werke* (Husserliana), vol. 6, éd. Walter Biemel, La Haye, Nijhoff, 1976[2].

–, *Méditations cartésiennes*, Paris, Colin, 1931 (en allemand dans : ID., *Gesammelte Werke* [Husserliana], vol. 1, *Cartesianische Meditationen und Pariser Vorträge*, éd. S. Strasser, 1973).

JANSENIUS, Cornelius, *Augustinus, seu doctrina Sancti Augustini de humanae naturae sanitate, aegritudine, medicina adversus Pelagianos et Massilienses…*, 3 vol., Louvain, Zeger, 1640.

KANT, Immanuel, *Kritik der praktischen Vernunft*, dans ID., *Werke*, en collaboration avec Hermann Cohen, édité entre autres par Ernst Cassirer, vol. 5, 3-5, Tsd. Berlin, B. Cassirer, 1922, p. 1-176.

KEPLER, Johannes, *Astronomia nova aitioloetos, seu physica coelestis tradita commentariis de motibus stellae Martis*, Heidelberg, Voegelinus, 1609 ; repris dans ID., *Gesammelte Werke*, éd. W. von Dyck et M. Caspar (dir.), vol. 3, éd. M. Caspar, Munich, Beck, 1937 ; repris dans ID., *Neue Astronomie*, trad. et Introduction par M. Caspar, Munich-Leipzig, Oldenburg, 1929.

KRANTZ, Émile, *Essai sur l'esthétique de Descartes, étudiée dans les rapports de la doctrine cartésienne avec la littérature classique française au XVIIe siècle*, Paris, Germer-Baillière, 1882.

LAGERBRING, Sven, voir BRING, Sven.

LANSON, Gustave, *Corneille*, Paris, Hachette, 1913[4].

–, « Le héros cornélien et le “Généreux” selon Descartes. Étude sur les rapports de la psychologie de Corneille et de la psychologie de Descartes », *Revue d'histoire littéraire de la France*, n° 1, 1894, p. 396-411 ; repris dans ID., *Hommes et livres. Études morales et littéraires*, Paris, Lecène-Oudin, 1895, p. 113-133 (réimpr. Paris-Genève, Slatkine, 1979).

–, « L'influence de la philosophie cartésienne sur la littérature française », *Revue de métaphysique et de morale*, n° 4, 1896, p. 517-550 ; repris dans ID., *Études d'histoire littéraire réunies et publiées par ses collègues, ses élèves et ses amis*, Paris, Champion, 1929, p. 58-96.

LAPORTE, Jean, « La liberté selon Descartes », *Revue de métaphysique et de morale*, n° 44, 1937, p. 101-164.

LEIBNIZ, Gottfried Wilhelm, *Nouveaux essais sur l'entendement*, dans ID., *Die philosophische Schriften*, vol. 5, p. 39-509.

–, *Die philosophischen Schriften*, éd. C. I. Gerhardt, Berlin, Weidmann, vol. 1, 1875 ; vol. 4, 1880 ; vol. 5, 1882 (réimpr. Hildesheim, Olms, 1960).

–, *Sämtliche Schriften und Briefe*, éd. Preußischen Akademie der Wissenschaften, t. II, *Philosophischer Briefwechsel*, vol. 1, Darmstadt, Reichl, 1926.

LENZ, Georg, « Hermann Conring und die deutsche Staatslehre des

17. Jahrhunderts », *Zeitschrift für die gesamte Staatswissenschaft*, n° 81, 1926, p. 128-153.

LESSING, Gotthold Ephraim, *Hamburgische Dramaturgie*, dans ID., *Sämtliche Schriften*, éd. K. Lachmann, 3e éd. revue et augmentée par Fr. Muncker, Stuttgart, Göschen ; vol. 1 in : vol. 9, 1893, p. 179-406 ; vol. 2 in : vol. 10, 1895, p. 1-221.

LIARD, Louis, *Descartes*, Paris, Germer-Baillère, 1882.

LIPSIUS, Justus, *De constantia libri duo, qui alloquium praecipui continent in publicis malis*, Leyde, Platini, 1584 ; repris dans ID., *Von der Bestendigkeit*, fac-similé de la trad. allemande d'Andreas Viritius d'après la 2e éd. de 1601, éd. L. Forster, Stuttgart, Metzler, 1965.

–, *Manuductio ad stoicam philosophiam*, Anvers, Moretus, 1604.

–, *Physiologia stoicorum*, Paris, Perier, 1594.

–, *Politicorum libri sex, cum indice adcurato, ex instituto Matthiae Berneggeri*, éd. J. Freinsheimius, Strasbourg, Bernegger, 1641.

LULLUS, Raymundus, *Ars magna, generalis et ultima* [1480], Per magistrum Bern. la Vinheta, Lyon, Marechal-Vincent, 1517 ; repris dans ID., *Opera, quae ad adinventam ab ipso artem universalem scientiarum artiumque omnium*, Strasbourg, Zetzner, 1609, p. 218-663.

MACH, Ernst, *Die Analyse Der Empfindungen und das Verhältnis des Physischen zum Psychischen*, 2e éd., édition augmentée des articles sur l'analyse des sensations, Iéna, Fischer, 1900.

MARC AURÈLE, *De seipso et ad seipsum*, Guil. Xylander… graecè et latinè primus edidit : nunc vero, Xylandri versoinem locis plurimis emendavit, et novam fecit : in Antoni libros notas et emendationes adjecit Mericus Casaubonus… In eosdem Xylandri annotationes, Londres, Flesher-Mynne, 1643 ; repris dans ID., *Wege zu sich selbst. Ta eis heauton*, éd. bilingue grec-allemand, éd. et trad. R. Nickel, Munich-Zurich, Artemis, coll. « Tusculum », 1990.

MARX, Karl Friedrich Heinrich, « Zur Erinnerung der ärtzlichen Wirksamkeit Herman Conring's », *Abhandlungen der Königlichen Gesellschaft der Wissenschaften zu Göttingen*, vol. 18, 1873, p. 1-51 ; Göttingen, Dieterich, 1873.

MATTHIAE, Johannes (Gothus), *Idea boni ordinis in ecclesia Christi*, Strengnäs, Brockenius, 1644.

MERSENNE, Marin, *L'Impiété des déistes, athées et libertins de ce temps*, Paris, Bilaine, 1624.

MESNARD, Pierre, *Essai sur la morale de Descartes*, Paris, Boivin, 1936.

–, « Du Vair et le néostoïcisme », *Revue d'histoire de la philosophie*, n° 2, 1928, p. 142-166.

MOLIÈRE, *Le Malade imaginaire*. Comédie, dans ID., *Œuvres*, nouvelle éd., revue sur les plus anciennes impressions par E. Despois et P. Mesnard, vol. 9, Paris, Hachette, coll. « Les grands écrivains de la France. Nouvelles éditions », 1886, p. 207-510 ; repris dans ID., *Œuvres complètes*, textes établis, présentés et annotés par G. Couton, vol. 2, Paris, Gallimard, coll. « Bibliothèque de la Pléiade », 1971, p. 1073-1178.

MONTAIGNE, Michel DE, *Essais*, dans ID., *Œuvres complètes*, texte du manuscrit de Bordeaux, étude, commentaire et notes par A. Armaingaud, vol. 1-6, Paris, Conard, 1924-1927 ; repris dans ID., *Essais*, édition conforme au texte de l'exemplaire de Bordeaux avec les additions de l'édition posthume, les principales variantes, une introduction, des notes et un index par Maurice Rat, 2 vol., Paris, Garnier, 1974.

MORNET, Daniel, *Histoire de la clarté française, ses origines, son évolution, sa valeur*, Paris, Payot, 1929.

NATORP, Paul, *Descartes' Erkenntnistheorie. Eine Studie zur Vorgeschichte des Kriticismus*, Marbourg, Elwert, 1882 (réimpr. Hildesheim, Gerstenberg, 1978).

NETTELBLADT, Christian, *Schwedische Bibliothec*, 5 vol., Stockholm-Leipzig, Russworm, 1728-1736.

NICOLE, Pierre, voir ARNAULD, Antoine.

NICOLAS DE CUSE, *De pace fidei*, dans ID., *Opera omnia*. Sous l'autorité de l'académie des Belles-Lettres de Heidelberg et fidèle au texte original, vol. 7, *De pace fidei, cum epistola ad ioannem de Segobia*, commentaires et illustrations de Raymundus Klibansky et Hildebrandus Bascour, *editio altera*, Hambourg, Meiner, 1970.

–, *Idiota de mente*, éd. J. Ritter, trad. H. Cassirer dans Ernst CASSIRER : *Individuum und Kosmos in der Philosophie der Renaissance*, p. 203-297 ; repris dans ID., *Opera omnia*. Sous l'autorité de l'académie des Belles-Lettres de Heidelberg et fidèle au texte original, vol. 5, *Idiota de sapientia. Idiota de mente*, edidit post Ludovicus Baur alteram curavit Renata Steiger, duas appendices adiecit Raymundus Klibansky, De staticis experimentis… Hambourg, F. Meiner, 1983, p. 81-218 ; aussi dans *Philosophisch-theologische Schriften*, éd. bilingue latin-allemand, éd. L. Gabriel, trad. D. et W. Dupré, Studien- und Jubiläumsausgabe, vol. 3, Vienne, Herder, 1967, p. 479-609.

PALLAVICINI, Sforza (cardinal), *Vita di Alesandro VII, somme pontefice, libri cinque. Con discorso di Pietro Giordani su la vita e su le opere dell'autore*, Milan, Silvestri, « Biblioteca scelta di opere italiane antiche e moderne », 1843, p. 450-451.

PASCAL, Blaise, *Entretien avec Monsieur de Saci sur Épictète et Montaigne* [1654/1655], avec une introduction historique et philosophique par Jean Guitton, Paris, Cahiers des études philosophiques et pédagogiques, 1930, repris dans : ID., *Œuvres*, publiées suivant l'ordre chronologique par L. Brunschvicg, P. Boutroux, F. Gazier, vol. 4, Paris, Hachette, coll. « Les grands écrivains de la France. Nouvelles éditions », 1914, p. 2157.

–, *Pensées*, nouvelle édition par Léon Brunschvicg, Paris, Hachette,

coll. « Œuvres de Blaise Pascal », 12-14, 1904 ; coll. « Les grands écrivains de la France. Nouvelles éditions » (réimpr. Nendeln, Kraus, 1977).
–, *Pensées*, publiées dans leur texte authentique avec une introduction, des notes et des remarques par Ernest Havet, 5e éd., revue et corrigée, Paris, Delagrave, 1897.
PETZÄLL, Åke, « Begreppet medfödda idéer i 1600-talets filosofi, med särskild hänsyn till John Lockes kritik », *Göteborgs högskolas årsskrift*, XXXIV, 1928 : 3 ; Göteborg, Elander, 1935.
–, « Etikens sekularisering. Dess betingelser inom kristen spekulation med särskild hänsyn till Augustinus », *Göteborgs högskolas årsskrift*, XLI, 1935 : 2 ; Göteborg, Elander, 1935.
PLATON, *Timaios*, dans ID., *Werke*, 8 vol., éd. bilingue grec-allemand, éd. G. Eigler. Vol. 7 : *Yimaios*, *Kritias*, *Philebos*, éd. K. Widdra, Darmstadt, Wissenschaftliche Buchgesellschaft, 1990.
PLEMPIUS, Vopiscus Fortunatus, *Fundamenta Medicinae*, Louvain, Zeger, 1638.
POISSON, Nicolas-Joseph, *Relat. Ms. de son entretien avec la reine de Suède à Rome en 1677* [cité par A. BAILLET dans *La Vie de Monsieur Des-Cartes*, vol 2, p. 433].
RABELAIS, François, *Gargantua*, dans ID., *Œuvres*, éd. critique, publiée par A. Lefranc, vol. 1-2. [vol. 1 : 2e éd., revue]. Paris, Champion, 1913.
–, *Pantagruel*, dans ID., *Œuvres*, vol. 3-4, Paris, Champion, 1922.
RACINE, Jean, *Œuvres*, nouvelle édition, revue sur les plus anciennes impressions et les autographes par P. Mesnard, vol. 2-3, Paris, Hachette, coll. « Les grands écrivains de la France. Nouvelles éditions », 1865. *Andromaque* : vol. 2, p. 1-124 ; *Iphigénie* : vol. 3, p. 101-241 ; *Phèdre* : vol. 3, p. 243-397.
–, *Œuvres complètes*, vol. 1, *Théâtre. Poésies*, présentation, notes et commentaires par R. Picard, Paris, Gallimard, coll. « Bibliothèque de la Pléiade », 1969. *Andromaque* : p. 231-301 ; *Iphigénie* : p. 661-734 ; *Phèdre* : p. 735-803.
–, *Dramatische Dichtungen*, chants sacrés, éd. complète français-allemand, adaptée en allemand par W. Willige, 2 vol., Darmstadt, Luchterhand, 1956. *Andromache* : vol. 1, p. 7-111 ; *Iphigenie* : vol. 2, p. 5-125 ; *Phaidra* : vol. 2, p. 127-231.
RADOUANT, René-Charles, *Guillaume Du Vair. L'homme et l'orateur, jusqu'à la fin des troubles de la Ligue (1556-1596)*, Paris, Société française d'imprimerie et de librairie, 1908.
RANKE, Leopold VON, *Sämtliche Werke*, seconde édition complète, vol. 10, *Französische Geschichte vornehmlich im sechzehnten und siebzehnten Jahrhundert*, III, 4e éd. Leipzig, Duncker & Humblot, 1877.
–, *Die römischen Päpste in den letzten vier Jahrhunderten*, vol. 3, Leipzig, Duncker & Humblot, 1907[11].

RENAN, Ernest, *Valentine de Milan, Christine de Suède. Deux énigmes historiques*, éd. originale avec une préface de J. Psicharie et une étude critique de R. Doré, Abbeville, Paillart, coll. « Les amis d'Édouard », 48, 1923.

SAINTE-BEUVE, Charles Augustin, *Le Chevalier de Méré, ou de l'Honnête Homme au XVIIe siècle*, dans ID., *Portraits littéraires*, vol. 3, nouvelle éd. revue et corrigée, Paris, Garnier, 1878, p. 85-128.

–, *Port-Royal*, 5e éd., 7 vol., Paris, Hachette, vol. 1-6, 1888 ; vol. 7, 1891.

SCHILLER, Friedrich, *Das Ideal und das Leben*, dans ID., *Werke*. édition nationale fondée par J. Petersen et poursuivie par L. Blumenthal et B. von Wiese, vol. 2, 1re partie, Gedichte (Text), édité par N. Oellers, Weimar, Böhlau, 1983, p. 396-400.

SCHOPPE, Kaspar, *Elementa philosophiae stoicae moralis*, Mayence, Albini, 1606.

SCHUHL, Pierre-Maxime, « Un souvenir cartésien dans les *Pensées* de la reine Christine », *Revue philosophique de la France et de l'étranger*, nº 123, 1937, p. 368 s.

SCUDÉRY, Georges DE, *Alaric, ou Rome vaincue*, poème héroïque, Leyde, Sambix, 1654.

SCUDÉRY, Madeleine DE, *Artamène, ou le Grand Cyrus*, 10 vol., Paris, Courbé, 1653-1654.

SÉNÈQUE, Lucius Annaeus, *Opera omnia*. Ex ult. I. Lipsii et I. F. Gronovii emendat. Et M. Annaei Senecae rhetoris quae exstant. Ex. Andr. Schotti recens, 4 vol., Leyde, Elzevir, 1649.

SHAKESPEARE, William : *Werke*, éd. bilingue anglais-allemand, éd. L. L. Schücking, 12 vol., Berlin-Darmstad, Tempel-Verlag, 1970.

SOPHOCLE, *König Œdipus*, dans ID., *Dramen*, éd. bilingue grec-allemand, éd. et trad. W. Willige, revue par K. Bayer, notes et Postface par B. Zimmermann, Munich-Zurich, Artemis, 1985², p. 284-377.

SORBIÈRE, Samuel-Joseph, *Lettres et discours sur diverses matières curieuses*, Paris, Clousier, 1660.

STOBBE, Otto, *Hermann Conring, der Begründer der deutschen Rechtsgeschichte*, Berlin, Hertz, 1870.

VOLTAIRE, *Commentaires sur Corneille*, dans ID., *Œuvres complètes*, vol. 48-49, Paris, Dupont, 1823-1824 ; repris dans ID., *Œuvres complètes*, nouvelle éd., publiée par L. Moland, vol. 31-32, Paris, Garnier, 1880.

–, *Lettres sur les Anglais* (Lettres philosophiques), Lettre XIV : « Sur Descartes et Newton », dans ID., *Œuvres complètes*, vol. 22, 1878, p. 127-132.

–, *Le Siècle de Louis XIV*, dans ID., *Œuvres complètes*, vol. 14-15, 1878.

VOSSIUS, Gerardus Joannes, *De historicis Graecis libri IV*, Leyde,

Maire, 1623 ; repris dans *Auctiores et emendationes*, édité par Antonius Westermann, Leipzig, Dyk, 1838.

–, *De theologia gentili et physiologia Christiana sive De origine ac progressu idolotriae*, Amsterdam, Blaev, 1642.

–, *Elementa rhetorica oratoriis ejusdem partitionibus accomodata*, Aberdeen, Rabanus-Melvil, 1631.

WEIBULL, Curt, *Drottning Christina*, studier och forskningar, Andra uplagan, Stockholm, Natur och Kultur, 1934 ; éd. augmentée, Stockholm, 1966.

–, *Drottning Christina och Monaldesco*, Stockholm, Natur und Kultur, 1936.

–, *Monaldescos död. Aktstycken och berättelser*, Göteborg, Elander, « Göteborg högskolas årsskrift », 43, 1937.

WEIBULL, Martin, « Om *Mémoires* de Chanut », *Historik Tidskrift*, nº 7, 1887, p. 49-80, 151-192.

WIESELGREN, Harald, « Drottning Kristinas bibliotek och bibliotekarier. Stockholm », *Kungl. Handlingar. Vitterhetshistorie och antiquitetsakademiens*, vol. 33 : 2, Wahlström & Widstrand, 1901.

WILHELM, Kurt, *Chevalier de Méré und sein Verhältnis zu Blaise Pascal*, Berlin, Ebering, coll. « Denkform und Jugendreihe », 16, « Romanische Studien », 39, 1936.

WOLFRAM VON ESCHENBACH, *Parzifal*. Texte (d'après le 5e tirage de l'édition Lachmann de 1891), adaptation et notes (de W. Hoffmann). Édité par G. Weber, 4e édition revue et augmentée, Darmstadt, Wissenschaftliche Buchgesellschaft, 1981.

ZANTA, Léontine, *La Renaissance du stoïcisme au XVIe siècle*, Paris, Champion, 1914.

ZEHRFELD, Reinhold, *Hermann Conrings Staatenkunde. Ihre Bedeutung für die Geschichte der Statistik unter besonderer Berücksichtigung der Conringschen Bevölkerungslehre*, Berlin-Leipzig, De Gruyter, 1926.

Index thématique

Index des noms

Table des matières

« P A S S A G E S »

COLLECTION DIRIGÉE PAR JOCELYN BENOIST

Initiation rituelle ou découverte scientifique, la connaissance humaine se fonde sur l'expérience du passage. Celle-ci structure et, par là même, valide les certitudes dont nous sommes capables. En son absence, le savoir se sclérose et finit par devenir sa propre négation, mythe ou idéologie. D'où la nécessité, quels que soient l'horizon et le niveau des opérations intellectuelles, de restituer sans cesse l'écart qui sépare la connaissance finie de ses objets. Ce n'est qu'à ce prix que la pensée reste féconde, apte à avancer de nouvelles hypothèses, en prenant appui sur les limites mêmes que lui assigne la réflexion. Pour défétichiser les traditions savantes et redonner vigueur au projet dont elles se réclament, il est ainsi indispensable de rappeler le caractère expérimental, essentiellement provisoire, de la science. Mais au-delà de cette mise en garde qui reste, quant à son développement approfondi, du ressort de la philosophie, il convient d'encourager les recherches concrètes, tournées vers l'exploration du réel sous toutes ses formes, afin de contribuer au nécessaire renouvellement des problématiques. Critique et constructive à la fois, une telle démarche conduit à multiplier les ouvertures, sans crainte de bousculer la hiérarchie des questions admises, à libérer l'imagination méthodologique, au risque de transgresser les règles institutionnalisées, bref, à laisser l'expérience plaider pour elle-même.

La collection « Passages » accueillera les tentatives les plus exigeantes, récentes et moins récentes, de briser l'enchaînement de la routine scientifique, en proposant une triple orientation prioritaire :

1) contre le cloisonnement des compétences et des corporations savantes, mettre l'accent sur le *passage entre disciplines ;*

2) contre la rivalité néfaste des civilisations et des paradigmes collectifs, faire valoir le *passage entre cultures ;*

3) contre la fiction paresseuse d'une histoire linéaire et d'un progrès continu, rendre manifeste le *passage entre époques.*

Déjà parus :

– Heinz Wismann (éd.), *Walter Benjamin et Paris.* Actes du colloque international des 27-29 juin 1983.
– Bernard Guibert, *L'Ordre marchand.*
– Martine Broda (éd.), *Contre-jour. Études sur Paul Celan.*
– Jürgen Habermas, *Morale et communication.* Traduction et introduction par Christian Bouchindhomme.
– *Devant l'Histoire. Les documents de la controverse sur la question de la singularité de l'extermination des Juifs par le régime nazi.* Préface par Luc Ferry. Introduction par Joseph Rovan.
– Tibor Papp et Pierre Pica (éd.), *Transparence et opacité. Littérature et sciences cognitives.* (Hommages à Mitsou Ronat.)

– Peter Szondi, *Introduction à l'herméneutique littéraire*. Traduit de l'allemand par Mayotte Bollack. Avec un essai sur Jean Bollack.
– Edmund Leites, *La Passion du bonheur*. Traduit de l'anglais par Sylvie Courtine-Denamy.
– Friedrich Daniel Ernst Schleiermacher, *Herméneutique*. Traduit de l'allemand par Christian Berner.
– Manfred Frank, *Qu'est-ce que le néo-structuralisme ?* Traduit de l'allemand par Christian Berner.
– Wilhelm Dilthey, *Œuvres*, t. III. *L'Édification du monde historique dans les sciences de l'esprit*. Traduction, présentation et notes par Sylvie Mesure.
– Walter Benjamin, *Paris, capitale du XIXe siècle. Le livre des Passages*. Traduit de l'allemand par Jean Lacoste.
– Ernst Cassirer, *L'Idée de l'histoire*. Présentation et notes par Fabien Capeillères. Traduction par F. Capeillères et Isabelle Thomas.
– Jean Seidengart (éd.), *Ernst Cassirer. De Marbourg à New York, l'itinéraire philosophique* (actes du colloque de Nanterre, 12-14 oct. 1988).
– Ernst Cassirer, *Logique des sciences de la culture*. Traduit de l'allemand par Jean Carro et Joël Gaubert.
– Yannis Thanassekos et Heinz Wismann (éd.), *Révision de l'histoire. Totalitarisme, crimes et génocides nazis*. Présentation par Jean-Michel Chaumont.
– Hans Jonas, *Le Principe Responsabilité*. Traduit de l'allemand par Jean Greisch.
– Éric Fauquet, *Michelet ou la Gloire du professeur d'histoire*.
– Jürgen Habermas, *Écrits politiques*. Traduit de l'allemand par Christian Bouchindhomme et Rainer Rochlitz.
– Éric Alliez, *Les Temps capitaux*, t. I. *Récits de la conquête du Temps*.
– Pier Cesare Bori, *L'Interprétation infinie. Écriture, lecture, écriture*. Traduit de l'italien par François Vial.
– Jacques Poulain (éd.), *Critique de la raison phénoménologique*.
– Jean Greisch et Richard Kearney (éd.), *Paul Ricœur. Les métamorphoses de la raison herméneutique* (actes du colloque de Cerisy-la-Salle, 1er-11 août 1988).
– Jacques Jaffelin, *Le Promeneur d'Einstein. Vers une théorie de l'information générale*.
– Jean-Marc Ferry, *Les Puissances de l'expérience*, t. I, *Le Sujet et le Verbe* ; t. II, *Les Ordres de la reconnaissance*.
– Ludwig Feuerbach, *Pensées sur la mort et l'immortalité*. Présentation, traduction et notes par Christian Berner. Préface par Alexis Philonenko.
– Shmuel Trigano, *Philosophie de la Loi. L'origine de la politique dans la Tora*.
– Maurice de Gandillac, *Genèses de la modernité*.
– Heinrich Grätz, *La Construction de l'histoire juive* suivi de *Gnosticisme et judaïsme*. Introduction et traduction par Maurice-Ruben Hayoun. Préface par Charles Touati.
– Wilhelm Dilthey, *Œuvres*, t. I, *Critique de la raison historique. Introduction aux sciences de l'esprit et autres textes*. Présentation, traduction et notes par Sylvie Mesure.
– Otfried Höffe, *Principes du droit*. Traduit de l'allemand par Jean-Christophe Merle. Préface par Paul Ricœur.
– Jürgen Habermas, *De l'éthique de la discussion. Que signifie Diskursethik ?* Traduit de l'allemand par Mark Hunyadi.

– Peter Koslowski (éd.), *Imaginer l'Europe. Le marché européen comme tâche culturelle et économique.*
– Gérard Nahon, *Métropoles et périphéries sefarades d'Occident : Kairouan, Amsterdam, Bayonne, Bordeaux, Jérusalem.*
– Éric Alliez, *La Signature du monde ou Qu'est-ce que la philosophie de Deleuze et Guattari ?*
– Jacek Trznadel, *La Honte. Des intellectuels polonais face au communisme.* Traduit du polonais par Maria Rodowicz-Heninger.
– Robert A. Pois, *La Religion de la nature et le national-socialisme.*
– Alfred North Whitehead, *Aventures d'idées.* Traduit de l'anglais par Jean-Marie Breuvart et Alix Parmentier.
– Ernst Tugendhat, *Être juif en Allemagne.* Traduit de l'allemand par Rainer Rochlitz.
– Françoise Proust, *L'Histoire à contretemps. Le temps historique chez Walter Benjamin.*
– Guitta Pessis-Pasternak, *Dérives savantes ou les Paradoxes de la vérité.*
– Christine, reine de Suède, *Apologies.* Texte présenté, établi et annoté par Jean-François de Raymond.
– Hermann Cohen, *L'Éthique du judaïsme.* Texte présenté, traduit et annoté par Maurice-Ruben Hayoun.
– Jonas Cohn, *Histoire de l'infini.* Texte présenté et traduit par Jean Seidengart.
– Alexis Philonenko, *Bergson ou de la philosophie comme science rigoureuse.*
– Georg Rusche et Otto Kirchheimer, *Peine et structure sociale. Histoire et « Théorie critique » du régime pénal.* Texte présenté et établi par René Lévy et Hartwig Zander. Traduit de l'allemand par Françoise Laroche.
– Jürgen Habermas, *Textes et contextes. Essais de reconnaissance théorique.* Traduit de l'allemand par Mark Hunyadi et Rainer Rochlitz.
– Wilhelm Dilthey, *Écrits d'esthétique* suivi de *La Naissance de l'herméneutique.* Édition et annotation par Sylvie Mesure, présentation par Danièle Cohn, traduction par Danièle Cohn et Évelyne Lafon.
– Charles Sanders Peirce, *Le Raisonnement et la logique des choses. Les conférences de Cambridge (1898).* Édition anglo-américaine et introduction par Kenneth Laine Ketner, traduction par Christiane Chauviré, Pierre Thibaud et Claudine Tiercelin.
– Christian Berner, *La Philosophie de Schleiermacher. « Herméneutique », « Dialectique », « Éthique ».*
– Ernst Cassirer, *Écrits sur l'art.* Édition et postface par Fabien Capeillères, présentation par John M. Krois, textes traduits par Christian Berner, Fabien Capeillères, Jean Carro et Joël Gaubert.
– Ernst Cassirer, *Le Problème de la connaissance dans la philosophie et la science des temps modernes,* t. IV. Textes traduits de l'allemand par Jean Carro, Joël Gaubert, Pierre Osmo, Isabelle Thomas-Fogiel.
– François Lurçat, *L'Autorité de la science. Neurosciences, espace et temps, chaos, cosmologie.*
– Pierre-Henri Tavoillot, *Le Crépuscule des Lumières. Les documents de la « querelle du panthéisme » (1780-1789).*
– Pierre-André Stucki, *La Clarté des intentions. Savoir, devoir, croire.*
– Ernst Cassirer, *Éloge de la métaphysique. Axel Hägerström. Une étude sur la philosophie suédoise contemporaine.* Présentation par Joël Gaubert. Traduit de l'allemand par Jean Carro et J. Gaubert.
– Ernst Troeltsch, *Histoire des religions et destin de la théologie, Œuvres III.*

Édition établie et commentée par Jean-Marc Tétaz. Taduction par J.-M. Tétaz, Alfred Dumais et Paul Goerens.

- Pierre-Yves Bourdil, *Faire la philosophie.*
- Karl-Otto Apel, *Discussion et responsabilité. I. L'Éthique après Kant.* Traduit de l'allemand par Christian Bouchindhomme, Marianne Charrière et Rainer Rochlitz.
- Knut E. Løgstrup, *Norme et spontanéité. Éthique et politique entre technocratie et « dilettantocratie ».* Traduit du danois par Bernard Vergote.
- Enzo Traverso, *L'Histoire déchirée. Essai sur Auschwitz et les intellectuels.*
- Ernst Cassirer, *Trois essais sur le symbolique.*Traduit de l'allemand par Jean Carro, avec la collaboration de Joël Gaubert.
- Peter Kemp, *L'Irremplaçable. Une éthique de la technologie.* Traduit de l'allemand par Pierre Rusch.
- Antoine Vergote, *La Psychanalyse à l'épreuve de la sublimation.*
- Georges Hobeika, *Lessing. De la révélation à l'âge adulte de la raison.* Préface de Jacques Colette.
- Françoise Proust, *De la résistance.*
- Friedrich D. E. Schleiermacher, *Dialectique.* Présentation, traduction de l'allemand et notes par Christian Berner et Denis Thouard, avec la collaboration scientifique de Jean-Marc Tétaz.
- Heinz D. Kittsteiner, *La Naissance de la conscience morale.*Traduit de l'allemand par Jean-Luc Evard et Joseph Morsel.
- Pierre-Yves Bourdil, *L'Écriture et la Pensée. Spinoza et le problème de la métaphysique.*
- John Laurence Hylton Thomas, *En quête du sérieux. Carnets philosophiques.*
- Nestor Capdevila, *Las Casas : une politique de l'humanité. L'homme et l'empire de la foi.*
- Dick Howard, *Pour une critique du jugement politique. Comment repolitiser le jeu démocratique.*
- Peter Koslowski, *Principes d'économie éthique.* Traduit de l'allemand par Anne Saada.
- Charles Taylor, *Hegel et la société moderne.* Traduit de l'anglais par Pierre R. Desrosiers.
- Ernst Cassirer, Hermann Cohen, Paul Natorp, *L'École de Marbourg.* Préface par Massimo Ferrari. Textes traduits de l'allemand par Christian Berner, Fabien Capeillères, Marc de Launay, Carole Prompsy, Isabelle Thomas-Fogiel.
- Jacques Poulain, Françoise Gaillard et Richard Schusternan (éd.), *La Modernité en questions. De Richard Rorty à Jürgen Habermas.*
- Karl-Otto Apel, *Discussion et responsabilité. II. Contribution à une éthique de la responsabilité.* Traduit de l'allemand par Christian Bouchindhomme et Rainer Rochlitz.
- Jacques Poulain, *Les Possédés du vrai ou l'Enchaînement pragmatique de l'esprit. Exorcismes philosophiques.*
- José Maria Aguirre Oraa, *Raison critique ou raison herméneutique ? Une analyse de la controverse entre Habermas et Gadamer.* Préface par Jean Ladrière.
- Denis Müller, *L'Éthique protestante dans la crise de la modernité. Généalogie, critique et reconstruction.*
- Hyam Maccoby, *L'Exécuteur sacré.* Traduit de l'anglais par Elsa Rooke.
- Nicolaus Sombart, *Les Mâles vertus des Allemands. Autour du syndrome de Carl Schmitt.* Traduit de l'allemand par Jean-Luc Evard.

– H. R. Kedward, *À la recherche du maquis*. Traduit de l'anglais par Muriel Zagha.
– Salomon Maïmon, *Commentaires de Maïmonide*. Textes édités, traduits de l'allemand et de l'hébreu avec une introduction et des notes par Maurice-Ruben Hayoun. Préface par Jean Jolivet.
– Wilhelm Dilthey, *Conception du monde et analyse de l'homme depuis la Renaissance et la Réforme*. Édition, présentation et annotation par Sylvie Mesure. Traduction et annotation par Fabienne Blaise.
– Éric Alliez, *Les Temps capitaux*, t. II. *La Capitale du Temps, 1. L'État des choses*.
– Friedrich D. E. Schleiermacher, *Le Statut de la théologie*.
– Coll., *Charles Taylor et l'interprétation de l'identité moderne*.
– Jean-Guy Sarkis, *La Notion de grand événement*.
– Hubert Bost, *Théologie et histoire*.
– Hermann Cohen, *Commentaire de la « Critique de la raison pure »*.
– Ernst Cassirer, *Le Problème de la connaissance dans la philosophie et la science des temps modernes*, t. III. Traduit de l'allemand par Christian Bouchindhomme.
– Hans Joas, *La Créativité de l'agir*. Traduit de l'allemand par Pierre Rusch. Préface par Alain Touraine.
– Axel Honneth, *La Lutte pour la reconnaissance*. Traduit de l'allemand par Pierre Rusch.
– Karl-Otto Apel, *Expliquer-comprendre*. Traduit de l'allemand par Sylvie Mesure.
– Ernst Cassirer, *La Théorie de la relativité d'Einstein. Éléments pour une théorie de la connaissance*. Traduction de l'allemand et présentation par Jean Seidengart.
– Thierry Simonelli, *Lacan. La théorie. Essai de critique intérieure*.
– Jean Greisch, *L'Arbre de vie et l'Arbre du savoir. Les racines phénoménologiques de l'herméneutique heideggerienne (1919-1923)*.
– Farhad Khosrokhavar, *L'Instance du sacré. Essai de fondation des sciences sociales*.
– Jean-Marc Ferry, *De la civilisation. Civilité, Légalité, Publicité*.
– Hermann Cohen, *La Théorie kantienne de l'expérience*. Traduit de l'allemand par Éric Dufour et Julien Servois. Avant-propos par Éric Dufour.
– Jacques Poulain, *De l'homme. Éléments d'anthropobiologie philosophique du langage*.
– Massimo Ferrari, *Retours à Kant. Introduction au néo-kantisme*.
– Pierre Bourdil, *La Raison philosophique. Comment croire au sens des choses*.
– Ernst Cassirer, *Liberté et forme*. Traduit de l'allemand par Jean Carro, Martha Willmann-Carro et Joël Gaubert.
– Patrick Vandermeersch, *La Chair de la passion. Une histoire de foi : la flagellation*.
– Giulio Preti, *Écrits philosophiques*. Textes choisis et présentés par Luca M. Scarantino. Traduction par Marilène Raïola en collaboration avec Thierry Loisel et Luca M. Scarantino. Préface par Jean Petitot.
– Charles Sanders Peirce, *Pragmatisme et pragmaticisme. Œuvres philosophiques*, vol. I. Traduction de l'anglais et édition établie par Claudine Tiercelin et Pierre Thibaud.
– Wilhelm Dilthey, *Leibniz et Hegel*. Traduction et présentation par Jean-Christophe Merle.

– Marc Sagnol, *Tragique et tristesse. Une archéologie de la tristesse.* Préface par Stéphane Mosès.
– Guy-Félix Duportail, *L'« A Priori » littéral. Une approche phénoménologique de Lacan.*
– Charles Sanders Peirce, *Pragmatisme et sciences normatives. Œuvres philosophiques,* vol. II. Édition établie par Claudine Tiercelin et Pierre Thibaud. Traduction de l'anglais par Claudine Tiercelin, Pierre Thibaud et Jean-Pierre Cometti.
– Friedrich D. E. Schleiermacher, *Éthique. Le Brouillon sur l'éthique de 1805-1806.* Présentation, traduction de l'allemand et notes par Christian Berner.
– Jean-Marc Ferry, *Les Grammaires de l'intelligence.*
– Friedrich D. E. Schleiermacher, *Esthétique. « Tous les hommes sont des artistes ».* Édité par Denis Thouard. Traduction de l'allemand par Christian Berner, Élisabeth Décultot, Marc de Launay et Denis Thouard. Introduction par Christian Berner et Denis Thouard. Postface de Paolo D'Angelo.
– Francis Kaplan, *L'Irréalité du temps et de l'espace.*
– Théodore Paléologue, *Sous l'œil du Grand Inquisiteur. Carl Schmitt et l'héritage de la théologie politique.*
– Fabien Capeillères, *Kant philosophe newtonien. Figures de l'idéal de scientificité en métaphysique, I.*
– Pierre Judet de La Combe, Heinz Wismann, *L'Avenir des langues. Repenser les Humanités.*
– Ernst Cassirer, *Le Problème de la connaissance dans la philosophie et la science des temps modernes,* t. I.
– David Cumin, *Carl Schmitt. Biographie politique et intellectuelle.*
– Gunter Gebauer et Christoph Wulf, *Mimésis. Culture-Art-Société.* Traduit de l'allemand par Nathalie Heyblom.
– Johann Gottlieb Fichte, *La Doctrine du droit de 1812.* Traduit de l'allemand par Anne Gahier et Isabelle Thomas-Fogiel. Présentation et notes par Isabelle Thomas-Fogiel.
– Valérie Kokoszka, *La Médiation de l'expérience. Sur l'incarnation de la liberté dans l'idéalisme transcendantal.*
– Sébastien Laoureux, *L'Immanence à la limite. Recherches sur la phénoménologie de Michel Henry.*
– Ernst Cassirer, *Le Problème de la connaissance dans la philosophie et la science des temps modernes,* t. II. Traduit de l'allemand par René Fréreux.
– Bernard N. Schumacher, *Confrontations avec la mort. La philosophie contemporaine et la question de la mort.*
– Patrick Pharo, *Raison et civilisation. Essai sur les chances de rationalisation morale de la société.*
– Maxence Caron, *Être et identité. Méditation sur la Logique de Hegel et sur son essence.* Préface par Bernard Mabille.
– Charles Sanders Peirce, *Écrits logiques. Œuvres philosophiques,* vol. III. Édition établie par Claudine Tiercelin et Pierre Thibaud. Traduction de l'anglais par Claudine Tiercelin, Pierre Thibaud et Jean-Pierre Cometti.
– Aline Alterman, *Visages de* Shoah, *le film de Claude Lanzmann.*
– Johann Michel, *Paul Ricœur : une philosophie de l'agir humain.*
– Karl Otto Apel, *Transformation de la philosophie,* t. I. Traduction par Christian Bouchindhomme, Denis Trierweiler et Thierry Simonelli.
– Johann Gottlieb Fichte, *La Doctrine de la science de 1805.* Traduction de l'allemand, notes et présentation par Isabelle Thomas-Fogiel. Avec la collaboration pour la traduction de Anne Gahier et Aurélien Bonin.

– Jacob Rogozinski, *Le Moi et la chair. Introduction à l'ego-analyse.*
– Loup Verlet, *Chimères et paradoxes. Comment penser le monde où nous vivons ?*
– Christian Berner, *Au détour du sens. Perspectives d'une philosophie herméneutique.*
– Heinz D. Kittsteiner, *Marx - Heidegger. Les philosophies gnostiques de l'histoire.*
– Danny Trom, *La Promesse et l'Obstacle. La gauche radicale et le problème juif.*
– Max Bense, *Aesthetica. Introduction à la nouvelle esthétique.*
– Hans Blumenberg, *La Lisibilité du monde.*
– Patricia Lavelle, *Religion et histoire. Sur le concept d'expérience chez Walter Benjamin.*
– Jean-Claude Gens, *Éléments pour une herméneutique de la nature. L'indice, l'expression et l'adresse.*
– Daniel Vigne, *La Relation infinie. La philosophie de Lanza del Vasto. Les arts et les sciences.*
– Ernst Cassirer, *Descartes. Doctrine - Personnalité - Influence.*

Composition et mise en pages : FACOMPO, LISIEUX

Cet ouvrage
a été achevé d'imprimer
en septembre 2008
par l'Imprimerie Floch
53100 – Mayenne
pour le compte des Éditions du Cerf

Dépôt légal : septembre 2008
N° d'impression : 71694
N° d'édition : 14209